U0109215

法藏知津

六 編

杜潔祥 主編

第3冊

周易禪解觀止（上）

趙太極 著

花木蘭文化事業有限公司

國家圖書館出版品預行編目資料

周易禪解觀止（上）／趙太極 著 — 初版 — 新北市：花木蘭文化事業有限公司，2019〔民 108〕

目 4+168 面；19×26 公分

（法藏知津六編 第 3 冊）

ISBN 978-986-485-389-2（精裝）

1. 易經 2. 研究考訂

030.8　　107001886

法藏知津六編

第 三 冊　　ISBN：978-986-485-389-2

周易禪解觀止（上）

作　　者　趙太極

主　　編　杜潔祥

副總編輯　楊嘉樂

編　　輯　許郁翎

出　　版　花木蘭文化事業有限公司

社　　長　高小娟

聯絡地址　235 新北市中和區中安街七二號十三樓

電話：02-2923-1455／傳眞：02-2923-1452

網　　址　http://www.huamulan.tw 信箱 hml 810518@gmail.com

印　　刷　普羅文化出版廣告事業

初　　版　2019 年 3 月

定　　價　六編 17 冊（精裝）新台幣 36,000 元

周易禪解觀止（上）

趙太極 著

作者簡介

趙太極，字玄元，號元陽，少承外祖父鄭公養生之家學淵源，略知易經卜筮、堪輿、祝由等應用範疇；及長研幾佛學，廣涉唯識、天台、華嚴、藏密，意在貫串諸家精華，以契天人合一奧旨。迄今，在取得易學博士之餘，仍孜孜不倦繼續研究，希冀能對學術界作出一番貢獻，尚祈諸家先進時賜針砭、以匡不逮。

提　要

智旭所撰《周易禪解》一書，是中國歷代試圖以佛法思想精蘊來詮釋《易經》的僅有專著。作者廣引孔孟思想、漢宋元明易學諸家之說，並以儒家的處世之道、佛教法相唯識思想、《楞嚴經》義理、華嚴與天台思想等向度詮解《易經》。其論舉世無雙，其行獨步法界。

本論文立足於前賢所呈現的研究成果上，透過歸納整理、考證辨謬、分析演繹、闡明思想等工夫，力圖探求深義、釐清脈絡，以建構趨於完善的詮釋系統，彌補當前在研究上見樹不見林的不足之處。研究主軸有三：第一、《周易禪解》成書的思想背景與儒佛會通之依據。第二、智旭《周易禪解》所引諸家易說之考據。第三、解明智旭的詮釋《周易》進路及闡揚《周易禪解》的思想底蘊。除了首章爲緒論，說明研究動機、當代研究成果評介及確立研究目的與方法，以及末章總結本論文的研究成果、研究創見與展望之外，論文主體共有五章。論文主體分由三大面向論述：其一、第二至第三章，主要是探討智旭生平、著作與《周易禪解》之結構，以及對《周易禪解》之引據與時代背景、思想源流加以考證。其二、第四章則就智旭「現前一念心」的思想精義加以探微，解明儒家先秦以降至宋明和中國佛教的心性思想脈絡，作爲通前達後、貫串本論文的最爲核心部分。其三、第五至第六章，闡明《周易禪解》之「眞理觀」與「方法論」，申論兩者相資相成之交會處，將理論與實踐冶於一爐。全文三路分進，力求通貫，闡明智旭以其所獨創的「現前一念心」思想爲經，及以天台圓教六即思想的「眞理觀」與天台圓教十乘觀法的「方法論」爲緯之詮釋進路與底蘊，旨歸《周易禪解》所揭顯的一心三觀、一念三千、易即吾人不思議之心體，同證諸法實相之微言大義。

一念三千——謝誌

在詩人的筆下
一念三千成了宇宙美景
而在智者與智旭大師的哲思中
即空即假即中的諸法實相隱然現前
心佛眾生三無差別
一念即具三千

一念心造十法界
十法界各具十法界即成百法界
五陰眾生國土三種世間
乘上相性體力作因緣果報本末究竟十如是
宛如數學演算式般呈顯眞如
釋胡黃尤蔡何呂陳諸師的智慧縈繞著學海堂而通向三千
席間授受金句皆成一乘的資糧
感念天地父母師長無私教導同學和樂檀越吉祥希冀隨念圓滿

大圓滿光明心印
同皈本元證悉地
書蘊法爾無盡藏
院闡法界一眞諦
一心三觀不思議境
一念三千悉皆如來
趙太極 謹誌
時維壬辰年荔月吉旦書於大同書院

目次

上冊

下　冊

第一章　緒　論

蕅益智旭與雲棲袾宏、紫柏眞可、憨山德清，後人敬稱爲明末四大高僧。〔註1〕智旭所撰著的《周易禪解》一書，被收錄於《蕅益大師全集》〔註2〕及《嘉興藏》中；它是智旭唯一一部與《易經》關涉的著作，除了闡發《易經》之精義以外，更是中國歷代試圖以佛法思想精蘊來詮釋《易經》的僅有專著。智旭以儒家的處世之道、佛教法相唯識思想、《楞嚴經》義理、華嚴與天台思想等向度注解《易經》，藉以達到「以禪入儒」、「誘儒知禪」、「儒佛會通」的著述目的。

本章是全篇論文的導論，共分四節：第一節「研究動機與目的」，說明研究智旭《周易禪解》思想之因緣和研究發現，以及欲達成的研究目標。第二節「當代研究成果之評介」，說明目前學界對於《周易禪解》研究之概況，並加以評論。第三節「研究方法」，說明對於選定的研究題材所採取的研究進路。第四節「全文結構述要」，標舉各章論述重點，俾利鳥瞰各章內容，以收全文前後貫通之效。

〔註1〕明末佛門四大高僧的生卒年代如下：蕅益智旭（1599～1655A.D.）與雲棲袾宏（1535～1615A.D.）、紫柏眞可（1543～1603A.D.）、憨山德清（1546～1623A.D.）參見任宜敏：《中國佛教史．明代》（北京：人民出版社，2009年），頁276～371。

〔註2〕釋智旭：《周易禪解》，《蕅益大師全集》（臺北：佛教書局，1989年），冊20，頁12569～13168。《蕅益大師全集》所收錄的《周易禪解》版本與1915年金陵刻經處版本同。

第一節　研究動機與目的

一、研究動機

偶讀《靈峰蕅益大師宗論》，蕅益智旭有言：「儒以之保民，道以之不疵癘於物，釋以之度盡眾生。如不龜手藥，所用有大小耳。故吾謂求道者，求之三教，不若求於自心。自心者，三教之源。三教皆從此心施設。苟無自心，三教俱無；苟昧自心，三教俱昧。苟知此心而擴充之，何患三教不總歸陶鑄也哉。」〔註3〕智旭分析三教各自的大用所在，直指三教之源爲吾人自心，此言深獲我心，自從觀此文句以來，即私引智旭爲良師益友，從此遊心於智旭所引導的廣大無際之法海。

筆者早年即留心於各教化世之精妙義理，並觀察世界各地時勢之變化，以及當自身身處其境時的因應之道，經覽智旭「自心者，三教之源」一語，益堅定吾念，發現「萬法一心」之妙蘊，只一「心」字，盡洩天機造化真詮與治世靈籤。自此，即興發研究蕅益智旭思想之念頭。只是智旭大師一生充滿著神異色彩，早年立志闢佛、滅佛，直到披覽雲棲袾宏（蓮池大師）的《竹窗隨筆》，才幡然醒悟、痛改前非，甚至出家學道、遍閱三藏、挽救佛教、會通三教，成爲晚明的四大高僧之一。他的一生充滿著傳奇，有如戲劇般高潮迭起，欲趣入其廣闊義理之堂奧，實非易事。適閱其所撰《周易禪解》一書，紹繼伏羲、文王、周公、孔子四聖心法，融儒、佛義理於一爐，究天人之際，發心性之妙，實爲把握其全體思想之良好憑藉。

如果說，智者大師是「東土小釋迦」，那麼，讚譽智旭大師爲「東土小文殊」，則屬實至名歸。何以見得呢？智旭認爲：六十四卦裡面的《大象傳》，都可說是就「觀心」來加以解釋；沒有一事一物不會歸於吾人的心自性。〔註4〕他在《周易禪解》中，常以比附的手法來闡釋《周易》，譬如他常將「天」（乾卦）比附爲佛性，因此才有「法天行之健而自強不息」之說，透過乾卦的義理揭示「以修合性」的道理，使吾人能藉由體察乾卦的卦德而起修。〔註5〕綜

〔註3〕智旭：《靈峰蕅益大師宗論》卷第7之4，《嘉興藏》冊36，頁386中。

〔註4〕參見智旭：《周易禪解》卷1，《嘉興藏》冊20，頁398上。

〔註5〕上言「法性不息」應與佛性具無窮無盡的功德有關，誠如釋聖嚴所言：「《勝鬘經》所說的如來藏，有兩類不同性質的功能：空與不空是跟理體及功德有關，如來藏的體性是空，如來藏的功德不空；空是空諸煩惱，不空是過於恆河沙數的不思議佛法。」參見釋聖嚴：《天台心鑰——教觀綱宗貫註》（臺北：

觀智旭對於將一切事物會歸自心的說法有如綱舉目張，不但切中《易經》不易、簡易、變易之特質，更引導執於理、象、數的儒者，進入了廣大無際、圓融無礙的思想境界。其著作等身，於晚明時際，無人能出其右；其行持，更是念茲在茲、戮力以赴，時時以振興佛教戒律、拯救眾生於倒懸為念；同時，也因其具明心見性的實踐歷程，因此其所撰述的著作，對於亟欲趣入正道者，具有引導與啓發之效果。基於上述緣起，筆者以智旭《周易禪解》為研究文本，作為探索智旭思想的試金石與敲門磚。

如前所述之動機，筆者乃思索智旭苦心孤詣撰著《周易禪解》，其深層的目的何在？除了直指心法之外，發現有個較不為人知的向度亟需解明，雖有少數研究者已稍言及，如釋正持所撰〈智旭《周易禪解》的天台禪觀思想〉一文所提及的觀點〔註6〕，以及陳彥戎撰述〈蕅益智旭《周易禪解》儒佛會通思想研究〉的論述，顯然地，對於天台圓教六即與天台圓教十乘觀法的面向，已被點出，但尚有深層法義待吾人探討的空間。關於《周易禪解》中的天台六即、十乘觀法如何與《易經》會通的深層意涵，以及智旭的詮釋模式為何？其思想內容的精要又為何？他如何廣集眾家易學者的學說，而將它們消融於佛法之中？又如何以「現前一念心」貫穿全書論旨？諸如這些重要面向，尚有很大的研究空間，此為本文主要所欲處理的內容與關懷的向度。

承上所述，筆者反思當代對於《周易禪解》的研究，或從現代哲學角度探討佛學易，或僅見「現前一念心」便以此為智旭之思想全貌，對於肇自智者大師判教後確立吾人對心靈層次賴以正確認識之眞理觀及邁向體證眞理的實踐方法論，眞理觀與方法論間相資相成的向度予以忽略；或進一步發現智

法鼓文化事業公司，2005 年)，頁 304～305。此處所言與《大乘起信論》:「眞如者，依言說分別有二種義。云何為二？一者、如實空，以能究竟顯實故。二者、如實不空，以有自體，具足無漏性功德故。所言空者，從本已來一切染法不相應故，謂離一切法差別之相，以無虛妄心念故。當知眞如自性，非有相、非無相、非非有相、非非無相、非有無俱相，非一相、非異相、非非一相、非非異相、非一異俱相。乃至總說，依一切眾生以有妄心念念分別，皆不相應故說為空，若離妄心實無可空故。所言不空者，已顯法體空無妄故，即是眞心常恒不變淨法滿足，故名不空，亦無有相可取，以離念境界唯證相應故。」實有異曲同工之妙，空如來藏能夠遠離虛妄心而照徹一切事物，而不空如來藏則能具足本自具有的無漏性功德。參見馬鳴造，〔梁〕西印度眞諦譯：《大乘起信論》,《大正藏》冊 32，頁 576 上。

〔註 6〕參見釋正持：〈智旭《周易禪解》的天台禪觀思想〉《弘光人文社會學報第 14 期》(2011 年 5 月)，頁 1～32。

旭廣引天台義理詮釋《易經》而未能深入探討。凡此種種皆顯示研究者普遍對智旭儒佛融通及天台義理存在著見樹不見林的研究不足之處；筆者深覺對於散於《周易禪解》各處的天台義理，若不能深入理解其義，而想一窺智旭的思想精蘊，無異於緣木求魚。基於此論點，本論文的研究，益顯其重要性，揭顯以智旭的「現前一念心」爲經、「天台圓教六即思想」（眞理觀）與「天台圓教十乘觀法」（方法論）等爲緯之研究進路〔註 7〕，分章獨立論述，藉以解明《周易禪解》的思想底蘊，無論儒、釋、道，允宜辨明，方契智旭撰著此書之本懷。

二、研究目的

本論文旨在對智旭《周易禪解》一書做義理（思想）上的研究，透過當代學界的現有研究成果之爬梳與消化，進行縝密的闡發智旭《周易禪解》之文獻、考據及思想等研究，以期經由智旭的生平與時代環境，以及《周易禪解》中所引諸家論說之考察，得以使吾人對其思想形成與著述要義能有更深層的探討。《周易》本具廣大深邃之義理內涵，歷久不衰，智旭詮解《周易》的目的何在？而其詮釋進路與策略又是如何？智旭如何掌握「現前一念心」的思想精蘊貫串全經，以及運用天台圓教思想中的六即階位與十乘觀法等來詮釋《周易》？又，《周易禪解》之問世，無論與智旭所預期的著書效果是否有落差，於明末清初之際，如何爲儒、釋、道三教開啓一道會通之路？希冀透過研究釐清上述諸問題，正是本文研究的目的。

爲使本論文的義理抒發能夠貫串無礙，玆將以下所論子題臚列如下：

（一）智旭早年謗佛，後來出家修道參禪，爲何又私淑天台？儒家對他有何

〔註 7〕「經緯」猶如織物的縱線和橫線，藉此比喻事物或思想的條理、秩序。「經」指縱線，「緯」指橫線；當織布機在織布時，縱線恆不動，而隨著橫線的織理移動。此語最早見於《左傳．昭公二十五年》上言：「禮，上下之紀，天地之經緯也。」經孔穎達注疏進一步說明：「言禮之於天地，猶織之有經緯，得經緯相錯乃成文，如天地得禮始成就。」另有指文章結構的縱橫條理之意，如晉．陸云《與平原書》之十一所言：「文章當貴經緯。」參見羅竹風主編：《漢語大詞典》（上海：漢語大詞典出版社，1994 年），第 9 冊，頁 859。案：如上義，本論文採以智旭的「現前一念心」爲經、「天台圓教六即思想」的眞理觀與「天台圓教十乘觀法」的方法論爲緯之研究進路，詮釋智旭《周易禪解》思想的精要所在。

影響？明末的動盪不安，戒律廢弛，智旭如何苦心孤詣地上求佛道、下化眾生？

（二）儒佛會通的時代背景與思想背景及其目的何在？會通的依據與可能性爲何？《周易禪解》中的引用文句有哪些？有何特色？智旭對《周易禪解》所採取的詮釋進路爲何？

（三）經由智旭撰述《周易禪解》，它對《周易》產生的怎樣的影響？能爲世人帶來甚麼樣的啓發？透過《周易禪解》之詮釋，所展現的《周易》與原本的《周易》異同之處爲何？

（四）天台圓教思想爲何能救禪修之弊病？其殊勝之處爲何？智旭如何遊刃於儒佛之間？智旭詮解《周易》是否掌握了樞要，藉以貫串全書旨要？《周易禪解》如何與天台圓教思想產生關涉？智旭創闡的現前一念心，所指爲何？它與天台智者大師有差異嗎？《周易禪解》如何巧妙運用天台圓教六即及十乘觀法來詮釋《周易》？

第二節　當代研究成果之評介

筆者竭盡所能地廣爲蒐羅一切與本論文研究主題相關的資料，經由閱讀分類、消化吸收之後，發現目前學術界對於智旭《周易禪解》之相關研究，可依據研究的不同向度與成果來加以區分，大約可將研究成果分爲兩類來加以評介：

一、《周易禪解》義理之研究

（一）謝金良所著《周易禪解》一書〔註8〕，對於《周易禪解》文本的思想脈絡有著通盤的梳理與創見，主要論題重點爲：《周易禪解》的作者概況與考辨、《周易禪解》的成書過程與流傳、《周易禪解》的文本內容與特點、《周易禪解》的思想來源與蘊涵、《周易禪解》的思想傾向與創新、《周易禪解》的思想成就與影響等六個。對於文獻研究面向有詳實的處理，例如在首二章中，對於《周易禪解》的作者概況與考辨、《周易禪解》的成書過程與流傳，以及第三章第一節中甚爲詳盡地將《周易禪解》的結構體例加以分析；不論就宏觀的史論研究與微觀的原典

〔註8〕謝金良：〈《周易禪解》研究〉（成都：巴蜀書社，2006年），頁1～328。

著作研究的層面，大致上已對《周易禪解》文本做了詳盡的考究，而且對於儒佛之間的義理會通多所著墨；然而，在深層的天台圓教思想方面，未見其深入討論，因此仍有相當大的闡發空間。

（二）陳彥戎撰述〈蕅益智旭《周易禪解》儒佛會通思想研究〉一書〔註9〕，爲臺灣第一部以《周易禪解》爲題的博士學位論文，旨在探討晚明三教合一思想之流行，間接開啓以佛解儒的鼎盛風潮，透過《周易禪解》來探討佛教與《周易》間的思想融合。全文共分成七章，分別爲：緒論、以禪解《易》的方法和論題、對《周易》世界觀的解釋、以十乘觀法解釋六十四卦之功夫論（上）（下）、境界觀之會通、結論。在各章節的鋪陳，以哲學的認識論、方法論、本體論、宇宙論、道德論、方法論等思考模式貫串全文，旁徵博引詳爲論述，頗多可取之處。然而，或許是爲了結構上的安排與強行配伍，反而讓《周易禪解》的詮釋在整體性的思想核心上模糊焦點。該文在思想部分的研究成果上，堪稱已做到多面照顧，然而仍有不盡理想之處，智旭畢竟不熟悉當代的哲學手法，作者的思辯推演未必符契智旭本意。當然，吾人身處現代，在研究上自然會運用現代的學術方法，但切割式或見樹不見林的研究進路，確有商榷的必要。筆者以爲，唯有還原明末的時代背景與智旭的學思、實修歷程，並清楚認知《周易禪解》的撰著目的爲「以禪入儒」、「誘儒知禪」、「儒佛會通」，方能較適切地呈現智旭撰述《周易禪解》的本懷與通達《周易禪解》的深邃義理。

（三）林文彬所撰述的〈《易經》與佛學的交會——智旭《周易禪解》試析〉一文，從「《周易》經、傳、學之發展」談到「佛家易之概況」；再申論「智旭《周易禪解》對儒家易之改造」，主要是從「一念三千」的宇宙觀、「性具善惡」的人性論、「流轉」、「還滅」的兩重世界等三個面向切入探討。作者指出，天台宗的「一念三千」之「一念心」是指凡夫的肉團心、妄心，是雜染淨的心。〔註10〕此處的詮解方式，明顯與天台宗的說法有出入，事實上，天台智顗所指涉的「一念心」即「一

〔註9〕陳彥戎：〈蕅益智旭《周易禪解》儒佛會通思想研究〉（臺北：輔仁大學中國文學研究所博士學位論文，2007年），頁1～331。

〔註10〕林文彬：〈《易經》與佛學的交會——智旭《周易禪解》試析〉，《興大中文學報》第19期（2006年6月），頁217～230。

念無明法性心」，意即此一念當中同時具有「無明」與「法性」的特質，雖以第六意識的妄心爲所觀境，然而絕無指涉實質的「肉團心」之意。吾人對於「一念三千」的詮釋上，若能對智旭常於《周易禪解》中論及的「理具三千」與「事造三千」之性、修內涵加以論述，當較能暢申其義。

（四）王玲月所撰〈從《周易禪解》看生命中的時與位〉一文，全文共分六節：一、前言；二、生命中的時機；三、生命中的位置；四、逆轉時位的關鍵——「修德」；五、修養「德性」的關鍵：「修心」；六、結語。作者於前言處說明其研究的動機，認爲「時」與「位」乃是《易》學的核心思想，無論是《周易》或《周易禪解》二書皆以極多的篇幅來探討生命歷程中，有關「時」與「位」的種種困境，以及面對此困境的解決之道。以《周易》一書而言，即在教人趨吉避凶之道，而趨吉避凶之方，即不超出「時」與「位」的範圍；以《周易禪解》一書而言，以佛學思想論之，所謂「佛法在世間，不離世間覺」，在證得佛果之前，必須先於人間修練方得成就，爲了因應「世間無常」之變數，趨吉避凶的處世之道，亦爲修行者所不容忽視，因此激發筆者研究的動機。〔註 11〕觀其立論，全文立足於趨吉避凶的向度申論，旁徵博引以支持其論述觀點，固然有助於吾人從不同視域去解讀《周易禪解》，然而就其論述內容，明顯與智旭「以禪入儒」、「誘儒知禪」、「儒佛會通」的著書目的相左；且佛陀教化開導眾生的目標爲成佛，成佛只是不吉不凶、法爾如是的境界，吉凶又何足論道？況且《易》本卜筮之書，爲學界所共許，趨吉避凶爲其所欲達到的效果之一，而非其全貌，尤其當孔子爲《易》作傳以爲輔翼之後，《易》已晉升至修齊治平、內聖外王的哲學義理層次，不再僅具趨吉避凶的功能，且先賢有「善易者不卜」之名言；更何況智旭撰著《周易禪解》的目的是在廣弘佛法，透過「現前一念心」的指月來完成性相圓融、三教同源與天台觀心的實踐以圓成佛道，才是《周易禪解》的核心要義所在。作者在結語處說道，綜觀《周易禪解》一書，其內容雖涵蓋有天台之治學方法，以及禪學之觀心

〔註 11〕王玲月：〈從《周易禪解》看生命中的時與位〉，《玄奘人文學報》第 8 期（2008 年 7 月），頁 4。

方法，但究其於世間與出世間之「時」與「位」的實踐方法，依然可於淨土一門中見其足跡。大師曾自謂「不參禪，不學教」，又嘗譏諷「禪門如炭，教如冰」，兩者皆是娑婆的邪見，不足以爲學問之依歸。由此可知，禪宗與天台宗皆非大師心中理想之學，則《周易禪解》一書不應以此兩宗之論爲其治學方法。……此書論及生命中的時與位，能不昧富貴利祿的追逐，於俗世中跳脫開來，而登出世之覺悟，將生命的意義與價值做一無限量地開展，此其論說之特色與價值。〔註 12〕就其所論，筆者認爲相當有再商榷的必要，原因有二：其一，從本文的章節結構上看來，四、五這兩節當爲其論述重點，《周易禪解》中廣談性德、修德、一心三觀、三德、三諦，近百處之多，智旭的詮解全用天台的觀點去解，因此作者上說，不攻自破。其二，又從《周易禪解》廣以「佛法釋」、「觀心釋」、「約六度」、「約六即」及天台圓教十乘觀法來詮釋《易經》的角度來看，及從《教觀綱宗》、《靈峰宗論》等內容所言，在在證明智旭精通天台禪觀與義理，若僅以「大師曾自謂『不參禪，不學教』，又嘗譏諷『禪門如炭，教如冰』」等語即妄加評斷禪宗、天台宗『皆是娑婆的邪見，不足以爲學問之依歸』，恐非智旭本意，甚至有以盲導盲的危險；況且，智者大師遠在一千多年前即判天台宗爲圓教，指摘「天台宗『皆是娑婆的邪見，不足以爲學問之依歸』」一語，豈非等同置佛法於邪見之地？更坎陷智旭爲不仁不義之輩！筆者以爲，作者對於上述觀點，若能再加以深入審思，則其全文價值仍不可輕易抹滅。

（五）釋正持所撰〈智旭《周易禪解》的天台禪觀思想〉一文論及「智旭的天台著作《教觀綱宗》與《周易禪解》的『禪』一樣，明處是介紹天台學，骨子裡卻含有禪宗的思想，可將其稱爲『天台的禪觀思想』」，又言：「在《周易禪解》中，廣泛運用天台的化法四教思想，本文則將重心放在『六即與六爻的會通』以及『十乘觀法與十卦的會通』。」〔註 13〕如上節所述，對於天台六即與十乘觀法的面向，雖已被點出，但可

〔註 12〕王玲月：〈從《周易禪解》看生命中的時與位〉，《玄奘人文學報》第 8 期，頁 51。

〔註 13〕參見釋正持：〈智旭《周易禪解》的天台禪觀思想〉，《弘光人文社會學報》第 14 期，頁 1～32。

能是囿於單篇論文的篇幅限制，而尚未獲得深入的討論，因此本論文將進一步深入論述《周易禪解》中的天台六即、十乘觀法與《易經》會通的深層意涵，及智旭的詮釋策略、思想內容的精要所在。

（六）黃鴻文所撰《蕅益智旭「現前一念心」研究》之碩士學位論文，共有十章，分別爲：緒論、智旭與天台宗、智旭著作分說、天台宗「現前一念心」之源流、智旭「現前一念心」析論、「現前一念心」與「三學一源」、「現前一念心」與「捨禪歸淨」、「現前一念心」與「性相分河」、智旭「儒佛會通」的內部問題、結論。全文就智旭「現前一念心」的源流、內涵與禪教律三學、捨禪歸淨、性相分河等展開論述，文中對於部份天台宗義理的理解似有商榷之處，如作者言：「以凡夫識陰之心爲本體，這是從天台智顗到蕅益智旭一脈相承的妄心思想……」〔註14〕，依筆者所見，實則智顗所開創的天台思想，並非僅指涉妄心思想〔註15〕；而且智旭對於「一念心」的論議皆本於妄心系絡一語，亦須再斟酌。又，作者於文中時而混淆華嚴、淨土、天台、唯識各宗間的觀點，對於「如來藏」未能明確界定意義申論，以及天台核心義理「一心三觀」等，或許囿於篇幅所限，而未能深入論述，殊屬可惜。歷史上不乏鼎鼎有名、對後人產生巨大影響的思想家，他們的思想斷然不會忽東忽西，既不成片，亦缺乏系統性；智旭乃不世出的高僧，若立場飄然不定，豈非等同戲論，徒逞口舌之快惑世，又豈會有什麼思想價值呢？筆者以爲，唯有讓「現前一念心」立基於「性具思想」，而縱橫馳騁於天台的「一心三觀」、「一念三千」，方見其舒展開闔、任運自在之天台圓頓思想的精彩之處；也唯有透過天台圓教六即及十乘觀法的闡述，方能看出「現前一念心」的實踐方法進路。換言之，若能以本文對「現前一念心」之源流與禪教律間之關涉等知見的梳理爲基礎，而進一步對佛法的實踐面（即作者指稱的方法論）加以深究，則對於「現前一念心」的論述，將更加趨近完善。

〔註14〕黃鴻文：《蕅益智旭「現前一念心」研究》（臺中：中興大學中國文學系碩士學位論文，2009年），頁80。

〔註15〕根據筆者的研究結果，比較認同牟宗三所說的：「天台既非唯妄識（八識之妄識），亦非唯眞心，而是開決了妄識與眞心，就圓說的一念無明法性心而說迷中的法性具或中道實相理具之實相學也。」參見牟宗三：《佛性與般若》（臺北：臺灣學生書局，2004年），冊下，頁787。

（七）張詔宇所撰《智旭佛學易哲學研究》〔註 16〕，意在爲智旭佛學易做系統性研究，共分六章，主要探討：智旭佛學易產生的思想背景、智旭及其心路歷程、所泄妙機的「密說」、乾元佛性說、佛化中正說、從「尊德性而道問學」到「性修不二」的功夫哲學等向度。首章歸納智旭佛學易產生的思想背景有四點：一、衰微的道學與禪化的王學末流，二、宗派模糊的晚明佛教，三、儒佛合一的晚明思潮，四、以佛釋易的晚明易學。上述內容對於吾人解明《周易禪解》的時代思想背景，有所裨益。然而，作爲開啓智旭儒佛會通與佛家性相融合的金鑰之「現前一念心」思想著墨甚少；對於天台六即及十乘觀法等賴以解易的佛學義理，亦未見深度的申論。

二、智旭生平思想之研究

（一）釋聖嚴著有《明末中國佛教之研究》〔註 17〕一書，該書共分五章，分別爲：智旭的時代背景、智旭的生涯、智旭的宗教實踐、智旭的著作、智旭思想的形成與發展等。誠如譯者釋會靖所言，就義理研究的觀點來看，於第五章和盤托出智旭大師的整體思想理趣，並就佛儒、禪教、性相、律密、天台、唯識，乃至《楞嚴經》與大乘止觀等的思想調融、理念的匯通、教義的統攝、宗派的整合等，都逐一擷錄其精義，以之兩相比對，著者又表達出其個人的見地，以爲論述的旨趣。這是本書的精華所在。釋會靖又言：「論著的研究領域，在參考文獻方面，運用多達五十一種，共二百二十八卷的龐大典籍群，其中僅是一部《靈峰宗論》，即精閱細讀了二十餘遍，不憚繁瑣，反覆琢磨之後，從中樹立起自己的創見，爲其立論的準據。」本書在縝密而精當的文獻考據上，爲本論文提供了有力的參考依據，在思想面上也提供了相當寶貴的研究基礎。

（二）潘桂明、吳忠偉合著的《中國天台宗通史》一書，讚譽智旭爲天台學的終結性人物，且爲「幽溪傳燈以後，力弘天台且成果最大者」，因爲

〔註 16〕張詔宇：《智旭佛學易哲學研究》（濟南：山東大學中國哲學系博士論文，2011 年 4 月），頁 9～172。

〔註 17〕釋聖嚴著，釋會靖譯：《明末中國佛教之研究》（臺北：法鼓文化事業公司，2009 年），頁 1～595。

明末後「直至近代，天台宗未再湧現出重量級的大師」。〔註 18〕由此可見，智旭在天台宗居於舉足輕重的地位，雖然他謙稱「私淑台宗，不敢冒認法脈」，實則對天台義理融貫通達，以其撰述《教觀綱宗》闡揚天台學觀之，可得明證。全書共分十九章：一、天台宗思想淵源——大乘觀中學說，二、天台宗所依經典——《法華經》，三、天台宗的先驅者——慧文、慧思禪師，四、天台宗的創建者——智顗大師，五、智顗事業的繼承者——灌頂，六、天台的「中興」功臣——湛然，七、梁肅、柳宗元的天台居士佛教，八、玉泉寺系統的天台宗，九、唐末五代的天台佛教，十、宋代天台佛教的復興——山家山外之爭，十一、山家山外之爭——義理分歧述論，十二、宋代天台懺法的興盛，十三、宋代天台與淨土的合流，十四、孤山智圓與儒佛關係論，十五、《佛祖統紀》與天台史學，十六、虎溪懷則與元代天台佛教，十七、幽溪傳燈的性善惡論，十八、蕅益智旭與天台佛教的終結，十九、近代天台佛教概述。本書是以史學的方法論來綜述天台宗，使讀者能有一完整的脈絡可循，而得到明晰的概念。第十八章〈蕅益智旭與天台佛教的終結〉爲描述蕅益智旭生平思想的主要篇章，智旭嘗言：「教觀之道不明，天下無眞釋。如學思之致不講，天下無眞儒也」，藉弘天台以挽救佛教頹勢，並調和、圓融禪教之爭。基本上，智旭的天台學主要是對智者大師的判教體系作了再詮釋，此一部分詳如《教觀綱宗》所述，而「『六即』的提出是天台宗爲平衡『性具』的橫義，而從縱向角度對修行所作的說明」。〔註 19〕此章爲智旭天台思想的特色做了最好的註腳，堪稱欲瞭解智旭天台思想的重要參考文獻。

〔註 18〕潘桂明、吳忠偉：《中國天台宗通史》（南京：鳳凰出版社，2008 年），冊下，頁 695。

〔註 19〕《中國天台宗通史》：「智旭的天台思想是對元明以後天台教義的總結。元代以後，天台山家極端的性惡思想並未得到自宗多數人的響應，強調諸宗融合、尤其是調和台賢已成爲天台教學的主導趨勢。其間雖有虎溪懷則以『傳佛心印』確定『性惡』之旨的地位，亦有幽溪傳燈以『性善惡論』彰顯天台性惡之意義，均無法改變天台宗的這一發展方向。智旭天台學的總結性意義體現在：一方面，他在吸收元明天台思想的基礎上，試圖通過重新回到智者的教觀體系，將天台教義進一步推進；另一方面，基於淨土本位，將天台教義與淨土法門融合，從而完成北宋以後台淨交融的發展邏輯。」參見潘桂明、吳忠偉：《中國天台宗通史》，冊下，頁 706。

（三）荒木見悟著，廖肇亨譯：《明末清初的思想與佛教》的〈中國佛教基本性格的演變〉一文強調：「欲知中國佛教的本質，必須先知道中國思想的本質。中國思想的主流，不用說，當然是儒教。儒家學說，雖然有與時俱進的部份，但其主幹爲『人性本善』，也就是性善說，幾乎是不證自明的。儒教以性善說爲根據的文字俯拾即是……。」〔註 20〕本文詳述儒家所推崇的《易經》與佛法融合的演變歷程，雖儒佛間有爭執之處，但大體上經明末諸大師的努力之下，有了嶄新的發展局面。本文的主要的研究成果，應可讓後來的研究者瞭解到儒佛與佛教諸教派之間的融合歷程，也有助於釐清對智旭時代背景的深入瞭解。

（四）陳永革著有《晚明佛教思想研究》一書，作者本人專攻中國佛教思想傳統，兼及思想文化史研究。全書共分成九個章節：一、緒論——圓融與還源，介紹晚明佛教的思想主題及其復興特質；二、佛教綱宗與晚明的禪學中興；三、淨土信仰的全面皈依與晚明佛教的普世性；四、晚明佛教的戎律復興及其倫理詮釋；五、禪教歸淨與晚明居士佛教的思想特質；六、佛儒交涉與晚明佛教的經世思潮；七、心學流變與晚明佛教的復興思潮；八、晚明佛教與道教、天主教之交涉；九、結語——救世與解脫，聚焦於晚明佛教的復興困境。作者憑藉其思想文化史研究的專長，清楚描繪晚明佛法式微、叢林凋敝的景況，分析晚明因政教策略使得佛教爲挽救末法危機，而具有多元圓融的特色。與《周易禪解》相關的主要內容在本書的第六章——佛儒交涉與晚明佛教的經世思潮，作者認爲在正面的三教會通成果上，智旭圓滿地化解了朱陸「尊德性」與「道問學」之諍，從根本上杜絕朱陸之流弊；宋代儒學朱陸之諍的另一重大問題，即是關於太極無極之辨問題，並進而涉及理氣之辨問題，在這個問題上，智旭甚爲認同周濂溪的太極本無極之說。至於負面的評價，作者認爲，晚明佛教界判析儒學種種義理，不時表現出某種牽強附會的傾向；如智旭把宋儒的太極解釋爲「本源佛性」、把「易」解釋爲「眞如之性」，就是甚爲典型的一例，無甚可取可言之處。筆者則認爲，作者如上所作的負面評價之言，並未站在同理的立場，且缺乏對「心

〔註 20〕荒木見悟著，廖肇亨譯：《明末清初的思想與佛教》（臺北：聯經出版社，2006 年），頁 215。

性」一詞的源頭語義及先秦儒家以迄宋明理學與佛學心性義，致生誤解；而且既是援佛解儒的義理上會通，當然免不了用上彼此熟悉的概念與表達，怎能說是「無甚可取可言之處」呢？此言未免不解智旭本意。誠如夏金華所言：「佛教，作爲一種外來的宗教，要想在中國獲得生存、傳播和發展，就必須與本土固有之思想取得相互溝通和聯繫，以求得進一步深化之契機。爲此，佛教自覺主動地改造自身的形式和內容，主要通過『格義』的手法（有時甚至不惜編造佛經），以適應中土民族原有的思維模式、接受習慣和風土人情，同時借助時代因緣之增上，以達到預期目的。」〔註 21〕佛教想要在中國落地生根，當然得用中國人熟悉的思維模式傳揚佛法教義，同理可推，吾人可對比智旭將宋儒的太極解釋爲「本源佛性」、「易」解釋爲「眞如之性」，使儒學者能夠以他們能夠理解《易經》本有的詮解方式來接受佛法教義，與夏金華所言的格義有何差異？智旭解《易》與格義之立意當同，而且以比附詮釋，將減少隨格義所產生的副作用。第七章談「心學流變與晚明佛教的復興思潮」，爲《周易禪解》的研究提供了甚爲詳盡的時代背景資料，取材宏廣，對三教對心性上的闡述頗具參考價值，可幫助解明易學流變始末與三教的心性表述所側重的面向。

（五）龔曉康所撰《融會與貫通：蕅益智旭思想研究》〔註 22〕，全書分九章：緒論、蕅益智旭生平及著述、抉擇諸宗，會歸淨土、淨土思想的演變與發展、淨土行門之一：念自佛、淨土行門之二：念他佛、淨土行門之三：雙念自他佛、淨土果門：三身四土、影響與流變，最後附錄了佛教的「中道」語言觀及弘一大師所撰述的〈蕅益大師年譜〉。本書的特點在於，作者將智旭的思想加以融會與貫通，明明通本在談淨土思想，卻能巧妙地將天台、唯識、華嚴、淨土等多重義理層面的資料予以貫串、討論，原因在於作者完全掌握了智旭以「現前一念心」貫通整體思想的關鍵，所有的論述皆圍繞著「現前一念心」，在論文的整體思惟建構方法上，頗多值得借鑑之處。

〔註 21〕參見夏金華：《佛學與易學》（臺北：新文豐出版公司，1997 年），頁 15。

〔註 22〕龔曉康：《融會與貫通：蕅益智旭思想研究》（四川：巴蜀書社，2009 年），頁 1～417。

第三節　研究方法

湯用彤在其所撰述的《漢魏兩晉南北朝佛教史》一書中說道：「佛法，亦宗教，亦哲學。」〔註23〕如其所言，既然佛法具有宗教注重解行雙軌的特質，同時又蘊含著深邃的哲學思想。若將佛學當作一種專門學問來治學，自不能捨運用學術方法之途而欲達將研究成果呈顯在佛教學術研究的活動中之目的。「工欲善其事，必先利其器。」在研究佛學時，若能善於運用學術研究的方法，不但能激盪出更多、更佳的學術思辨火花，更能達到預期的研究目的與成果呈現；相反地，若不得其門而入，非但無法建立起縝密的思想架構，而且必然因欠缺整治之工而顯得雜亂無章，徒費時間和心力。

本文藉由探討《周易禪解》文本的形成、文化的背景與思想內涵，在《周易禪解》獨特的文本遞嬗演變脈絡中，期望能夠體解《周易禪解》之整體與深層的思想意涵。本論文從三個面向來探討《周易禪解》：首先，探討在《周易禪解》裡，對諸多經典和各宗派學說的引述，瞭解其與當時的時代背景及思潮所形成激盪、融合的關係。其次，考察《周易禪解》通釋經題與註釋，藉以掌握《周易禪解》之要義。最後，透過文本全面性的瞭解，探討《周易禪解》之態度與特色。如上所述，由於研究內容涉及多個面向，爲因應實際研究的需要，將採用多樣化的研究方法。誠如劉兆祐所主張：「研治任何學科，都要有適合該學科性質的科學方法，才能收事半功倍的效果。……如何從浩如煙海的文獻中，掌握要點，從初學到研究，進而提出創見，則有賴正確而嚴謹的治學方法。」〔註24〕學者吳汝鈞亦於其《佛學研究方法論》的著作中談到，「整理歐美和日本通行的佛學研究方法，有文獻學方法、考據學方法、思想史方法、哲學方法等。」〔註25〕在這些研究方法中，適用於本論文，而且有助於達成研究目的，主要的研究方法有四種，即：語言文獻學方法、史學研究法、思想研究法、佛典詮釋學。本論文的研究法以思想研究法及佛典詮釋學研究法爲主，輔以語言文獻學方法及史學研究法。以下將就上述四種主要的研究方法，加以說明其內容。

〔註23〕湯用彤：《漢魏兩晉南北朝佛教史》（北京：中華書局，1983年），冊下，〈跋〉，頁634。

〔註24〕劉兆祐：《治學方法》（臺北：三民書局，2004年），頁1。

〔註25〕吳汝鈞：《佛學研究方法論》（臺北：臺灣學生書局，1989年），頁93～157。

一、語言文獻學方法

文獻學，又稱爲語言文獻學，既可作爲獨立的研究進路，同時也是思想研究的基礎。吳汝鈞指出，「文獻學是文獻資料研究之事，舉凡校訂、整理、翻譯、注釋資料的原典及原典與譯文的字彙對照等都可屬於其中。對於注釋的內容是多面向，包含字義、文法、歷史、思想、文學等。他認爲這些方法中，以語言學和目錄學爲基柱，而語言學，更是佛教典籍研究的根本。」〔註26〕由上述可見語言文獻學的運用範圍非常廣泛，而且是佛學研究所不可或缺的方法與步驟。若能在掌握眾多文獻資料的基礎上，進而加以分析、比較、梳理、會通，必能釐清研究內容的來龍去脈，並對文本語義獲得第一層的理解。

至於如何進行研究，筆者認爲應依照個人研究的主題內容，先找出相關的全部文獻資料，先進行基本的比對、校勘等整理工作，其次從事細密的研考與分析，進一步對這些文獻資料有效運用與掌握，使其作爲研究者的最佳材料，是典籍文獻研究的重要目的。誠如杜澤遜指出，「文獻學主要包括研究文獻的形態、文獻的整理方法等等。目的在於全面認識文獻，在最短的時間，找到自己所需要的文獻資料，有能力對這些資料進行鑒別，進而對原始文獻整理、研究，不僅自己使用，還可以提供更多人運用。」〔註27〕此言洵非虛語，若能依此發展研究內容，相信在研究工作上裨益不少。

「他山之石，可以攻錯」，今日學術研究應更具開放性，若能懂得學習西方學術界的研究方法與吸收其研究成果，將不致浪費過多心神於摸索的過程。李四龍在《歐美佛教學術史》中指出，對於西方人來說，佛教完全是異質的宗教信仰或知識體系，所以他們的研究必然地始於收集足夠的文獻資料，然後才有可能編撰語法書、詞典，最後進行校勘與翻譯，並把東方的佛教經典翻譯成西方人能夠閱讀的語言。總的來看，歐美佛教文獻學研究的長處，是在基於比較語言學的文獻學研究，它的特點有兩個方面：一是訓詁考據重於義理，一是校勘重於翻譯。〔註28〕由此可見，可藉由文獻學研究法獲

〔註26〕吳汝鈞：《佛學研究方法論》，頁97。

〔註27〕杜澤遜：《文獻學概要》（北京：中華書局，2005年），頁5。

〔註28〕比較語言學，又稱「比較語法」，19世紀初在歐洲學術界很盛行，梵語研究則是這個學科極重要的部門，有的學者甚至把梵語看作印歐系語言的「母語」。這種研究還延伸到巴利語、藏語，乃至漢語等各個語種。歐美學者因此以比較語言學爲工具，展開佛典的校勘整理。參見李四龍：《歐美佛教學術史》（北京：北京大學出版社，2009年），頁13。

致研究的基礎，據此再加以深化。當代佛教學術研究起源自歐洲，最初採用的就是語言文獻學的進路，而奠定後來在世界各地的澎湃發展，他們在文獻研究上的研究，非常值得吾人效法學習。

本論文運用文獻學方法之處，約略說明如下：對於《周易禪解》的卷數與版本，將透過目錄學、版本學的考察來廣蒐文本。以《周易禪解》文本為中心，透過文句詳密的反覆閱讀與訓詁分析，藉以掌握《周易禪解》整體的文脈，並配合智旭《靈峰宗論》等著作的詮釋，幫助對《周易禪解》文本文句的理解，進而精確掌握智旭《周易禪解》文本的精要所在。

運用文獻學方法研究，其目的不外乎解明思想精髓所在，以析理脈絡，從而產生創見。有時候對於思想的開顯，往往借助於關於文獻學方法，沒有文獻學之助也很難釐清眞正語意，譬如筆者在解明《周易禪解》文本文句的部份，便運用了歷代典籍的查考、CBETA 電子佛典與《大正藏》、《嘉興藏》、《卍續藏》等實體文本的搜尋，匯整相關資料，將《周易禪解》的文句與可能引用文獻資料來源對照，加以整理歸納，以瞭解本書引用資料的情況。關於《周易》與「天台義理」等相關文句與名相的解釋，透過《周易》及天台思想的歷代祖師與當代學者各自的解釋，加以會通、整合，藉以形成完整脈絡。最後，匯集智旭《周易禪解》文本中特別重要或具獨特論說的文本題材，並觀照當代思潮，以正確地詮釋智旭《周易禪解》文本。

二、史學研究法

在運用史學研究法時，首重所篩選史料的考證，史料的考證則分為外部考證（external criticism）與內部考證（internal criticism）：外部考證，係從外表來衡量史料，著重於辨析其眞僞及其產生的時空等問題；至於內部考證，則側重考證史料的內容是否與客觀的事實相契合，或它們間符合的程度。〔註29〕因此，所選用的史料經由考證、收集、歸納、比較、綜合等方法之運用，讓史料更具嚴謹性與精確性，以此為基礎，進行史料的解釋。

在研究歷史人物的著作時，若能進一步瞭解作者當時所處的時代背景，對於文本的研究應該會有所助益，觀照不同的歷史階段，往往能發現不同時代特質的差異所在；而且任何一部著作通常會關聯到與前期、同期整體思想

〔註29〕杜維運：《史學方法論》（臺北：三民書局，1995年），頁153。

文化的背景。誠如方天立所言：「中國佛教思想有其內在的歷史演變過程，不同的歷史階段有其獨自的特點。研究中國佛教發展史中不同階段的哲學思想演變、理論創見、發展趨勢等，有助於揭示中國佛教哲學思想的前進過程和嬗變規律。」〔註 30〕易言之，除了思想史具有歷史的演變性外，佛教史、文化史、各宗發展史等方面，也蘊含著「史」的意義。

本論文中所涉及史學研究法之部分，約略可分成「歷史考證」與「思想史」兩部分。歷史考證方面，蒐集《周易禪解》相關史料，加以考證、判斷，立足於學界對《周易禪解》的現有研究成果與智旭相關著述內容，對比明末中國佛教之發展情況，以作為探索智旭《周易禪解》的背景知識。至於思想史的部分，則比較分析古今佛教界對《周易》認知與運用之差異與思想演變過程，並糅合當今學術界的易經研究成果，自思想流變的語境來觀看《周易禪解》一書。此外，亦從中國佛教思想流變及明末佛教思想環境的角度，探索智旭易學思想的相承相涉關係。

三、思想研究法

思想的研究，應要求對文本內容有全面通透的瞭解，若僅根據隻字片語來作論斷，則易流於武斷的結果，如周桂鈿指出：「雖然這一點思想片斷對某些人，可能產生啓發，但不能充分體現整個思想體系的價值。」〔註 31〕足見從事思想詮釋時，必具前瞻性的宏觀視野及充分瞭解研究範圍的全面性，藉以完全掌握著作中所具有的特色及其思想核心。對於思想研究有其治學方法與步驟方面，徐復觀則指出：「古人的思想保留在遺留的文獻裡面，要瞭解這些的文獻需有訓詁考據的工夫，但僅靠訓詁考據並不能把握到古人的思考。所以，讀古人的書，應由各字以通一句之義，積句成章；由各句以通一章之義，以此積章成書，貫通一書之義。因此，由局部積累到全體，由全體落實到局部，反覆印證，以發現其超乎言外的抽象思想。」〔註 32〕據上言，則可明欲觀明文句語意，必植基於語言文獻學解明文句意義的基礎之上，思索文本的底蘊，以全盤洞觀其中寓含的思想意蘊。

〔註 30〕方立天：〈中國佛教哲學研究的方法論問題〉，收錄於《中國哲學史》（2003 年第 2 期），頁 15～16。

〔註 31〕周桂鈿：《中國哲學研究方法論》（太原：山西教育出版社，2006 年），頁 286。

〔註 32〕徐復觀：〈有關思想史的若干問題〉，收錄於《中國思想史論集》（臺北：臺灣學生書局，1993 年），頁 113～116。

考察思想及其特色，則立足於語言文獻學的基礎上，細論智旭《周易禪解》思想，方法的運用與實際操作之步驟如下：筆者擬先行廣爲蒐羅諸多學者的專書著作與論文期刊等文本，詳加研讀，並縝密地加以歸納、比較、分析、會通出智旭《周易禪解》思想的理論與實踐的重要論述，隨即加以整合、融貫其內容大要，以供撰述論文時能充分地應用、參考，務期能深入探索智旭《周易禪解》思想的眞諦。首先在智旭《周易禪解》的各章編撰大要中，掌握《周易禪解》的論述精華。其次，透過《周易禪解》的校勘、各家注釋來瞭解智旭詮釋《周易》的特殊觀點及對《周易禪解》中有關天台圓教六即思想與十乘觀法的脈絡之梳理與理解，以期貫串其眞義。

四、佛典詮釋學研究法

本研究法主要是依據天台智者大師的創見，爲研究佛學時所採用的特殊研究方法，首見於《法華玄義》所述及的「五重玄義」與「七番共解」的詮釋方法。智者大師於解說《法華玄義》的卷首，以近一萬七千字的篇幅來解說，其重要性可見一斑。五重玄義即：「釋名第一。辨體第二。明宗第三。論用第四。判教第五。」〔註 33〕安藤俊雄於其所著的《天台學——根本思想及其開展》中說道：「綜觀智顗生平的著作與講說，可知其講經說法，自始不離『五重玄義』；亦即分爲五個主題作爲經典講解的中心。所謂『五重玄義』者，即釋名、顯體、明宗、論用、判教之謂。釋名者，即直接解釋經題的含義；顯體者，探究經名的實體正義；明宗者，闡示依體起修之旨趣；論用者，說明經教之功用；判教者，判斷一經的地位或教相是也；如《金光明經玄義》、《仁王統疏》、《金剛般若經疏》、《觀音玄義》、《維摩經玄疏》等，莫不皆在闡示『五重玄義』。」〔註 34〕「五重玄義」主要用於經題的解釋，而在解釋經題的同時，也常運用七番共解〔註 35〕來靈活解釋五重玄義；換言之，「五重玄

〔註 33〕「釋此五章有通有別。通是同義別是異義。如此五章遍解眾經故言同也。釋名名異乃至判教教異。故言別也。例眾經之初皆安五事則同義也。如是詮異。我聞人異。一時感應異。佛住處所異。若干人聽眾異。則別義也。又通者共義。別者各義。如此通別專在一部。通則七番共解。別則五重各說。例如利鈍須廣略二門也。眾教通別今所不論。一經通別今當辨。」參見智顗：《法華玄義》，《大正藏》33 冊，頁 681 下。

〔註 34〕參見安藤俊雄著，蘇榮焜譯：《天台學——根本思想及其展開》（臺北：慧炬出版社，2004 年），頁 50。

〔註 35〕「就通作七番共解：一標章、二引證、三生起、四開合、五料簡、六觀心、

義」爲第一層詮釋方法，於五重玄義的方法之上別立七番共解之詮釋法，藉以解明全經經義。誠如郭朝順於《天台智顗的詮釋理論》中所指出：「智顗是在《法華玄義》中解經題之時，又再將釋名等五重玄義之下處處隨機使用這七番共解，因此這七番共解可謂是較五重玄義更次一層的方法，爲一具體的分析方法。就內容而言，從標章到觀心這七種方法，幾乎就是現代學術研究及論文寫作方法的古代版：定標題（標章）、引用參考資料（引證）、安排章節架構（生起）、組織論證系統（開合）、澄清曖昧不清之處（料簡）、與心中既有之知識體系相印證（觀心）、對於所有的衝突矛盾加以解決（會異）。」又言：「觀心法門不僅具有上述之解脫學與存有論的意義，觀心還具有理解、詮釋實相眞如法性的意義。」另見安藤俊雄對於「七番共解」、「五重玄義」有著詳盡的說明：

> 「七番」者係指標章、引證、生起、開合、料簡、觀心、會異等七科目而言。如標示《妙法蓮華經》的經名，爲圓融不二之妙法，又喻之謂華果同時之蓮華，再就該經的經體說是實相，又謂宗爲一乘之因果，用爲斷疑生信，教爲究竟無上之圓教，以上的解說與標示，謂之「標章」。另援引種種經文，就「五重玄義」的順序一一予以立證，謂之「引證」。次就行的立場，表詮五重的前後關係，並以禪定爲最後目標者，謂之「生起」。再就「五重玄義」分爲五種、十種之譬喻，將其分開綜合，以示其互相脈絡貫連者，謂之「開合」。又以假設問答，俾進一步說明「五重玄義」的內容者，謂之「料簡」。嗣以上上述文句或義理作爲觀心的標的，專就實踐的觀點說明者，謂之「觀心」。最後所謂的「會異」，乃將一切異名，以「五重玄義」爲之歸納統一是也。〔註36〕

郭朝順於《天台智顗的詮釋理論》中，亦進一步指出：「一般而言，釋經的目的，是用以掌握對於經典義涵的理解，但是觀諸智顗上述觀心的說法，我們可以意

七會異。標章令易憶持起念心故；引證據佛語起信心故；生起使不雜亂起定心故；開合、料簡、會異等起慧心故；觀心即聞即行起精進心故，五心立成五根，排五障成五力，乃至入三脫門。略說七重共意如此。廣解五章者，一一廣起五心五根，令開示悟入佛之知見耳。」參見智顗：《法華玄義》，《大正藏》33冊，頁682上。

〔註36〕參見安藤俊雄著，蘇榮焜譯：《天台學——根本思想及其展開》（臺北：慧炬出版社，2004年），頁55～56。

會到，智顗所關心的不是經典文字（或文本）所欲表達之意涵，智顗更關心的是面對經典文本之詮釋者，於詮釋經典之際，內心所進行的『聞思修』的活動，因爲聽聞、思惟、修行實踐經義之目的，乃爲開顯實相。是以若將聞思修自限於對經典文義的掌握，乃是捨本逐末而喪失讀經、釋經活動之眞正意義。」〔註37〕此從智顗經常採用「四釋法」來解釋《法華經》文句可參證。「四釋法」，即：因緣釋、約教釋、本跡釋、觀心釋。「因緣釋」，主要敘述說法的緣起；「約教釋」，則將經文含義釐清，約，約藏、通、別、圓四教來加以判別，以四教所見來說明；「本跡釋」，即藉著本跡所顯現的實相，以闡發其在幽遠本地的解釋；「觀心釋」，即以如來所說之法義或經文中的一字一句爲觀心的對境，開示四教觀心之要領，使自心能夠昇華，進而實證體悟、契入實相。〔註38〕

因此吾人於從事佛典詮釋時，允宜效法智顗用心致力於印證既有的佛學知識體系，於任一細微相似之處，皆可尋獲與經典符應之處，使吾人對於經文能有更深廣的詮釋。據上論，若不能觀心來對佛經詮釋，便無法學習佛陀覺觀、慧行、緣理活動的歷程，因此觀心詮釋實爲解明經義的重要方法。

筆者以爲，本研究法甚爲合適《周易禪解》文本之研究，由於該書中智旭常以用來解釋經文的「四釋法」中的「觀心釋」之詮釋手法來詮釋《周易》，若能兼採佛典詮釋學研究法，不但能以天台慣用的方法來詮釋《周易禪解》文本中的天台義理，也使得本研究成爲觀心活動而內化成爲觀心之實踐來貫串整個《周易禪解》文本，使《周易禪解》的蘊涵益增充實豐富，同時闡揚《周易禪解》廣博深邃的思想境界，而賦與研究成果新生命，以提升整體研究價值與內涵。

第四節　全文結構述要

本論文之結構分爲七章：第一章「緒論」；第二章「智旭生平、著作與《周

〔註37〕「然而除了應知觀心釋經，並非以文字句讀之疏解爲目的之外，亦當明瞭從事聞思修活動之一念心，其自身之不自生、不他生、不共生、不無因生的無自性狀態，唯有基於無自性的立場來從事觀心的活動，觀心才能眞正掌握圓融中道的實相，而不致落於一般意義下的唯心。」參見郭朝順：《天台智顗的詮釋理論》（臺北：里仁書局，2004年），頁154～155。

〔註38〕「觀心釋者，觀前悉檀教跡等諸如是義，悉是因緣生法，即通觀也；因緣即空即假者，別觀也；二觀爲方便道，得入中道第一義。」參見《妙法蓮華經文句》，《大正藏》冊34，頁3下。

易禪解》之結構」；第三章「《周易禪解》之引據與時代背景、思想源流」；第四章「智旭『現前一念心』思想探微」；第五章「《周易禪解》之『眞理觀』——以『天台圓教六即思想』爲論述核心」；第六章「《周易禪解》之『方法論』——以『天台圓教十乘觀法』爲論述核心」；第七章爲「結論」。

第一章「緒論」，共分四節：第一節「研究動機與目的」，略述問題意識的產生及引導筆者研究的動機與目的。第二節「當代研究成果之評介」，評介當代學界有關《周易禪解》義理與智旭生平思想的研究成果。第三節「研究方法」，主要透過佛典詮釋學、思想研究法、文獻學方法、史學方法等四種進路，幫助達成研究目的。第四節則爲「全文結構述要」。

第二章「智旭生平、著作與《周易禪解》之結構」，共分三節：第一節「智旭生平事跡略述」，分四階段略爲敘述智旭的生平事跡。第二節「智旭見存著作及其著述理念」，強調欲深研《周易禪解》，必須參看《宗論》、《四書蕅益解》、《教觀綱宗》等書，才能瞭解來龍去脈，而深得其精髓。第三節「《周易禪解》的架構說明」，分成三部分加以論述：一、《周易》文本的結構與內涵，二、《周易禪解》的結構分析，三、《周易禪解》的體例與詮釋模式。

第三章「《周易禪解》之引據與思想源流」，本章共分成三節：第一節「《周易禪解》所引諸家論述的考證」，此爲《周易禪解》最易被忽略與最難考證的部份，通過本節的考察與梳理，使吾人能對於《周易禪解》有著更深的理解。第二節「《周易禪解》成書的時代背景」，擬就《周易禪解》思想淵源自禪宗與其義理核心、私淑天台以救禪、儒佛會通之契機等向度分析，藉以解明《周易禪解》成書的時代背景。第三節「《周易禪解》撰著的思想源流」，此處聚焦於智旭在會通儒佛上所憑藉的「現前一念心」的思想背景作深入探討。

第四章「《周易禪解》之『現前一念心』思想探微」，全章共分四節：一、「智旭『現前一念心』的源流、意涵與核心要義」，從智旭《周易禪解》、《教觀綱宗》、《靈峰宗論》、《四書蕅益解》等與本章題旨相關的著作中耙梳，詳述藉以釐清智旭「現前一念心」思想的形成歷程及其意涵，使得以「現前一念心」爲經來詮釋《周易》的立論根據朗然畢現。再就「現前一念心」是否爲智旭所獨創的說法，進行考證。二、「從《周易禪解》觀『現前一念心』」，將《周易禪解》中關涉『現前一念心』的部分詳爲析論。三、「『心』、『易』」之「無住」理析論」，對「現前一念心」與「一念無明法性心」之關涉詳加辨析，以剖析兩者的異同之處。四、「智旭以『現前一念心』爲儒佛會通進路的依據」，筆者擬從時代的思想背景的向度解析，以證成「現前一念心」足以作爲支撐儒佛間溝通平台的要素，並進一步探究儒佛如何會通？而其會通的成效又是如何？對於後來的儒佛的發展有何影響？結證凡所論說，旨歸一心。

第五章「《周易禪解》之『眞理觀』」，本章結構共分成三節：首先，解明「『天台六即』思想的淵源與意涵」，論述天台智顗教觀並重的六即思想的精蘊所在，以及探討智旭在《教觀綱宗》中的六即思想爲何。其次，闡述「智旭以『六即』分釋《周易》」的內涵。再者，探討「智旭以『六即』合釋《周易》」的詮釋內涵，列舉《周易禪解》與「天台六即思想」之關涉內容，從中掌握義理詮釋的脈絡，展現易經卦爻時位與六即巧妙聯繫、呼應來顯揚佛法的堂奧，結證「天台圓教六即思想」在智旭《周易禪解》的重要性與智旭詮釋思想之特色。

第六章「《周易禪解》之「方法論——以『天台圓教十乘觀法』爲論述核心」，本章共分成四節討論：第一、「《周易禪解》與『天台圓教十乘觀法』之關涉」，首先解明天台圓教「十乘觀法」的意義與內涵，進而論述天台智顗教觀並重的「十乘觀法」之精蘊所在及智旭在《教觀綱宗》中的「十乘觀法」。第二、「智旭以『十乘觀法』詮釋《周易》的內涵」，闡釋對《周易》之詮釋進路，展現易經卦爻時位與十乘觀法巧妙聯繫、比附、對應來顯揚佛法的堂奧，揭顯智旭詮釋思想之特色。第三、「『十乘觀法』與『三陳九卦』之會通」，詳論智旭對「十乘觀法」與「三陳九卦」的詮解。第四、「十乘觀法的核心——『一念三千』與『一心三觀』」，以「一念三千」與「一心三觀」結證「現前一念心」的論述，會歸「易即吾人不思議心體」之旨趣，將實踐觀照「現前一念心」的工夫落實於一切時空之中，以提升吾人的心靈層次。

第七章「結論」，總結本論文各章論述重點，共分二節：第一節「研究成果——《周易禪解》掌中觀」，經由本研究解明智旭之儒佛會通的幾項特色：（一）以「現前一念心」爲哲學思想基礎，統攝《周易》整體，作爲詮釋的立足點；（二）運用天台六即思想及十乘觀法詮釋《周易》「現前一念心」之殊妙與實踐進路；（三）透過天台圓教止觀與儒家思想的對顯，彰顯佛教思想之深邃；（四）達到「以禪誘儒」與「引儒入禪」之著書目的；（五）消弭儒佛對立，功參造化。並探求智旭《周易禪解》的思想特質：盡闡四聖思想精華、儒佛會通事事無礙、知行合一畢竟成佛，而其詮釋典範，永垂萬世。第二節「研究反思——觀心即佛，止於至善」，回顧本論文的撰寫過程，藉以反省，提出自我期許，以作爲本論文研究之總結。

第二章　智旭生平、著作與《周易禪解》之結構

智旭係明末時代的四大高僧之一，最初醉心於儒家典籍及《易》學之研究，嗣後因讀雲棲袾宏（蓮池大師）所著的《自知錄》序文及《竹窗隨筆》受到相當大的啓示，因而轉治佛學〔註1〕此期間經歷了禪宗修學、私淑天台、歸心淨土等歷程，曾遍覽三藏而著述《閱藏知津》，並以弘揚地藏法門及力行禪淨著稱，著有《占察經行法》、《法華玄義節要》、《周易禪解》等58種著作（含八種闕本），盡闡佛法精髓與三教會通之要義。

本章共分爲三節論述：首先，於第一節「智旭生平事跡略述」，透過本節的論述藉以幫助吾人瞭解智旭生平事蹟。其次，在第二節「智旭見存著作及其著述理念」中，則就其現存著作略爲簡介，以呈顯《周易禪解》在智旭著作中所處的位置及與其他著作之關涉，作爲《周易禪解》之理解的重要背景資料。最後，則於第三節中論述「《周易禪解》成書之時代背景」，作爲吾人在深層解讀或研究《周易禪解》時的必備前理解，俾利吾人深入其義。

第一節　智旭生平事跡略述

智旭生平與《周易禪解》的研究者不在少數，舉其要者如釋聖嚴所著《明末中國佛教之研究》一書爲研究蕅益智旭的專門著作〔註2〕，針對智旭的時代

〔註1〕見釋聖嚴著，釋會靖譯：《明末中國佛教之研究》，頁60～61。

〔註2〕金倉圓照：「聖嚴博士綜合智旭的著作加以深入地研究，不只證實了學術界歷來作成評定的正確性；其考證所及，證實蕅益大師確是明末年間一位不世出

背景、生涯、宗教實踐、著作，以及思想的形成與發展等面向已作深入探討。其後又著有《明末佛教研究》一書，基本上已對智旭生平著作作了完整的介紹，按理說，本章應可被忽略處理。然而，筆者以爲，對於智旭的思想與著作之研究，若能直接以曾經親受智旭批閱過的《靈峰宗論》的第一手文本爲主，輔以弘一法師編撰《蕅益大師年譜》中所論述的智旭生平資料，析縷其脈絡，再參酌學界的現有研究成果，適時將智旭的時代背景放入《周易禪解》文脈中，將可以幫助吾人理解與體會智旭的撰述旨趣。如此的研究進路，似乎更具說服力與系統性；而且，可以省去讓讀者自行去參閱龐雜資料，待消化吸收後，才能將智旭的生平與思想做連結的麻煩。因此，筆者於本節擬依智旭的傳略、智旭著述理念與文集等項目，引據論證，去蕪存菁，分述於後。

根據智旭《自傳》的記載：智旭（1599～1655）俗姓鍾，名際明，又名聲，字振之，又字素華，別號八不道人，晚稱蕅益老人。先世汴梁人，始祖南渡，居古吳木瀆。生於明神宗萬曆二十七年己亥（1599 年）五月三日亥時，卒於明末乙未（西元 1655 年），享年五十七歲。

智旭師承憨山德清門下雪嶺禪師，爲明末四大高僧之一，對於振興佛教戒律與釐清經論訛誤等，具有重大貢獻。

《論語 · 子路》有云：「名不正，則言不順；言不順，則事不成；事不成，則禮樂不興；禮樂不興，則刑罰不中；刑罰不中，則民無所措手足。」〔註 3〕上語雖談爲政之道，「名正才能言順」實則已爲世人所肯認的共同法則。因此，於本論文伊始，先將蕅益智旭的名號加以釐清，務正其名，以完成本論文。欲探其源，需藉文獻之助，雖然《蕅益大師年譜》在釋聖嚴看來頂多算是智旭的簡歷或是履歷書〔註 4〕，但對吾人欲瞭解智旭生平，則爲不可或缺的文獻。四字僧名，前兩字爲「字」，後兩字爲「名」，「名」中兩字的第一個通常

的佛教集大成者，也是一位眞摯而奮勵的實踐修行家。從此一立場觀點，亦就其時代背景、生平行藏、師資系統、生活環境等作了深入的研究，其筆觸所及，從各方面去刻意描繪智旭的形象，使之躍然紙上。……此書的完成，不僅徹底闡述智旭個人的事蹟與思想，也於中國近代佛教史上尚未研究周全之處，投下一道強大的光柱，這正是應該向學術界鄭重推薦的優秀著述。」參見釋聖嚴著，釋會靖譯：《明末中國佛教之研究》，頁 13。

〔註 3〕釋智旭：《論語點睛補註》，《蕅益大師全集》（臺北：佛教書局，1989 年），冊 20，頁 12515。

〔註 4〕參見釋聖嚴著，釋會靖譯：《明末中國佛教之研究》，頁 198。

是派輩用字〔註5〕；例如：藕益智旭，藕益為字，智旭為名，而「智」則為派輩用字。「智旭」得名的原由容易考察，此為二十四歲時認禮雪嶺峻師時，由峻師所授予的法名。「藕益」，釋聖嚴解釋說：「這是智旭的自號，另外也常用藕益子、藕益道人、藕益沙門，示意依奉稱名念佛，求願往生極樂，期望能滋育七寶蓮池的蓮根。」除了藕益智旭外，釋聖嚴已將智旭曾經使用過的別號整理出來，計有：大朗優婆塞、西有、釋大朗、際明禪師、金閶逸史、方外史旭求寂、素華、八不道人，釋聖嚴已詳解其意，於此不再贅言。〔註6〕

續上所述，本節以〈靈峰藕益大師自傳〉為主要參考文本，經閱讀理解、消化吸收之後，茲將其一生區分成四大時期加以論述，其中的前三期根據智旭親筆傳記節要敘述，第四時期則為智旭弟子成時所撰述，略述如下：

一、夙緣感召，佛頂起疑

智旭之母金氏，因為父親岐仲公持誦了白衣大悲咒十餘年，遂夢大士送子而生智旭。或許因為這層因緣的關係，智旭從七歲就開始茹素，到了十二歲就到外地私塾接受老師的教導，初聞儒家聖學〔註7〕，便欲扛起千古以來的重責大任，立誓滅釋、老。不但開了腫酒，而且作了十數篇論闢異端，曾夢到與孔子、顏回會晤言談。

十七歲，這一年是智旭思想的分水嶺，當他閱讀完雲棲祩宏所著的《自知錄．序》〔註8〕及《竹窗隨筆》〔註9〕之後，就不再謗佛，而且將先前所撰著

〔註5〕張雪松：〈晚明以來僧人名號及譜系研究〉，《玄奘佛學研究》第15期（2011年3月），頁247～271。

〔註6〕參見釋聖嚴著，釋會靖譯：《明末中國佛教之研究》，頁202～204。

〔註7〕「聖學究竟處，決無滿足下手處，決不委靡。孔子十五志學，此即不可奪之志也。志立然後以無厭足心，期盡性命之源。蓋自期遠大，簡點必嚴。簡點嚴則惟日不足，不肯半塗自安。堯舜猶病，禹拜善言。湯有慚德，望道未見，寡過未能。聖仁豈敢，皆深知性命源底，非大覺不能究竟也。一究竟一切究竟，子臣弟友，丘未能一，愈不能愈無息肩地。不然，夜郎自封，區區自得。如貧獲一金，志驕意滿，何以階大道哉！」參見智旭：《靈峰藕益大師宗論》卷第2之1，《嘉興藏》冊36，頁280上。

〔註8〕參見《自知錄》，《雲棲法彙》卷1～卷11，《嘉興藏》冊32，頁681上～683下。根據李雅雯的研究指出：「明末四大師之一的雲棲祩宏仿效《太微仙君功過格》撰寫《自知錄》，以功過格的量化形式勸導人民為善去惡，擴張《太微仙君功過格》的勸善內容，加入佛教倫理的內涵，表現出釋道合一的倫理精神。從佛教史的意義看來，《自知錄》將佛教以團體制約達到倫理秩序的模式加入新的實踐路徑；而量化、易於瞭解、具體的實踐方式，為在家眾消弭經

的闢佛論焚燒掉。二十歲，爲《論語》作詮解，當寫到「天下歸仁」處，便不能下筆。經過了廢寢忘餐三晝夜後，大悟孔顏心法。這一年的冬天，岐仲公捨報，智旭聽聞到地藏本願，便發出世心，這段經歷爲智旭後來廣弘地藏法門的契機。二十二歲，專志念佛，將昔日舊作燒燬，「盡焚窗稿二千餘篇」。二十三歲，聽《大佛頂首楞嚴經》言：「世界在空，空生大覺」〔註10〕，因此遂懷疑爲何有此大覺，以致爲推究追溯空界之本源，而感到悶絕無措。不但陷入嚴重的昏散狀態，而且自覺功夫不能成片，因此決意出家，以體究生死大事。

二、剃度出家，究心台宗

二十四歲，師承憨山大師法嗣雪嶺師剃度出家，法名智旭。關於出家因緣，在〈靈峰蕅益大師自傳．八不道人傳〉裡描述甚詳〔註11〕，可知智旭在

濟活動與宗教活動間的矛盾，提供自助式的實踐法門，進一步促進在家眾的宗教活動。從道教史的意義看來，《自知錄》融會釋、道的倫理內容，爲大眾提供雙行的宗教實踐道路，在聲望隆盛法師的倡導撰寫下，道教與佛教倫理統一融合，吸收佛教信徒更廣大的深入民間。」參見李雅雯：〈由道入佛——《自知錄》功過格研究〉，《成大宗教與文化學報》第1期（2001年12月），頁183～198。

〔註9〕雲棲袾宏主張，儒與佛應相資，而應不相病，智旭顯然受其影響甚深，如〈儒佛交非〉一文云：「自昔儒者非佛，佛者復非儒。予以爲佛法初入中國，崇佛者眾。儒者爲世道計，非之未爲過。儒既非佛，疑佛者眾。佛者爲出世道計，反非之亦未爲過。迨夫傅、韓非佛之後，後人又彷效而非，則過矣！何以故？雲既掩日，不須更作煙霾故。迨夫明教空穀非儒之後，後人又彷效而非，則過矣！何以故？日既破暗，不須更作燈火故。覈實而論，則儒與佛不相病而相資。試舉其略：凡人爲惡，有逃憲典於生前，而恐墮地獄於身後，乃改惡修善，是陰助王化之所不及者，佛也。僧之不可以清規約束者，畏刑罰而弗敢肆，是顯助佛法之所不及者，儒也。今僧唯慮佛法不盛，不知佛法太盛，非僧之福；稍制之、抑之，佛法之得久存於世者，正在此也。知此，則不當兩相非，而當交相贊也。」參見雲棲袾宏：《竹窗隨筆》，《雲棲法彙》卷12～卷25，《嘉興藏》冊33，頁24下～39下。

〔註10〕「覺海性澄圓，圓澄覺元妙；元明照生所，所立照性亡。迷妄有虛空，依空立世界，想澄成國土，知覺乃眾生。空生大覺中，如海一漚發，有漏微塵國，皆從空所生；漚滅空本無，況復諸三有？歸元性無二，方便有多門。聖性無不通，順逆皆方便；初心入三昧，遲速不同倫。色想結成塵，精了不能徹；如何不明徹，於是獲圓通？」參見《大佛頂如來密因修證了義諸菩薩萬行首楞嚴經》卷6，《大正藏》冊19，頁130上。

〔註11〕「夢禮憨山大師，哭恨緣慳，相見太晚。師云，此是苦果，應知苦因，語未竟，遽請曰，弟子志求上乘，不願聞四諦法。師云，且喜居士有向上志，雖然不能如黃蘗臨濟，但可如巖頭德山。心又未足，擬再問，觸聲而醒。因思

內心深處非常敬重憨山德清大師，因此才有憨山三次入夢之機緣，夢裡主要訴說與憨山緣慳、志求大乘、指引剃度等三事。由於與憨山的這段緣，也影響了智旭對三教同源觀點上的認同，種下了後來撰述《周易禪解》的因緣。此時，紫柏尊者已圓寂，雲棲老人亦遷安養，憨山大師遠遊曹溪，因爲資糧時節因緣不足而無法前往親近，至於其餘的知識，則非智旭所好〔註 12〕；因此最後認禮雪嶺師爲剃度師，智旭在雪嶺座下親受犀利的禪鋒棒喝，致生疑團不得解，於是就到山中去坐禪參悟。〔註 13〕智旭二十四歲出家，作何行持？智旭自言：「父未葬，母乏養，毅然薙髮染衣，作務雲棲，坐禪雙徑，住靜天台，心眞正，志遠大，誓勇猛。將出家，先發三願：一、未證無生法忍，不收徒眾；二、不登高座，三、寧凍餓死，不誦經禮懺，及化緣以資身口。又發三拌：拌得餓死，拌得凍死，拌與人欺死。終不出一言理是非，競得失，何況有報怨復仇之事。故數年行腳，不敢亂走一步，輕發一言，動大眾念頭。」〔註 14〕由上言不難看出智旭爲法忘軀，以及剛毅果決、勇猛精進的精神，在

古人安有高下，夢想妄分別耳。一月中，三夢憨師，師往曹谿，不能遠從。乃從雪嶺師剃度，命名智旭。」參見智旭：〈八不道人傳〉，《靈峰宗論》，《嘉興藏》冊 36，頁 253 上。

〔註 12〕「二十四歲壬戌，爲天啓二年，痛念生死事大，父未葬，母不養，決志出家。時紫柏尊者已寂圜中，雲棲老人亦遷安養，憨山大師遠遊曹溪，力不能往，其餘知識，非予所好。乃作務雲棲，坐禪雙徑，訪友天台，念念趨向宗乘，教律咸在所緩。後因幾番逼拶，每至工夫將得力時，必被障緣侵擾。因思佛滅度後，以戒爲師，然竟不知受戒事，何爲如法，何爲不如法，但以雲棲有學戒科，遂從天台躡冰冒雪，來趨五雲，苦到懇古德法師爲阿闍梨，向蓮池和尚像前，頂受四分戒本。」參見智旭：《靈峰宗論》卷第 6 之 1，《嘉興藏》冊 36，頁 350 中。

〔註 13〕「雪師，憨翁門人也。夏秋作務雲棲，聞古德法師講唯識論，一聽了了，疑與佛頂宗旨矛盾。請問，師云，性相二宗，不許和會。甚怪之，佛法豈有二岐邪。一日問古師云，不怕念起，只怕覺遲。且如中陰入胎，念起受生，縱令速覺，如何得脫。師云，汝今入胎也未。道人微笑。師云，入胎了也。道人無語。師云，汝謂只今此身，果從受胎時得來者邪。道人流汗浹背，不能分曉，竟往徑山坐禪。」參見智旭：〈八不道人傳〉，《靈峰宗論》，《嘉興藏》冊 36，頁 253 上～中。

〔註 14〕「特因少年，稍通文墨，未幾爲道友所逼，輒爲商究佛法，遂致虛名日彰，於三願中違卻不高座願。又因初出家時，急要工夫成片，不曾依薙度師作務三年之訓，始意工夫成片，仍可作務，豈料虛名所誤，竟無處可討務單。一蹉百蹉，福輪欠缺。三十年來，自利既不究竟，利他又無所成，雖種種著述，僅與天下後世結般若緣，而重興正法之志，付諸無可奈何矣！豈不大可慟哉！」參見智旭：《靈峰宗論》卷第 2 之 5，《嘉興藏》冊 36，頁 296 下。

明末岌岌可危的處境裡，既不從事誦經禮懺的外緣之事，也不透過化緣來維持生活所需，如果沒有異於常人的決心與勇氣，斷不可能有甚麼大作爲；歷來的大修行家幾乎都具有這種特質，無怪乎智旭能在後來的修持能有大成就。此時的智旭不但是眞正發菩提心，而且志願遠大、誓力勇猛，他主張非眞實發大菩提心，一切盡成虛解。證諸《靈峰宗論》所言：

> 法身之性，本無差別，佛異眾生，修德有功而已。修德亦皆性具，眾生日用不知者，癡愛異見，爲之障也。欲彰修德，莫先除障。修德有二，一般若，二解脫。欲證般若，須勤聞思修三慧。欲證解脫，須勤施戒心三福。施除貧乏，得大助道，戒除垢染，成就法器，心除散亂，能引實慧。所以福慧二輪，不可暫廢，廢則法身流轉五道，名曰眾生矣。〔註15〕

由上顯然易見，智旭強調福慧雙修的重要性，主張佛與眾生在本性上並無二致，差別只在佛修德有功而已。眾生的修德實踐進路，必以清除修德的障礙爲先，然後修學般若、解脫的德目。在般若的修證上，必須勤聞思修三慧；欲證解脫，則須在佈施、持戒、觀心上下工夫，才能確保修行的資糧不虞匱乏，及保持清淨戒行，並透過觀心來照見本性而引發實慧。智旭感概末世求眞修福慧者弊病叢生，有的師心任意；有的縱恣宿習，有的精勤不得其門，而唐捐苦行；有的知路卻不肯舉足前進，坐著等待日暮；有的甫欲入路，便遇著外魔內障，不但順逆境緣紛遝而至，使得有志未伸。智旭認爲這一切，都歸諸於發心不眞正、志願不遠大、誓力不勇猛；因此，他格外地惕勵精進的原因在此。

時至二十五歲夏天，智旭自覺「逼拶功極，身心世界，忽皆消殞。因知此身，從無始來，當處出生，隨處滅盡，但是堅固妄想所現之影，刹那刹那，念念不住，的確非從父母生也。」坐禪功深，所參「世界在空，空生大覺」話頭朗朗分明，「從此性相二宗，一齊透徹，知其本無矛盾，但是交光邪說，大誤人耳。是時一切經論，一切公案無不現前，旋自覺悟，解發非爲聖證，故絕不語一人。久之則胸次空空，不復留一字腳矣。」智旭自況「性相二宗，一齊透徹」，他對於性相之說到底參透了些什麼？如其在《成唯識論觀心法要》的凡例所言：「性之與相，如水與波，不一不異，故曰性是相家之性，相是性家之相。今約不一義邊，須辨明差別，不可一概儱侗；又約不異義邊，須會

〔註15〕參見智旭：《靈峰宗論》卷第2之5，《嘉興藏》冊36，頁296下。

歸圓融，不可終滯名相。」〔註 16〕一切法無不從種種因緣而生，並沒有永恆不變的；如水因風起波浪而成泡沫，雖短暫見得到泡沫相，但隨即消逝無蹤。對於上說，釋聖嚴解析道：「先把性相當作一內一外、一眞一妄、一實一虛地對立起來，然後泯相歸性，導相入性。視相爲事而視性爲理，在圓教的立場，事理圓融，乃至事事無礙，所以性相融會。」〔註 17〕透過釋聖嚴解智旭性相不二之言，理事不二之理自明。

由此可見，自智旭二十五歲明心見性之後，其悟境已大勝於前，嗣後的撰述也以此悟境爲本，一掃邪說群迷，同時爲明末禪宗的凋敝作了有效的引導與拯救。當時禪宗的腐敗，如智旭言：「禪門流弊久矣，未可力爭也。賴有識之士，用其法不染其病，鑒其失不廢其法耳。凡鍼灸藥石可起病者，無論君臣佐使，皆心上化工也。古人訶坐禪，勸坐禪，勸提話，訶提話，各逗機宜。善用之無非是藥，不善用無不增病。必執訶坐爲是，何異執話頭者訶放下也。眞到參無可參處，教外別傳，正法眼藏，……。」〔註 18〕此爲智旭思想的殊勝之處。畢竟佛教爲實證的宗教，凡所著述必以實證爲憑，在未證悟前宜多參經論，庶免自誤誤人。釋聖嚴留日攻讀碩士時，亦有此感。〔註 19〕《周易禪解》正是立基於證悟的基礎之上所撰著，因此可等同聖賢著作，值得吾人一讀再讀，以爲修持津要。

智旭二十六歲受菩薩戒。二十七歲遍閱律藏，方知舉世對於性相之說等積非成是。二十八歲母親病篤，經過四次割取手臂的肉來救治其母亦不得痊癒，在心境上痛切肺肝。〔註 20〕當智旭之母的葬事完畢後，這時對於著述之事頗爲意興闌珊而焚棄筆硯，一心矢志嚮往到深山修行。在山居精進的修持生活中，受到道友鑒空的邀請，而掩關於松陵，在閉關中生了大病，此時便

〔註 16〕參見智旭：《成唯識論觀心法要》，《卍續藏》冊 51，頁 297 中。

〔註 17〕參見釋聖嚴：《明末佛教研究》（臺北：法鼓文化事業公司，2009 年），頁 259。

〔註 18〕參見智旭：《靈峰宗論》卷第 3 之 1，《嘉興藏》冊 36，頁 304 下。

〔註 19〕「東老人也嘗以寧做宗教家而勿做研究宗教的學者期勉。而在今天的日本，就是把佛陀的教義當作了學術化，把《大藏經》看作研究用的資料，所謂學以致用，他們僅把自己的研究考證的論文，作爲謀取職業地位以及生活之資的工具，並非拿來作爲自己修證的指針。實則，若不實修實證，根本談不上對於佛法的理解，這一點在日本的現代學者們也不否認。」參見釋聖嚴：《大乘止觀法門之研究》（臺北：法鼓文化事業公司，2005 年），頁 5～6。

〔註 20〕智旭於此處批閱：「既悟此身非父母生，何故又刲肱救母，參。」爲後來的修行人立下了一個話頭。參見智旭：〈八不道人傳〉，《靈峰宗論》，《嘉興藏》冊 36，頁 253 中。

以參禪工夫，一心求生淨土。「以參禪工夫，一心求生淨土」一語，可由《宗論》中的問答得到佐證：

> 問：參究念佛之說，當得話頭否？既恐今生不悟，來生難保，故用此法，以攝往生。然又恐為參禪開一退步，當作何融通邪？一生參禪，臨終發願何如？
>
> 答：眾生顛倒，轉說轉疑。吾今徹底道破，亦令當來諸有志者，毋泣歧路。既一門深入，何須疊床架屋，更涉參究。但觀蓮宗諸祖，便知淨不須禪。若為大事因緣，有疑未破，欲罷不能，而行參究，正應殷勤回向西方。但觀永明等諸大祖師，便知禪決須淨。本分中事了然可辨，何須曲為融通也。信則便信，疑則別參。〔註21〕

上言的論述重點在於「淨不須禪」及「禪決須淨」，如果能夠一門深入的話，又何須疊床架屋，更涉獵參究的工夫；如果為了生死的一大事因緣，有疑竇而未參破，欲罷不能，而行參究，則將參禪的功德一心殷勤回向西方。此為上言智旭歸心淨土的明證。

智旭三十歲，出關朝海，準備前往終南山，去會見道友雪航，希望他能傳授律學。在龍居停留居住的歲月裡，開始著述《毘尼事義集要》，及《梵室偶談》。這一年遇見了惺谷、歸一兩位道友，彼此勉勵護持，在修持上得到很大的益處。三十一歲，送惺谷到博山薙髮出家，隨無異禪師至金陵，徘徊逗留了一百一十日，熟悉整個宗門近時的流弊，乃下定決心弘揚戒律之學。智旭自揣對於戒律條文的理解雖然甚為精當，然而對於自身的煩惱、習氣尚強，在實際的行持上有很多缺失，因此立誓不當和尚。〔註22〕三十二歲，智旭自言：「擬註《梵網》，作四鬮問佛，一曰宗賢首，二曰宗天台，三曰宗慈恩，四曰自立宗。頻拈得台宗鬮。於是究心台部，而不肯為台家子孫。以近世台家，與禪宗賢首慈恩各執門庭，不能和合故也。」透過拈鬮決疑之舉，筆者認為這和他二十五歲明心見性後深刻體解「現前一念心」，以及他在宗教實踐上的真誠信心有關，可見當時他因時節因緣已無法從所心儀的師長處得到教誨，只好親自叩問佛祖，若非用心至誠，對於佛祖的啓示又如何信得過呢？這一拈，便與天台結下了悠遠的因緣。

〔註21〕參見智旭：《靈峰宗論》卷第3之1，《嘉興藏》冊36，頁302上。

〔註22〕智旭自認「三業未淨，謬有知律之名，名過於實，此道人生平之恥。」參見智旭：〈八不道人傳〉，《靈峰宗論》，《嘉興藏》冊36，頁253中。

智旭於《靈峰蕅益大師宗論．示巨方》中說道：

> 天台接龍樹聞知之傳，闡鷲峰開顯之妙，權實同彰，教觀並舉，如三代禮樂，超卓萬古，非漢唐雜霸雜夷之治，能彷彿萬一也。後世逐流忘源，漸成繁蕪。而矯枉過正者，又復東置高閣，適令諸侯之惡其害己者，益無忌憚，公然以疏抗經，祖抗佛。噫，可悲甚矣。妙峰老人，出月亭之門，而力弘台旨。紹覺老人，私讀大覺遺籍，而遍演三宗。紹師雖無的傳，妙師專傳無盡師。於是世間復知有台宗名字，逮今日又未免名盛實衰矣。〔註23〕

智旭大力提倡天台思想的高妙之處，並分析其當時所處的文化思想背景，盛讚妙峰老人與紹覺老人對於天台的造詣與對天台的傳揚，尤爲推崇妙峰老人傳予無盡師，使得天台名字普爲世人耳聞，只是當時天台的名號雖響，卻流弊叢生。其實，智旭早在他二十三歲時就想要拯救禪宗，苦心思索對策，直到三十二歲才拈鬮問佛，而確立以天台教觀思想來除弊。證諸智旭於《靈峰蕅益大師宗論．示如母》所言：

> 道不在文字，亦不在離文字。執文字爲道，講師所以有說食數寶之譏也。執離文字爲道，禪士所以有暗證生盲之禍也。達磨大師以心傳心，必藉楞伽爲印，誠恐離經一字，即同魔說。智者大師九旬談妙，隨處結歸止觀，誠恐依文解義，反成佛冤。少室天台，本無兩致，後世禪既謗教，教亦謗禪，良可悲矣。〔註24〕

上舉「達磨大師以心傳心，必藉楞伽爲印，誠恐離經一字，即同魔說」及「智者大師九旬談妙，隨處結歸止觀，誠恐依文解義，反成佛冤」爲例，標舉印心必以《楞伽經》、說法須以止觀結證，庶免背負「離經一字，即同魔說」及「依文解義，反成佛冤」的罪名。他謙稱修爲有限，僅得天台六即「名字位

〔註23〕智旭續言：「予本宗門種草，因感法道陵夷，鑒近時禪病，思所以救療之者，請決於佛，拈得依台宗註梵網鬮，始肯究心三大五小，愧無實德，不克以身弘道，然於古之妙，今之弊，頗辨端的。蓋台宗發源法華，法華開權顯實，則無所不簡，無所不收。今之弘台宗者，既不能遍收禪律法相，又何以成絕待之妙。既獨負一台宗爲勝，又豈不成對待之麤。是故台既拒禪宗法相於山外，禪亦拒台於單傳直指之外矣。夫拒台者，固不止於不知台者也，拒禪與法相者，又豈止於不知禪與法相而已哉。寧學聖人未至，不願以一善成名。噫，果不以一善成名，聖人亦無不可學至之理矣。」參見智旭：〈八不道人傳〉，《靈峰宗論》，《嘉興藏》冊36，頁294上。

〔註24〕智旭：〈八不道人傳〉，《靈峰宗論》，《嘉興藏》冊36，頁294上。

中圓融佛眼」，無力同時拯救天台與禪宗兩家的互謗過失，只好各取天台、禪宗之長來補彼此之短。智旭續言：

> 予二十三歲，即苦志參禪，今輒自稱私淑天台者，深痛我禪門之病，非台宗不能救耳。奈何台家子孫，猶固拒我禪宗，豈智者大師本意哉。憾予為虛名所累，力用未充，不能徹救兩家之失。但所得名字位中圓融佛眼，的可考古佛不謬，俟百世不惑。願如毋但學予解，勿學予之早為人師，庶法門有賴乎。〔註 25〕

智旭指出：唯有以天台的思想才能對治禪門的諸多弊病，同時勉勵後輩，切莫在修學尚無大成就前為人師，而為虛名所累；寄望後來者，能徹底拯救天台宗與禪宗的流弊。

三、請藏著述，孑然長往

在智旭親撰的〈八不道人傳〉裡提到：「時人以耳為目皆云道人獨宏台宗，謬矣！謬矣！」已申明他不僅是弘揚天台而已，詳如下述。在智旭三十三歲那年的秋天，惺谷、壁如二友去世，便開始進入靈峰過冬，開啓了請藏的因緣。三十五歲，造西湖寺，著述「占察行法」。三十七歲，住在武水，著述《戒消災略釋》，以及《持戒犍度略釋》、《盂蘭盆新疏》。三十八歲，住錫在九華山。次年著述《梵網合註》。四十一歲，住在溫陵，著述《大佛頂玄義文句》。四十二歲，住漳州，著述《金剛破空論》、《蕅益三頌》、《齋經科註》。四十四歲，住在湖州，著述《大乘止觀釋要》。四十六歲，住在靈峰，著述《四十二章經遺教經》、《八大人覺解》。四十七歲，住在石城，著述《周易禪解》。這一年的秋天，住在祖堂。四十九歲，著述了《唯識心要相宗八要直解》、《彌陀要解》、《四書蕅益解》等書。五十一歲冬天返回靈峰著述《法華會義》。次年著述《占察疏》、《重治律要》。五十四歲，住在晟谿，草擬《楞伽義疏》，等到了遷住長水後才完成，此時尚有《閱藏知津》、《法海觀瀾》、《圓覺維摩起信》等疏的撰述尚未完成。此時的智旭雖然著述成果豐盛，但他同時也憂慮這些著作是否會造成一些後遺症，如其所言「四教儀流傳，而台宗昧，如執死方醫變證也」等語，〔註 26〕在

〔註 25〕參見智旭：《靈峰宗論》卷第 2 之 5，《嘉興藏》冊 36，頁 294 上。

〔註 26〕「生平嘗有言曰，漢宋註疏盛，而聖賢心法晦，如方木入圓竅也。隨機羯磨出，而律學衰，如水添乳也。指月錄盛行，而禪道壞，如鑿混沌竅也。四教儀流傳，而台宗昧，如執死方醫變證也。是故舉世若儒若禪若律若教，無不目為異物，疾若寇讎。道人笑曰，知我者，唯釋迦地藏乎。罪我者，亦唯釋

在提醒吾人在讀這些書時需獨具慧眼，否則執泥文句，不解其意，反而讓智旭覺得他自己是罪人，此等悲心、胸懷是何等的寬廣。

四、成時續貂，五七圓寂

此處引述自智旭弟子堅密成時所撰述，茲引其言，以竟〈八不道人自傳〉遺緒，成時言：「靈峰蕅益大師自傳，成於壬辰臘月。次年癸巳，老人五十五歲，夏四月入新安，結後安居，於歙浦天馬院，著選佛譜，閱《宗鏡錄》，刪正法湧，永樂法真諸人所竄雜說引經論之誤，及歷來寫刻之訛，於三百六十餘問答，一一定其大義，標其起盡。閱完，作〈校定宗鏡錄跋〉四則。又汰集，存一冊，名袁子。秋八月，遊黃山白嶽諸處。冬復結制天馬，著《起信裂網疏》。次年五十六歲甲午，於正月應豐南仁義院請，法施畢，出新安。二月後褒灑陀日，還靈峰，夏臥病，選《西齋淨土詩》，製贊補入淨土九要，名淨土十要。夏竟，病癒。七月述儒釋宗傳竊議。八月續閱大藏竟。九月成《閱藏知津》、《法海觀瀾》二書。冬十月病，復有獨坐書懷四律。中有庶幾二三子，慰我一生思之句。十一月十八日，有病中口號偈。臘月初三，有病閒偶成一律。中有名字位中真佛眼，未知畢竟付何人之句。是日口授遺囑，立四誓，命以照南等慈二子傳五戒。菩薩戒，命以照南靈晟性旦三子代座代應請。命闍維後，磨骨和粉麵，分作二分，一分施鳥獸，一分施鱗介，普結法喜，同生西方。十三起淨社，有願文。嗣有〈求生淨土偈〉六首。除夕有艮六居銘，有偈。乙未元旦有偈二首。二十日病復發，二十一日晨起病止。午刻，趺坐繩床角，向西舉手而逝。時生年五十七歲，法臘三十四。僧夏從癸亥臘月，至癸酉自恣日，又從乙酉春，至今乙未正月，共計夏十有九。丁酉冬，門人如法荼毗，髮長覆耳，面貌如生，趺坐巍然，牙齒俱不壞，因不敢從粉骴遺囑，奉骨塔於靈峰之大殿右。」〔註 27〕

如上所述，智旭親撰的〈八不道人傳〉只寫到五十四歲爲止，五十五歲至五十七歲圓寂的這段期間是由成時所撰述。在智旭五十七歲那年的十一月十八日在病中所寫的一首律詩中透露其心聲，並預知活存世上的時日不久，詩言：「中有名字位中真佛眼，未知畢竟付何人之句」，十一月十八日當日便

迦地藏乎。子然長往，不知所終。」參見智旭：〈八不道人傳〉，《靈峰宗論》，《嘉興藏》冊 36，頁 253 下。

〔註 27〕參見智旭：〈八不道人傳〉，《靈峰宗論》，《嘉興藏》冊 36，頁 253 下。

口授遺囑，立下四種誓願，並交待照南、等慈二子傳五戒、菩薩戒，照南、靈晟、性旦三子代座代應請，及在臨終佛事（闍維）後，將他的遺骨磨成粉後與麵粉參雜在一起，然後分作二分，一分施飛鳥走獸，一分施有鱗和介甲的水生動物，普結法喜，同生西方。二十一日晨起病止。南明乙未（1655 年）〔註 28〕，十一月二十一日午刻，趺坐在床上，四個角落都結上繩子，然後悠然地向西方舉手而逝。翌年丁酉冬，門人遵囑如法荼毗，頭髮長到覆蓋住耳，面貌栩栩如生，趺坐巍然，牙齒俱不壞，因此不敢從粉骴的遺囑，而奉骨塔於靈峰之大殿右。

以上只是就智旭親撰的〈八不道人傳〉爲主要內容，有關智旭事蹟的地域分佈、智旭事蹟的歷史地理學考證及智旭生涯的環境意義等面向的問題，釋聖嚴已有完善的研究成果，此略。〔註 29〕

第二節　智旭之著述理念及其見存著作

欲一探智旭的深邃思想內涵，捨研究其著作的途徑無他，吾人或可從見存著作中釐清其著作理念。

一、智旭之著述理念

誠如釋聖嚴所言：「智旭的著述態度，確是非常嚴謹。他不是一般的註經與疏論的佛教學者，我認爲他是思想的集大成者，也是一位獨立創發的思想家。」〔註 30〕茲引《宗論》的兩段極具指標性的文句來說明智旭著述的態度，如《宗論》上言：

〔註 28〕1655 年隸屬南明（1644 年～1662 年，亦稱後明），是李自成攻陷北京後，明朝皇族與官員在南方建立的若干政權的統稱。1655 年之際，智旭活動於安徽歙浦天馬院，並遊黃山，根據史載於 1645～1651 年間，南明軍與清軍作戰中，敗多勝少，大批南明的軍隊先後降清。先後丟失了江蘇、安徽、浙江、江西、福建、兩廣、兩湖等等領地，地盤盡失。按理說，智旭的活動區域在安徽，1655 年應屬南明桂王永歷九年、清順治十二年。此處記載南明，爲順著釋聖嚴的說法。弘一大師的〈蕅益大師年譜〉及《靈峰宗論》中的〈八不道人傳〉均未標示朝代。參見任宜敏：《中國佛教史．明代》（北京：人民出版社，2009 年），頁 714。

〔註 29〕參見釋聖嚴著，釋會靖譯：《明末中國佛教之研究》，頁 204～243。

〔註 30〕釋聖嚴著，釋會靖譯：《明末中國佛教之研究》，頁 405。

> 聖賢著述亦最富博，欲摘其精要，利益群品，須備採眾長，證以心悟，方可流傳。若此門未遵堂奧，宜事力修，無急急以著述爲事也。度人要務，以智慧方便爲本，有智慧則能究權實理，稱理而說，義無不周。有方便則能莊嚴文章，文如於義，觀者咸悅。今周集理致僅七八分，文章僅五六分，似宜邃養，更加錘鍊爲妙。〔註31〕

智旭自陳本身對於著作所抱持的態度，認爲：當吾人當心有所感而欲著述前，不但需要採擷往聖先賢廣博而豐富的著述精要，以及博覽群書及聚集諸家之長外，更需透過個人實踐後所透顯的心髓悟境，而後著筆爲文，才能夠流通傳世。當對於所著述的精髓尚未完全心領神會之前，允宜加強努力實修，千萬不能草率行事，急著想要提筆爲文。智旭著作的態度與度化眾生的理念是一致的，他強調以智慧方便爲本，若能具備智慧則能通達權實的義理，則能在理上的表達非常合宜，而且在義理的詮解上非常周全完備。有了智慧方便爲基礎，自然能夠使文章更加莊嚴，文章也才能夠將深層義理完全闡發，讓閱讀者都能夠心生歡喜。他甚至謙虛地認爲自己本身的著作在義理上的表達僅達到十分之七、八，而文章的風采僅有十分之五、六而已，勉勵自己似乎更宜深邃地涵養義理，而後更加使文章更爲精要、錘鍊爲妙。可見智旭的著述態度是植基於實踐的心要流露，他規誡缺乏實踐的領悟者，愼勿草率執筆爲文，甚至梓印流通，或許是如此堅持的態度使然，才能夠讓智旭的著作流傳了四百餘年，而廣受研究、備極讚嘆，這是當代吾人在研究智旭思想所需具備的前理解，如此才能深刻體解智旭廣博深邃的思想精蘊。

除了上述所言，智旭自許自身的文章千古事必須取法乎上，權立太極於千古，如智旭在〈復錢牧齋〉書簡中言：

> 著述須實從自己胸中流出，方可光前絕後；設非居安資深，左右逢源，縱博極群書，偏採眾長，終是義襲而取，不可謂集大成也。大菩薩乘願力闡正法，須如馬鳴龍樹，智者清涼，立極千古。〔註32〕

此書簡充分說明了智旭對於著述這件事的基本態度與要求，並在著述上提供吾人更寬廣幽深的視野。智旭主張寫文章的見解，必須從自己的胸中流溢而出，才能夠獨樹一格、言人所未言，對於不肯居安實修者，縱然是窮極博覽群書，也不過是義理上的抄襲、拾人牙慧而已，實不可取。智旭進一步認爲，

〔註31〕智旭：《靈峰宗論》卷第5之1，《嘉興藏》冊36，頁253上～254下。
〔註32〕智旭：《靈峰宗論》卷第5之2，《嘉興藏》冊36，頁343下。

著述弘法這件事，必須具備如馬鳴大士、龍樹菩薩、智者大師、清涼澄觀大師等具備磅礡氣勢與胸懷，凡有著述，必然已對經論融會貫通，然後才下筆爲文，闡述宗旨、顯明綱要、直指門徑，方足以澤潤蒼生於千古。

淨土宗第十三祖——印光大師對於蓮宗九祖智旭的著作有著非常高的評價，對智旭的淨土二著：《彌陀要解》、《淨土十要》，可說是讚譽有加，甚至將智旭視同古佛。〔註 33〕至於釋聖嚴對於智旭的著述態度方面做了剖析與評論，認爲：「智旭的著述態度，明顯地與一般世間學者的立場相異。廣讀群書，摘出其一切優點，更須憑著修行的功力來體會貫通，在自己胸中加以培育，然後再將之發揮出來，這才是著述的開始。如此的歷程，才能算是集大成者。例如印度的馬鳴和龍樹、中國的智顗和澄觀，這些聖哲所以能遺留下千古不朽的著作，其原因也就是『備採眾長，證以心悟』的緣故，否則只是義理的抄襲而已，稱不上是集思想的大成。」〔註 34〕準是而觀，愈加證明智旭的特立獨行，其來有自，他不但是思想的領航者，更是明末佛教界的一座思想燈塔，洞燭先機地引領佛教走出日漸頹敗的幽谷。

二、智旭見存著作

基於上述的著述理念，智旭到底在有生之年完成了哪些著作呢？於此處探討智旭《周易禪解》之外的著作，看似偏離論述核心，實則若對智旭其他著作不加以瞭解，也必然看不出《周易禪解》的重要性及其重要關鍵所在。根據智旭的弟子堅密成時的分類法，可將智旭的著作分成《釋論》與《宗論》兩種。釋聖嚴認爲其分類不夠精當，但爲了處理資料的方便，暫時採取了成時的分類方式，如此亦可避免陷入論考的混亂，於是依照著作年代、書名、卷數、著作地點及其署名等項，以表格的方式，並以存闕及現今藏書的歸屬，列表加以介紹，《釋論》的部分詳如釋聖嚴所整理的著作年代明確者、不明者一覽表所列，請讀者自行參閱。〔註 35〕釋聖嚴進一

〔註 33〕印光對《阿彌陀經要解》評述：「《彌陀要解》一書，爲藕益最精妙之註。自佛說此經以來之註，當推第一。即令古佛再出於世，現廣長舌相，重註此經，當亦不能超出其上。」又，評《淨土十要》：「藕益大師以金剛眼，于闡揚淨土諸書中，選其契理契機，至極無加者」。參見陳劍鍠：《圓通證道——印光的淨土啓化》（臺北：東大圖書公司，2002 年），頁 127～141。

〔註 34〕參見釋聖嚴著，釋會靖譯：《明末中國佛教之研究》，頁 405。

〔註 35〕釋聖嚴著，釋會靖譯：《明末中國佛教之研究》，頁 410～420。

步指出：「智旭著作的實際總數量計有五十八種。這五十八種之中，有八種是闕本。」〔註 36〕其中最爲重要的著作有：《梵網經玄義》、《梵網經合註》、《大佛頂經玄義》、《大佛頂經文句》、《成唯識論觀心法要》、《相宗八要直解》、《妙法蓮華經台宗會義》、《占察善惡業報經玄義》、《占察善惡業報經義疏》、《重治毘尼事義集要》、《楞伽經玄義》、《楞伽經義疏》、《大乘起信論裂網疏》、《閱藏知津》、《法海觀瀾》，釋聖嚴認爲以上十五種著作最爲重要。〔註 37〕當然，釋聖嚴後來也認爲就智旭整體思想而言，應該將《教觀綱宗》等書列入智旭的重要著作之列。關於此論點，筆者以爲此與釋聖嚴的學思歷程有關，依筆者的研究所見，理應將《周易禪解》一併列入智旭的重要著作才是，若缺少了《周易禪解》這部書，便看不見明末三教的激盪與融合，也看不到佛教復興的契機，更看不到當代寺院林立的演進脈絡，職是之故，《周易禪解》應與智旭其他重要著作等量齊觀，尤其値此宗教漸漸趨向多元化與融合的時代，益顯此書的重要性，因此値得深入研究。進一步而言，如果沒有《教觀綱宗》的詮解，舉世欲觀《周易禪解》的精華所在，實屬不易之事，因此《教觀綱宗》亦可被視爲《周易禪解》的注釋書，殆無疑義。《四書蕅益解》則允宜參閱，藉以得詮解《周易禪解》之助，洞觀儒佛思想會通之底蘊。

至於針對《宗論》所錄文獻的分類，釋聖嚴則說道：「關於《靈峰蕅益大師宗論》的組織分類，其編集者成時在〈宗論序說〉曾有『文以類出，取便耳，非以文體』的說明。這是說《宗論》的編集組織，不是依文章的體裁分類，而是以文章內容的類似而分類的證據。因此，在願文之類也包括偈、啓、疏等，在法語之類有《唯識心要》的語錄，在茶話之類則有示念佛三昧和念

〔註 36〕釋聖嚴著，釋會靖譯：《明末中國佛教之研究》，頁 421。

〔註 37〕釋聖嚴：「上述三種資料中所記載的智旭重要著作，合計有十五種、一百三十九卷。這些文獻，實際上已經網羅了智旭思想的整體。歸納起來，有《梵網經》、《楞嚴經》、《法華經》、《占察經》、《楞伽經》等五種經典的釋論，以及《唯識》、《起信》兩種論典的釋論。其宗教實踐的基礎是《重治毘尼事義集要》，教理立論的思想基礎則是《大佛頂首楞嚴經》；而《唯識》與《起信》二論，則是智旭發揮性相融會論爲目的而撰著的釋論。至於《閱藏知津》和《法海觀瀾》二書，是智旭貢獻畢生的藏經提要與閱藏指導的著作。但從智旭思想的整體而言，應該把《阿彌陀經要解》一卷、《大乘止觀釋要》四卷，以及《教觀綱宗》一卷，也包括在他的重要著作之中。」參見釋聖嚴著，釋會靖譯：《明末中國佛教之研究》，頁 428。

佛法門等的論文。而且這些文獻的先後編集次序，未必就是以述作的年代順序爲依準。」又說：「《宗論》的整體，約有二十八類，七百九十七篇。其中可以推定年代的，只有二百五十篇。智旭作品的年代及其思想發展過程，具有非常密切的關係。時至今日，最易推定其年代的，就是『願文』類的五十七篇，都是已經完成的；最困難的，則是『法語』類的一百六十六篇，這一部分，可能已是渺無指望了。」〔註38〕由以上的研究成果闡述，便知《宗論》之梗概。根據《宗論》的編輯者成時所述：

> 諸疏外，稿有七部，今輯爲全書，以文爲類。原在稿外別行者，亦以次收入。按三藏，凡高僧撰述，悉入阿毘曇論藏，而有二種：專釋一經者，曰釋論；概宗十二部經，自成名句文者，曰宗論。今以釋論，收靈峰諸疏；而七部稿總以宗論收之，合十大卷，分三十八子卷。〔註39〕

《釋論》的部分如前所述，此處將詳論《宗論》的內涵，如上引所言：「概宗十二部經，自成名句文者，曰《宗論》」，換句話說，成時將智旭的著作歸納爲兩類：諸疏的部份歸屬於《釋論》，而其餘諸疏外的七部文稿，以及七部文稿外的單行本著述，依序編入《靈峰蕅益大師宗論》，簡稱之爲《宗論》。

透過上述討論，吾人可以得知《周易禪解》係處於智旭著作中的《釋論》與《宗論》兩大系絡中列入諸疏的《釋論》部分；由於《周易禪解》係智旭就《周易》文本加以詮釋而成，是屬於解釋《周易》文本類，因此被歸類在《釋論》。欲深研《周易禪解》，必須參看《宗論》、《四書蕅益解》、《教觀綱宗》等書，才能瞭解來龍去脈，而得其精髓。

第三節　《周易禪解》的結構說明

本節主要對《周易禪解》的文本結構加以說明，透過智旭所選定的《周易》底本進行考察，以瞭解智旭對於《周易禪解》結構和體例的安排動機、意義與目的，並闡明其詮釋模式。本節擬分爲三部分加以論述：一、《周易》文本的結構與內涵，二、《周易禪解》的結構分析，三、《周易禪解》的體例與詮釋模式。

〔註38〕釋聖嚴著，釋會靖譯：《明末中國佛教之研究》，頁451～453。
〔註39〕智旭：《靈峰宗論》，《嘉興藏》冊36，〈序〉，頁255中～下。

一、《周易》文本的結構與內涵

如前所述，《周易禪解》是以《周易》爲文本與詮釋對象，因此在尚未進入《周易禪解》文本結構的探討前，有必要釐清《周易》的作者、流傳始末，以及結構等內容，然後進一步探討智旭究竟採取哪一本《周易》的版本爲底本來作詮釋，裨使吾人對於《周易禪解》的理解能夠更爲精當。

《易經》的性質與內涵爲何？其源流與衍變又爲何？據班固《漢書藝文志》所載：「《易經》十二篇，施、孟、梁丘三家。」顏師古補述說，上下經及十翼，故十二篇。施讐、梁丘賀二家的書，遭西晉永嘉之亂，早已亡佚。而孟喜之書，後亦因沒有師說而不傳，唐代以後即失傳。〔註 40〕易學學者胡瀚平進一步指出：

> 《周易》的形式，（本文特指它的卦爻象數系統）和內容（本文特指它的卦名爻辭的意蘊），是在卜筮的基礎上逐步形成起來的。卦爻辭的積累和編排，與卦爻辭定形以後，卦爻象數系統還有過單獨的發展，這一本質特徵便成了易學史上產生如《四庫全書總目提要》所說的兩派六宗的客觀基礎。歷代說《易》者，不外乎義理、象數兩途。皮錫瑞《經學通論》嘗謂：「《易》爲卜筮作，實爲義理作。」〔註 41〕

據上言，胡氏主張，舉凡《易經》八卦、六十四卦的符號及卦、爻辭的文字，皆富蘊內在的義理；通過《易傳》的轉述，益加彰顯其義理。《周易》既以「象數」示人，而通過「象數」的展示，所表露的乃是寓有精義的「義理」內容（即幾近當代詮釋宇宙觀、人生觀等特殊概念的「哲學思想」）。上述諸言標舉《周易》之義蘊，當有助於吾人對《周易》的前理解。

當代指涉之《周易》，其實應該包含《易經》、《易傳》兩部分，如高亨所言：

> 《周易》之卦辭（包括卦形、卦名）、爻辭（包括爻題）爲經，《彖》、《象》、《文言》、《繫辭》、《說卦》、《序卦》、《雜卦》爲傳。傳乃經之最古注解。西漢人已稱之爲《易大傳》。《史記．太史公自序》載

〔註 40〕陳國慶編：《漢書藝文志注釋彙編》（北京：中華書局，1983 年），頁 9～11。

〔註 41〕胡瀚平：《周易思想探微》（臺北：商鼎文化出版社，1997 年），頁 2。易學學者胡瀚平教授，原姓名劉瀚平，於本論文所引用的文獻一律以胡瀚平稱呼，以求統一。

司馬談《論六家要指》曰：「《易大傳》：『天下一致而百慮，同歸而殊途。』，……」(《漢書．司馬遷傳》亦載此文）所引二句見《繫辭》。按司馬談所謂《易大傳》當爲《易傳》總稱，非《繫辭》之專稱也。

〔註 42〕

透過上述高亨的分析，吾人已明《周易》之結構梗概，《易經》爲先形成的文本，而《易傳》則爲對《易經》所做的最早注解。《易傳》具體說來，包括《彖》、《象》、《文言》、《繫辭》、《說卦》、《序卦》、《雜卦》等七種，其中《彖》、《象》、《繫辭》各分爲上、下篇，《文言》、《說卦》、《序卦》、《雜卦》則獨立成篇，如此一來，《易傳》合計爲十篇，漢人稱之爲《十翼》（見《易乾鑿度》），猶如輔弼《易經》之羽翼，得以令《易經》窮盡時空地詮釋眞理的法則。

「純粹意義上的《易經》（不含《易傳》部分）只是六十四卦中的經文部分。」〔註 43〕《易經》本身包括卦辭（包括卦形、卦名）、爻辭（包括爻題），卦辭在形式結構上主要劃分爲上經三十卦、下經三十四卦，合爲六十四卦，六十四卦爲《周易》的結構中心。根據上、下卦合成一卦；一卦則分六爻，各爻的爻辭，爲爻辭彖辭者據傳係由文王被紂王囚禁羑里時所完成〔註 44〕，但牟宗三則引證認爲《周易》成於漢朝。〔註 45〕姑且不論《周易》確切的成書年代，吾人可見《周易》之結構井然有序，不但具有系統性，而且其內容廣博豐富，甚至支配整個中國的思想界，誠如牟宗三所言：

八卦又可以攝諸乾坤兩卦之中，乾坤表像陰陽。陰陽是兩種不同的氣，相反而相成的氣。故八卦所表像的八種原素，又都可以歸諸陰陽兩氣之中。以陰陽兩概念統馭一切現象；所以陰陽就是終極原則。……

〔註 42〕高亨：《周易大傳今注》（濟南：齊魯書社，2008 年），頁 1～12。

〔註 43〕胡瀚平：《周易思想探微》，頁 7。

〔註 44〕智旭：「六十四卦皆伏義所畫。夏經以艮居首，名曰《連山》。商經以坤居首，名曰《歸藏》。各有爻辭以斷吉凶。文王囚羑裡時，繫今《彖》辭。以乾坤二卦居首，名之曰易。周公被流言時，復繫爻辭。孔子又爲之傳，以輔翼之，故名周易。」參見智旭：《周易禪解》卷 1，《嘉興藏》冊 20，頁 396 上。

〔註 45〕「我以爲解析世界的起於漢，邏輯地、系統地述敘亦始於漢。科學的開始、哲學的發端亦始於漢；中國民間的思想之形成亦種因於漢，漢人是繼往開來的總關鍵，中國之所以爲中國者定於此。傅斯年先生以爲『漢朝人的東西多半可說是思想，而晚周的東西總應該是方術，這話大半是對的。』」參見牟宗三：《周易的自然哲學與道德函義》（台北：文津出版社，1988 年），頁 7～12。

> 六十四卦皆由陰陽之參伍錯綜而成，故有一錯綜之相即有一卦之成。錯綜變，卦亦變，而其所象所表者亦變。有一卦即有一卦之特殊表意，亦即有一卦之特殊品性。一個卦即是一幅圖象，它表像一定的事實之結聚。……解析此圖象所昭示的意義者爲〈彖傳〉。……「彖」以斷卦象之表意，「象」以徵卦之所之。解說卦象之所之者爲〈象傳〉。「彖」可說是斷其「內在品德」；象可說是徵其「外在品德」。「彖」是「界說」或「定義」；「象」是其「暗示」、「表徵」、「類推」、或「舉例」。有了「彖」與「象」，則世界始可解說，知識始可能。〔註46〕

牟氏所言，甚爲精當，他將卦看成是一幅畫，藉以表徵所蘊藏的意義，吾人透過《彖》、《象》所傳達的義界與表徵，使得世界爲人所理解，知識才得以傳衍。《易傳》中的《彖》、《象》、《文言》、《繫辭》、《說卦》、《序卦》、《雜卦》等七種，原本是各自獨立，不與《易經》本文相雜，如今的版本已經歷代編輯過，而混融於《周易》之中。〔註47〕至於《易傳》各篇在《周易》的安排內容，根據高亨的研究指出：「《彖傳》：隨經分上、下兩篇，共六十四條，釋六十四卦之卦名（包括卦義，全書同此）及卦辭，未釋爻辭。……《象傳》：隨經分爲上、下兩篇，共四百五十條。其釋六十四卦卦名卦義者六十四條，未釋卦辭。其釋三百八十六爻爻辭者三百八十六條。其釋卦名卦義也，皆以卦象爲根據；其釋爻辭也，亦多以爻象（包括爻位元）爲根據。故題其篇曰《象》。……《文言》：是《乾》《坤》兩卦之解說，只有兩章，解《乾》卦之卦辭與爻辭者通稱《乾文言》，解《坤》卦之卦辭與爻辭者通稱《坤文言》。……《繫辭》：是《易經》之通論，因篇幅較長，分爲上下兩篇。以論述《易經》之義蘊與功用爲主，亦談及《周易》筮法、八卦起源等等，並選釋《易經》爻辭十九條。其名爲《繫辭》者，謂作者繫其論述之辭於《易經》之下也。……《說卦》：主要是記述乾、坤、震、巽、坎、離、艮、兌八經卦所象之事物，故名《說卦》。《說卦》者，說八經卦之象也，非說六十四卦

〔註46〕牟宗三：《周易的自然哲學與道德函義》，頁1～6。

〔註47〕《周易大傳》十篇原皆單行，列於經後，不與經文相雜。今本《周易》，《彖傳》、《象傳》皆分列於六十四卦，《文言》分列於《乾》《坤》兩卦，《繫辭》、《說卦》、《序卦》、《雜卦》仍獨立爲篇，列於經後。此種編法，或曰：「始于東漢鄭玄。」（見《三國志．魏志．高貴鄉公傳》）或曰：「始於西漢費直。」（見顏師古《漢書．藝文志》注、晁公武《郡齋讀書志》、馬端臨《文獻通考》）未知孰是。參見高亨：《周易大傳今注》，頁1～2。

也。用八卦以象事物，含有分析事物之性質之意，則誠然矣。……《序卦》：乃解說《易經》六十四卦之順序，故名《序卦》。……《雜卦》：解說六十四卦之卦義，不依《易經》六十四卦之順序，錯雜而述之，故名《雜卦》。」〔註48〕上述已對《易傳》之內容做了綱要式的說明，以下則續論《周易禪解》文本之結構分析。

二、《周易禪解》的結構分析

在探討《周易禪解》文本結構之前，若能先對智旭所採用的《周易》版本有所瞭解，再進行分析，應該會更具說服力，更能彰顯智旭選用《周易》文本的慧眼獨具之處。謝金良的研究指出：「智旭所選用的《周易》經傳合編本與王弼參合本、孔穎達《周易正義》本、朱熹《周易本義》通行本大致相同。因爲孔本是以王本爲底本，所以一般是視爲同一版本。朱本參合的形式雖然是沿襲王本，但在文字內容結構方面仍與王本有細微的差別。通過進一步仔細比較與王本、朱本的異同後發現，智旭所用的文本既參考了王本，也借鑒了朱本，可以說是對王本、朱本的改裝本。之所以說是改裝本，是因爲其與王本、朱本之間都是大同小異。」〔註49〕謝氏在比較歷代各主要《周易》版本發現後，智旭選用版本方面更有可能是直接以朱本作爲底本，然後再參考王本和其他本，所以說是改裝本。謝氏於此處言「以朱本作爲底本」，但於後又言「傳自王弼的合編本確實有很多優點：不但是流傳最久遠、最全面、最權威的合編本，而且確實合編得相當全面、合理，既方便研習也便於解說；另外，合編本還是王弼援道注《易》的範本，可以說是援異說解《易》的成功嘗試；……所以，智旭選用王本，並模擬王弼解《易》的風格，既較好借題發揮《易》中之禪，又容易爲廣大學者所接受。」〔註50〕

斟酌上論，吾人或許只能從智旭在《周易禪解》卷一所述，得到其引用的《周易》文本之根據，大體上智旭只說明瞭其所採用的底本爲「後人以孔子前之五傳，會入上下兩經。而《繫辭》等五傳不可會入，附後別行。即今

〔註48〕爲何說有三百八十六爻？高亨：「六十四卦每卦六爻，共三百八十四爻，再加《乾》卦之『用九』及《坤》卦之『用六』，爲三百八十六爻。《乾》卦之『用九』及《坤》卦之『用六』本非爻也，爲便於稱舉，故亦視爲爻。」參見高亨：《周易大傳今注》，頁2～5。

〔註49〕謝金良：〈《周易禪解》研究〉，頁113。

〔註50〕謝金良：〈《周易禪解》研究〉，頁113。

經也。」〔註 51〕此處所論意指此底本之編序結構，至於到底是採用王本或朱本，無法從《周易禪解》的文句中考證得知。根據筆者的研究發現，謝氏斷言：「智旭選用王本，並模擬王弼解《易》的風格，既較好借題發揮《易》中之禪，又容易爲廣大學者所接受。」此推論是否與事實相符，仍有值得商榷之處，以智旭博覽群籍的學思歷程及深厚的學術造詣，有必要「模擬王弼解《易》的風格」嗎？筆者認爲，與其說智旭是模仿王弼，勿寧說智旭融會三教精髓、深諳《易經》內蘊，並採擷王弼、孔穎達、朱熹等版本之長，別出心裁而自成一家之言，更來得貼切。

筆者爲求嚴謹起見，詳爲比對《四庫全書·易類》中〔魏〕王弼〔晉〕韓康伯的《周易註》版本，全書共十卷，王弼撰寫了《周易註》的前六卷，第七至十卷則由韓康伯所撰。《周易禪解》共十卷，《周易註》亦十卷，兩者的差異在於：其一、《周易禪解》的第一卷僅論乾、坤二卦，而《周易註》則論乾、坤、屯、蒙、需、訟、師、比、小畜、履等十卦，《周易禪解》的第二卷才進展到履卦，因此在開頭的配置有所不同。其二、《周易禪解》的第九卷〈繫辭下傳〉相當於《周易註》的第八卷，而且到了第九卷已將已將《周易註》的全部內容論述完畢，《周易註》的第九卷至〈雜卦傳〉止。其三、《周易禪解》第十卷附錄圖目，而《周易註》的第十卷爲王弼撰〈周易略例〉。綜上所述，筆者推論智旭所採用的文本爲〔魏〕王弼〔晉〕韓康伯的《周易註》〔註 52〕，《周易禪解》第

〔註 51〕「古本文王、周公《彖》、爻二辭，自分上下兩經。孔子則有《上經《彖》傳》、《下經《彖》傳》、《上經象傳》、《下經象傳》、乾坤二卦《文言》、《繫辭上傳》、《繫辭下傳》、《說卦傳》、《序卦傳》、《雜卦傳》，共名「十翼」。後人以孔子前之五傳，會入上下兩經。而《繫辭》等五傳不可會入，附後別行。即今經也。」參見智旭：《周易禪解》卷 1，《嘉興藏》冊 20，頁 396 上。

〔註 52〕《四庫全書總目提要》有云：「《周易註》·十卷（浙江巡撫采進本）《上、下經》注及《略例》，魏王弼撰。《繫辭傳》、《說卦傳》、《序卦傳》、《雜卦傳》注，晉韓康伯撰。《隋書·經籍志》以王、韓之書各著錄，故《易注》作六卷，《略例》作一卷，《繫辭注》作三卷。《舊唐書·經籍志》、《新唐書·藝文志》皆載弼注七卷，蓋合《略例》計之。今本作十卷，則並韓書計之也。……弼之說《易》，源出費直。直《易》今不可見，然荀爽《易》即費氏學，李鼎祚書尚頗載其遺說。大抵究爻位之上下，辨卦德之剛柔，已與弼注略近。但弼全廢象數，又變本加厲耳。平心而論，闡明義理，使《易》不雜於術數者，弼與康伯深爲有功。祖尚虛無，使《易》竟入於老莊者，弼與康伯亦不能無過。瑕瑜不掩，是其定評。諸儒偏好偏惡，皆門户之見，不足據也。」參見〔清〕紀昀總纂：《四庫全書總目提要》（石家庄：河北人民出版社，2000 年），頁 54～55。

十卷附錄圖目則引用朱熹所撰《周易本義原本》的圖目，殆無疑義。

上述已明《周易禪解》文本依據之梗概，此處則續論《周易禪解》文本之結構。《周易禪解》目前在市面上流通及國家圖書館的版本共有四種：其一，爲明崇禎間刊本，十卷。〔註 53〕其二，爲清初刻本釋通瑞刻本，據上海圖書館藏清初刻本釋通瑞刻本影印原書版框高二〇八毫米寬三五八毫米，皆在於書眉處題上「易禪」，直指其核心爲「禪」；而陳氏所言此書首頁下方鈐有「福緣精社藏經」朱方、「佛弟子陳廷題璽錄藏印」白方，筆者親至國家圖書館印回的《續修四庫全書》版本，雖無法辨識，但它則與陳進益所描述的前一種版本大致相同，因此很可能爲根據同一底本，而分由不同單位所刊行。〔註 54〕其三，則爲民國四年南京金陵刻經處刊本，十卷，共三冊。江蘇廣陵古籍刻印社及臺灣新文豐出版社、無求備齋易經集成本所出版的版本，即據此版本翻印而成。根據江蘇廣陵古籍刻印社的版本爲底本，由周易工作室從事標點、文字處理、校勘工作而成的新式標點版，以及與此整理、標點性質相近的《禪解周易四書》，對於所據底本並未交代，不得而知。〔註 55〕至於本論文，則以第四種——《嘉興藏》爲底本，它的好處在於校對精嚴，且收入於《嘉興藏》傳世，更提高其可信度，因此筆者以此爲研究底本，有疑義或必要時則參考其他版本，以資確認。吾人可以從《周易禪解》文本的目錄〔註 56〕，得知全書之結構：全書共十卷，序文與《易解》跋分列最前與最後，卷一至卷四解《周易》上經（依卦序由乾至離），卷五至卷七解下經（依卦序由咸至未濟），卷八爲《繫辭上傳》，卷九爲《繫辭下傳》、《說卦傳》、《序卦傳》與《雜卦傳》，卷十則爲《圖說》。各卷之詳細內容分述如下：卷一解《乾》、《坤》兩卦，卷二解《屯》、《蒙》、《需》、《訟》、《師》、《比》、《小畜》、《履》等八卦，卷三解《泰》、《否》、《同人》、《大有》、《謙》、《豫》、《隨》、《蠱》、《臨》、《觀》

〔註 53〕參見陳進益：《蕅益智旭「易佛會通」研究》（臺北：東吳大學中國文學研究所博士論文，2004 年），頁 180～182。

〔註 54〕參見〔明〕智旭：《周易禪解》，《續修四庫全書．經部．易類》（上海：上海古籍出版社，2002 年），冊 15，頁 621～786。

〔註 55〕歸屬民國四年南京金陵刻經處刊本之衍生版本，約有四種，統括成同一類。參見釋智旭：《周易禪解》，江蘇：廣陵古籍刻印社，1998 年。釋智旭：《周易禪解》，臺北：新文豐出版社，1994 年。釋智旭著，周易工作室點校：《周易禪解》，北京：九州出版社，2004 年。釋智旭撰，釋延佛整理：《禪解周易四書》，北京：九州出版社，2011 年。

〔註 56〕參見智旭：《周易禪解》，《嘉興藏》冊 20，頁 395 中～下。

等十卦，卷四解《噬嗑》、《賁》、《剝》、《復》、《無妄》、《大畜》、《頤》、《大過》、《坎》、《離》等十卦，卷五解《咸》、《恒》、《遯》、《大壯》、《晉》、《明夷》、《家人》、《睽》、《蹇》、《解》、《損》、《益》等十二卦，卷六解《夬》、《姤》、《萃》、《升》、《困》、《井》、《革》、《鼎》、《震》、《艮》、《漸》、《歸妹》等十二卦，卷七解《豐》、《旅》、《巽》、《兌》、《渙》、《節》、《中孚》、《小過》、《既濟》、《未濟》等十卦，卷八解《繫辭上傳》，卷九解《繫辭下傳》、《說卦傳》、《序卦傳》、《雜卦傳》，卷十則解《河圖》、《洛書》、《伏羲八卦次序》、《伏羲八卦方位》、《六十四卦次序》、《六十四卦方位》、《文王八卦次序》、《文王八卦方位》等八種圖說。

上言僅就《周易禪解》文本自身的結構作一說明，筆者不擬對於結構本身作過多的臆測與評論，一來可以忠於文本本身所呈現的樣貌，二者則可避免論難而蒙受詰問。由於智旭在撰述《周易禪解》時受到相當多的質疑，相信者不到十分之一，懷疑者則超過十分之九，最常受到質疑的地方在於「儒自儒，佛自佛，欲明佛理佛經可解，何亂我儒宗？易果有禪乎？」智旭對此提出了他的見解，如言：

> 周易亦權亦實，亦兼權實，亦非權實。又聞現前一念心性，不變隨緣，隨緣不變之妙，方知不易之爲變易，變易之終不易。夫所謂不易者，惟無方無體故耳。使有方有體，則是器非道，何名神，何名易哉。又不達無方無體，不惟陰陽是器，太極亦器也。苟達無方無體，不惟太極非器，陰陽乃至萬物亦非器也。周子曰，太極本無極也。亦可曰，陽本無陽也，陰本無陰也，八卦本無卦也，六爻本無爻也。故曰，陰陽不測之謂神也。陰陽設有方體，安得名不測也。論云，諸法無自性，無他性，無共性，無無因性，無性亦無性。無性之性，乃名諸法實性。噫！此易邪？禪邪？亦易亦禪邪？非易非禪邪？居士必能默識之矣。〔註 57〕

智旭基於上述的考量，爲了避免時人的譏嫌與疑謗，因此在《周易禪解》適當之處，以天台思想來加以詮釋《易經》，環環相扣，暢演義理，自成一格。智旭對於上述的問難，提出他的見解，主張《周易》與「現前一念心性」有暗合之處。譬如：《周易》兼具亦權亦實，亦兼權實，亦非權實的特質；而「現

〔註 57〕智旭：〈示馬太昭〉，《靈峰蕅益大師宗論》卷第 2 之 5，《嘉興藏》冊 36，頁 297 中。

前一念心性」也則具有不變隨緣、隨緣不變之妙；如此，「不易之爲變易」與「變易之終不易」之理易於曉悟。《周易》所謂的不易，正因它不受方、體帶來侷限性；一旦落入方、體，即淪爲器物之屬，與道頓隔，既非道，又如何顯現其神奇妙用，又如何以易相稱。正因爲易無方無體，方能冥契《大智度論》上所說的「諸法無自性，無他性，無共性，無無因性，無性亦無性。無性之性，乃名諸法實性」之理。依智旭之意，易、禪無非皆能闡發諸法實相，又何須問難。

三、《周易禪解》的體例與詮釋模式

（一）《周易禪解》的體例

王弼注《易》〔註 58〕，他爲了說明詮釋《易》的體例時，於該書最後附上了他親自撰寫的《周易略例》〔註 59〕；然而，智旭在撰寫《周易禪解》時，他本人並未撰寫有關該書體例的文章。因此，只有透過全面性的考察，才能得知其詮釋的體例。根據陳進益的研究指出，《周易禪解》的寫作形式可由《周易禪解》的基本形式及《周易禪解》詮解《易經》的三種模式得知。他認爲《周易禪解》的基本形式有三種：（一）經傳原文頂格，智旭註解則低一格；（二）先經、後傳、後圖說；（三）上經、下經、傳文前，皆有總論文字，唯〈圖說〉無。而《周易禪解》詮解《易經》也有三種模式：（一）將爻辭與小象連而並釋者；（二）將爻辭與小象分而釋之者；（三）先將爻辭與小象並置，再統一以一大段文字注釋者。〔註 60〕大體上，上言謹止於對《周易禪解》的形式結構做出簡單的觀察結論。

爲了使《周易禪解》的體例能夠清楚地呈現，筆者參考了謝金良的現有研究成果，並重新比對全書，歸結其說，繪製「《周易禪解》體例表解」，加

〔註 58〕王弼以老莊觀點解易，其易學特點主要有五個：一、取義不取象，對卦爻辭的解釋，王弼主張取義說，不採取象說，而與漢易學象派採取對立的態度。他認爲象生於義，先有某卦的卦爻義，才有某卦的卦爻象。二、一爻爲主說，全卦的意義主要由六爻中其中一爻之義來決定。三、爻變說，人們的行動應以爻變作爲指南。四、適時說，吉凶隨卦爻所處的時機或時位不同而改變。五、辨位說，由於陰陽不定，因此他認爲「初」與「上」不應有「位」。參見閔建蜀：〈《易經》解析：方法與哲理〉（香港：中文大學出版社，2011 年），頁 158～160。

〔註 59〕〔魏〕王弼、〔晉〕韓康伯注：《周易註》10 卷，《景印文淵閣四庫全書．經部．易類》（臺北：臺灣商務印書館，1983 年），第 7 冊，頁 201～282。

〔註 60〕參見陳進益：《蕅益智旭「易佛會通」研究》，頁 237～321。

以分析，具體說明如下：

分　類	項　目	主要內容	舉例說明
壹、解說文字的段落分佈	一、常態	分成九段，依照解：①卦辭②《彖》③《象》④至⑨初爻至六爻的爻辭及爻《象》。	
	二、特例	1.分成四段。	《小畜》
		2.分成八段。	《剝》
		3.分成十五段。將六爻爻辭及《象》分開解。	《屯》、《蒙》
		4.分成十二段。	《需》、《訟》、《比》〔註61〕
		5.分成十段。	《師》、《坤》〔註62〕
		6.分成十四段。	《乾》
貳、解說表達形式	一、解卦辭	1.先疏釋經文義理，後援引他說再闡釋，末以「佛法釋者」疏釋。	《屯》卦辭。
		2.禪易合解，不另標註。	《乾》、《坤》、《需》卦辭。
		3.先對經文疏釋，次以「約世道」、「約佛法」、「約觀心」分釋。	《泰》、《蠱》、《離》、《大畜》。
		4.以「約世道」、「約佛法」、「約觀心」直解。	《履》、《否》、《謙》、《大有》、《隨》《臨》、《觀》、《賁》、《復》、《噬嗑》、《無妄》、《頤》、《坎》等卦辭。
		5.先以「約世道」、「約佛法」、「約觀心」解，後引他說，並作「觀心釋者」。	《同人》。
		6.先以「約世道」、「約佛法」、「約觀心」解，後加疏釋。	《豫》、《大過》。

〔註61〕「如解《需》依次解卦辭、《彖》、《象》、初九爻辭、九二爻辭、九三爻辭、九三《象》、六四爻辭、六四《象》、九五爻辭、上六爻辭、上六《象》，而對初九、九二、九五這三爻辭的《象》都只列原文，不作解說；又如解《訟》也有類似情況，但此卦是初六、九四、九五的《象》不解；再如解《比》，其中初六、六二、六三、九五的《象》不解。」參見謝金良：〈《周易禪解》研究〉，頁 120～121。

〔註62〕「如解《師》，其中初六、六三、六四、六五、上六的《象》不解；又如解《坤》（不包括解《坤．文言》），因多了『用六』爻，故比一般的多一段解說詞。」參見謝金良：〈《周易禪解》研究〉，頁 121。

二、解《彖》辭	1.以佛法直解。	《乾》、《蒙》、《訟》、《小畜》、《隨》、《蠱》、《臨》、《噬嗑》、《賁》、《無妄》、《大畜》、《頤》、《大過》、《坎》。
	2.先解原文，後以「佛法釋者」疏釋。	《坤》、《屯》、《需》、《師》、《比》、《履》、《泰》、《豫》、《觀》。
	3.以「佛法釋者」或「觀心釋者」直接疏釋。	《否》、《同人》、《大有》、《復》。
	4.合解，但暫不標註，後援他說。	《謙》、《離》。
	5.先與卦辭合解，再以「約世道」、「約佛法」、「約觀心」解。	《剝》
三、解卦辭《象》	1.直解。	《乾》、《坤》、《小畜》、《蠱》、《噬嗑》、《頤》、《大過》、《坎》、《離》。
	2.先合解，再以「佛法釋者」或「觀心釋者」解。	《屯》、《蒙》、《需》、《訟》、《師》、《比》、《同人》、《謙》、《臨》、《賁》、《剝》。
	3.以「佛法釋者」或「觀心釋者」直解。	《履》、《泰》、《否》、《大有》、《豫》、《隨》、《觀》、《無妄》。
	4.先引他說，再以「觀心釋者」解。	《復》。
	5.先合解，後引他說。	《大畜》。
四、解爻辭、爻《象》（以合併形式為主要的舉例對象）	1.依文直解。	《否》六二爻、《同人》六二爻。
	2.禪易合解，不另標註。	《大畜》六爻皆作此解。
	3.先合解，再以「佛法釋者」或「觀心釋者」解。	《坤》六二爻。
	4.先引他說，再以「佛法釋者」解。	《坤》六三爻。
	5.先合解，後引他說。	《大有》六五爻。

		6.直引他說解。	《謙》前五爻。
		7.廣解（「約世法」、「約佛法」、「於觀心」、「別約得者」解）。	《剝》六爻皆作此解。
		8.六爻解畢，再以「統論大爻表法」或「約佛法釋六爻者」小結全卦。	《乾》、《小畜》、《泰》、《同人》、《大有》、《謙》、《豫》、《隨》、《蠱》、《觀》、《噬嗑》、《賁》、《無妄》等。

透過上表的說明，吾人可以獲知《周易禪解》的詮釋體例，可分成兩大類：

第一、若依解說文字的段落分佈來加以區分的話，可劃分為兩大類：

一、常態上，依照解①卦辭②《彖》③《象》④至⑨初爻至六爻的爻辭及爻《象》等，可分成九段。

二、特例，則可分成六種形式，分別爲：1.分成四段。2.分成八段。3.分成十五段。將六爻爻辭及《象》分開解。4.分成十二段。5.分成十段。6.分成十四段。

第二、若依解說文字的表達形式來區分的話，則可劃分為四大類：

一、解卦辭，分成六種形式，即：1.先疏釋經文義理，後援引他說再闡釋，末以「佛法釋者」疏釋。2.禪易合解，不另標註。3.先對經文疏釋，次以「約世道」、「約佛法」、「約觀心」分釋。4.以「約世道」、「約佛法」、「約觀心」直解。5.先以「約世道」、「約佛法」、「約觀心」解，後引他說，並作「觀心釋者」。6.先以「約世道」、「約佛法」、「約觀心」解，後加疏釋。

二、解《彖》辭，分成五種形式，即：1.以佛法直解。2.先解原文，後以「佛法釋者」疏釋。3.以「佛法釋者」或「觀心釋者」直接疏釋。4.合解，但暫不標註，後援他說。5.先與卦辭合解，再以「約世道」、「約佛法」、「約觀心」解。

三、解卦辭《象》，分成五種形式，即：1.直解。2.先合解，再以「佛法釋者」或「觀心釋者」解。3.以「佛法釋者」或「觀心釋者」直解。4.先引他說，再以「觀心釋者」解。5.先合解，後引他說。

四、解爻辭、爻《象》（以合併形式爲主要的舉例對象），分成五種形式，即：1.依文直解。2.禪易合解，不另標註。3.先合解，再以「佛法釋者」或「觀心釋者」解。4.先引他說，再以「佛法釋者」解。5.先合解，後引他說。6.直引他說解。7.廣解（「約世法」、「約佛法」、「於觀心」、「別約得者」解）。8.六爻解畢，再以「統論大爻表法」或「約佛法釋六爻者」小結全卦。

以上所舉例說明的卦爻，詳如上表。大致說來，智旭的詮解《周易》的方法，相當靈活變化，不拘泥於刻板的形式；正因如此，在詮釋上，得以充分地將佛法的義理巧妙地貫注在《周易》裡。

筆者認為，以上的表列分析說明，固然對吾人解讀《周易禪解》的內涵有幫助，但是畢竟只是「筌」而已，魚還在「筌」外自由自在地優遊；探究其思想、義理的底蘊所在，才是更為重要的部分。

（二）《周易禪解》的詮釋模式

以上所論為其體例，而陳進益更將《周易禪解》注《易》的語言模式歸納為七種：①卦辭以「約世道」「約佛法（化）」「約觀心」注之者；②卦辭以「觀心」釋之，再於全卦最後統論六爻；③全卦在以世法疏釋後，再幾全以「佛法釋」釋之；④全卦僅卦辭以「佛法釋」釋之，其餘無「佛法釋」者；⑤全卦似無佛教相關字眼，然實仍引佛學概念釋之者；⑥以佛法釋而無可歸類者；⑦全卦皆未以佛教教義釋之者。以上陳氏已將《周易禪解》的詮釋模式說明得相當完備，他做出了結語說道：

> 總的來說，智旭在《周易禪解》中所呈現出的各種書寫形式與語言模式，如去掉其因全書非於一時一地完成，故有多種模式出出現的環境干擾因素，而專以其於此書中所呈現的，以「一念心」之變化做為全書中心觀念，又隨機的融以「約觀心」、「隨機施設」、「六即」、「四悉檀」等佛教概念，且以「陽爻表慧、觀、性，陰爻表定、止、修」，上卦表出世間，下卦表世間的方法論，詮釋整部《易經》，卦爻變化，以論斷其吉、凶、悔、吝的方式為佛門《易》學的血肉，在加之以本章所分析出的「以爻辭與小象連而並釋」主要注《易》書寫模式，及以「約世道、約佛法（化）、約觀心」釋卦辭後，再於全卦最後統論六爻的理想佛門《易》學語言模式為骨架，則可謂智旭已為後人建立起一套可行的、完整的、有骨架的、有血肉的「以佛解《易》」的佛門《易》學方法論，並在僧人會通《易》學史上達到了前所未有的巔峰。〔註63〕

〔註63〕在《周易禪解》注《易》的語言模式項下所論及的卦辭以「約世道」「約佛法

上述所言基本上已對《周易禪解》的詮釋體例與模式，有著相當完善的歸納、整理、分析。考察作者的博士論文全文共344頁，而針對「《周易禪解》寫作形式、語言模式分析」的部分就占了84頁之多，篇幅幾近全文的四分之一，可見其用力之深，頗值得參考。筆者於此，不擬贅述，請逕參閱該著作。

雖然智旭在《周易禪解》中援用「觀心釋」的詮釋模式來解《周易》不算很多，如統計而得的結果：於卷1使用了2次、卷2用了4次、卷3用了10次、卷4用了10次、卷5用了7次、卷6用了3次、卷7用了3次，合計使用過39次。比起「約佛法釋」與「約世道」的運用頻率，相較之下，少很多。但是，因智旭主張觀心釋來串解六十四卦《大象傳》，將宇宙間的任何事物盡皆歸攝於吾人的心自性之中。〔註64〕由此可見「觀心釋」之於《周易禪解》的重要性。

誠如智旭在《成唯識論觀心法要》的凡例所言：「文字爲觀照之門，若不句句消歸自己，則說食數寶，究竟何益！故標題曰『觀心法要』，以此論成立唯識道理，即是觀心法門，不同法華別立觀心釋也。法華廣明本跡佛法，故須更約觀心；此論直詮眾生心法。但可開麤顯妙而已。」〔註65〕此處在在呈顯「觀心釋」的重要性。

又，徵諸《靈峰宗論・教觀要旨答問十三則》所言：

> 問：三界唯心，萬法唯識，二義同邪？異邪？
>
> 答：心識通有眞妄，局則心約眞，識約妄。唯心是性宗義，依此立眞如實觀。唯識是相宗義，依此立唯心識觀。料簡二觀，須尋占察行法，方知同而異，異而同矣。〔註66〕

「教觀要旨」向爲天台的用詞，今於此設問以答，無非欲辨明心、識之別，以顯現前一念心奧旨。智旭言：心、識大抵上可區分成眞妄，若進一步簡別的話，則以眞心、妄識而論。性宗以眞常唯心來立其眞如實觀，而相宗則以唯識來立唯心識觀。據智旭之意，若欲詳細了解的話，則要透過《占察善惡

（化）」「約觀心」注之者的部分，又可細分爲四項：於全卦最後有統論六爻之語者、爻辭以「於佛法中」（約佛法）注之者、六爻皆引他人注《易》語或引歷史人物以比附者、無其他特殊可分類者。參見陳進益：《蕅益智旭「易佛會通」研究》，頁237～321。

〔註64〕智旭：《周易禪解》卷1，《嘉興藏》冊20，頁398上。

〔註65〕智旭：《成唯識論觀心法要》，《卍續藏》冊51，頁392下。

〔註66〕智旭：《靈峰宗論》，《嘉興藏》冊36，頁314下。

業報經》闡釋其義，方知兩者同而異、異而同之處。

《靈峰宗論．重刻成唯識論自考錄序》又言：

> 三界唯心，萬法唯識，此性相二宗，所由立也。說者謂：一心眞如，故號性宗；八識生滅，故稱相宗。獨不曰：心有眞心、妄心，識有眞識、妄識乎？馬鳴依一心造《起信論》，立眞如、生滅二門，生滅何嘗離眞心別有體也。天親依八識造《三十頌》，明眞如即識實性，與一切法不一不異，眞如何嘗離妄識別有相也。龍樹《中論》，指因緣生法，即空假中，是生滅外無眞如。《楞伽》云：心、意、識八種，俗故，相有別；眞故，相無別。相所相無故，是眞如生滅非一異。〔註 67〕

上言指出，性宗以一心立眞如觀，相宗則專論八識的生滅以推究眞理，而不獨論心、識的眞、妄。智旭舉了馬鳴依一心造《大乘起信論》，而權立眞如、生滅二門，智旭認爲生滅何嘗離開眞心而別有體呢？意即相的生滅現象與性的眞心爲一體無分的，從生滅中了悟諸法緣起及諸法無自性而證眞心，知本具眞心雖生滅亦不滅其眞如性。證諸馬鳴《大乘起信論》所言：「顯示正義者，依一心法，有二種門。云何爲二？一者、心眞如門，二者、心生滅門。是二種門，皆各總攝一切法。此義云何？以是二門不相離故。心眞如者，即是一法界大總相法門體。所謂心性不生不滅，一切諸法唯依妄念而有差別，若離妄念則無一切境界之相。是故一切法從本已來，離言說相、離名字相、離心緣相，畢竟平等、無有變異、不可破壞。唯是一心故名眞如，以一切言說假名無實，但隨妄念不可得故。言眞如者，亦無有相。謂言說之極因言遣言，此眞如體無有可遣，以一切法悉皆眞故；亦無可立，以一切法皆同如故。當知一切法不可說、不可念故，名爲眞如。」〔註 68〕此處一再強調「心性不生不滅，一切諸法唯依妄念而有差別，若離妄念則無一切境界之相」之旨趣，一切諸法的生滅狀態，因妄心所見，而見不到諸法緣起、諸法無自性的眞理，隨之生滅不見眞心，一旦妄心歸正即見法界大總相法門的眞如體。換言之，此眞如體由於「一切法皆同如」，因此「一切法悉皆眞無有可遣」，職是之故，無法遮遣與摧破此心之眞，故不可說、不可念故，名爲眞如。由此可見，眞妄是一體的，諸法本來皆空如無自性，只因妄想執著而見不到眞理，並非離開妄想之外，別有一個眞理存在（眞如何嘗離妄

〔註 67〕智旭：《靈峰宗論》，《嘉興藏》冊 36，頁 361 下～362 中。

〔註 68〕馬鳴造，〔梁〕眞諦譯：《大乘起信論》，《大正藏》冊 32，頁 576 上。

識別有相)。上已舉馬鳴為例，次標天親菩薩所造的《唯識三十頌》之旨，說明眞如即八識中的圓成實性，而此圓成實性與一切法不一不異，同為無有自性，如此一來，眞如又何嘗離開識所見的虛妄相，於虛妄相外別有一個圓成實性的相呢？繼言龍樹《中論》，所指因緣所生法，即空即假即中，於生滅外，更無眞如的存在。再者，又舉《入楞伽經》所說的：將心、意、識分成八種，約俗論，在相說來有所分別；但若約眞而論，則在相上沒有分別。因為心意識執取而成的能相與所見之相俱無的緣故，因此知道是眞如與生滅兩者不一不異。智旭最為推崇護法菩薩於《成唯識論》直論核心要義，上列引文證諸護法於《成唯識論》卷 2 所言：

> 諸心、心所依他起故，亦如幻事，非眞實有。為遣妄執心、心所外實有境故，說唯有識。若執唯識眞實有者，如執外境，亦是法執。〔註 69〕

上句意指，一切心與心所，都是依他起，亦如同幻術中所幻變而現的事物般，並不眞實存在著。為了破除因妄見而執著心和心所外眞實存在著事物，因此才說唯有識。然而，若執著此唯識為眞實存在的話，那麼與因認識不眞而執著外部事物眞實地存在一樣，不也是一種法執嗎？智旭所引《成唯識論》這段經文，筆者認為，實為唯識學之眞實總口訣，直指精義之所在。

茲錄智旭甚為緊要的見解如下。智旭言：

> 眞學以解行雙到為宗趣，非開解無以趨道，非力行無以證道。而解行又有大小、漸頓不同。……圓頓行人，通達萬法，圓悟一心，自行則無惑不破，化他則無機不接。今欲遍通一切法門，雖三藏十二部，言言互攝互融，然必得其要緒，方能勢如破竹。為聖賢者，以六經為楷模，而通六經，必藉註疏開關鑰。為佛祖者，以華嚴、法華、楞嚴、唯識為司南，而通此諸典，又藉天台、賢首、慈恩為準繩。蓋悉教網幽致，莫善玄義，而釋籤輔之。闡圓觀眞修，莫善止觀，而輔行成之。極性體雄詮，莫善雜華，而疏鈔懸談悉之。辨法相差別，莫善唯識，而相宗八要佐之。然後融入宗鏡，變極諸宗，並會歸於淨土。以此開解，即以此成行，教觀齊彰，禪淨一致，遠離擔板之病，不墮數寶之譏，可謂慶快生平，卓絕千古者矣。〔註 70〕

〔註 69〕護法等造，〔唐〕玄奘譯：《成唯識論》卷 2，《大正藏》冊 31，頁 6 下。
〔註 70〕智旭：〈示眞學〉《靈峰蕅益大師宗論》卷第 2 之 1，《嘉興藏》冊 36，頁 296 上。

上語不外強調解行並重的重要性，智旭舉修圓教者，若能掌握現前一念心則於自行化他上無往不利，亦能貫通三藏十二部，使之互融互攝而無礙，於成聖成賢上助通六經，於成佛上能通達諸宗要義，終歸禪淨合一而卓絕千古。上述所言，可說是解一切佛法的總持金鑰，將它解讀成《周易禪解》的詮釋進路，允為精當，觀諸《周易禪解》中的佛法內涵，一一皆如上揭綱要所述。此為解構《周易禪解》所不可忽略的向度，如此才能掌握其精蘊。在智旭的眼中看來，廣閱諸藏，力行實踐，諸宗所論，圓融無礙，其來有自。

以上已對「觀心釋」的部分詳加說明，以下續對「約佛法」、「約世道」略述。智旭在《周易禪解》中廣用「約佛法釋」的詮釋模式來解《周易》，經統計的結果顯示：「約佛法釋」於卷1使用了24次、卷2用了56次、卷3用了23次、卷4用了4次、卷5用了2次、卷6用了6次、卷7用了2次、卷9用了1次，合計使用了128次之多，使用上算是相當頻繁。歷來，以「約佛法釋」的模式來詮解《周易》者，智旭拔得頭籌、為率先使用者；但在佛法的詮解上，則為宋代的釋從義於《金光明經文句新記》一書中使用了四次，開啓了先例，如云：

> 次依佛法釋中言，為破弟子著常等者，具如下文。
>
> 次依佛法釋中皆言，十六日為始者，以西域用十六日為朔故也。
>
> 次依佛法釋者，以秋之三月，各配入三時。
>
> 次依佛法釋而言，秋時發病者，上文說時，既乃有四。〔註71〕

若依上引文的文脈來看，這四段話的意思皆同，即「依照佛法的解釋當中所說的意思是……」或「依照佛法的解釋來說的話……」之意，其意相當淺顯，容易明白。換言之，在解釋文本時，以佛法的視野去詮釋它時，所相應的涵意，即為作者藉著「約佛法釋」（「依佛法釋」）的角度傳達其所欲呈顯的旨趣所在。

上已說明約佛法釋之意涵，今解「約世道」。智旭在《周易禪解》中運用「約世道」的方式來詮釋《周易》，其使用狀況，經統計的結果顯示：「約世道」於卷2用了1次、卷3用了13次、卷4用了11次、卷5用了1次、卷6用了2次，合計使用了28次之多；但，比起「約佛法釋」的使用則少了100次。「約世道」的用法，除見於《周易禪解》外，另見於：

〔註71〕〔宋〕釋從義撰：《金光明經文句新記》，《卍續藏》冊20，頁469中～470下。

《阿毘達磨俱舍釋論》:「若約世道論,下分惑及色界惑滅離,此二永斷智。」〔註 72〕

《瑜伽論記》:「前約世道,離欲界欲入初靜慮,七種作意順次而說。」〔註 73〕

《俱舍論頌疏記》:「釋世道,……次約世道引無漏得所持尋章可解。」〔註 74〕

「約世道」無論是在《周易禪解》或上引文之意,皆爲「就世間所依循的常道來說……」之意,茲不贅述。

上述已略爲析論智旭的詮釋模式,筆者於此申明一事,《周易》博大精深,眾所皆知,解析《周易》向來有其法則,於此略述一二。當吾人欲解析卦時,不外須注意到:卦象、卦辭、卦的結構、爻辭與爻象、卦象含義的引申象、靜卦與動卦、卦爻象解析、哲理解析、卦爻象與哲理的結合解析、八卦的基本象與引伸象的特性等基本知識;然後,對於爻性、位性、爻位的當位與不當位、中位、剛中、柔中、爻位之間的關係(承、據、乘、比、應)、本卦與卦變(錯卦、綜卦、交易卦、交互卦)、本卦與衍生卦的關係、爻辭、影響爻位的判辭(吉、凶、悔、吝、無咎、元、亨、利、貞)等〔註 75〕,應先具備這些概念,才能有機會讀懂它。由於本論文不是教科書,無法於此細論上述法則,僅爲詮釋《周易禪解》前的概念說明而已。

〔註 72〕婆藪盤豆造,〔陳〕眞諦譯:《阿毘達磨俱舍釋論》,《大正藏》冊 29,頁 265 中。

〔註 73〕〔唐〕釋遁倫集撰:《瑜伽論記》,《大正藏》冊 42,頁 481 下。

〔註 74〕〔唐〕釋遁麟述:《俱舍論頌疏記》,《卍續藏》冊 53,頁 499 下。

〔註 75〕參見閔建蜀:〈《易經》解析:方法與哲理〉,頁 1～661。

第三章　《周易禪解》之引據與思想源流

智旭撰述《周易禪解》，係以《周易》爲主要文本根據，廣採儒、佛二家的義理對《周易》加以詮義疏釋而成。本章旨在探討對《周易禪解》所引諸家論述進行考證，藉以瞭解智旭撰文立論之所據，進而分析其時代背景與思想源流，以增進對《周易禪解》整體理解的深度與廣度。本章的內容，共分成三節論述：首先，對《周易禪解》所引諸家論述進行考證，歷來《周易禪解》的研究者對此節的論述內容付之闕如，或有探討亦未盡完善〔註1〕，由於考察不易，益顯其珍貴。其次，擬就《周易禪解》思想淵源自禪宗與其義理核心、私淑天台以救禪、儒佛會通之契機等向度，藉以解明《周易禪解》成書的時代背景。最後，則對《周易禪解》的思想源流加以分析。

第一節　《周易禪解》所引諸家論述的考證

《周易禪解》除了引用儒家的孔子、孟子、《四書》之外，廣爲援引諸家之說，例如：漢代以荀爽爲主的《九家易》、京氏（京房），及宋代的蘇眉山（《東坡易傳》）、楊龜山（時）、溫陵郭氏（雍）、張九成（子韶）、楊慈湖（《楊氏易傳》）、楊萬里（字誠齋，撰有《誠齋易傳》）、項氏（安世）、吳幼清（字

〔註1〕謝金良所撰《《周易禪解》研究》一書，對此曾有過考察，但作者自言尚難完全確定者有8家之多，另經筆者考察發現錯置者1家，若以26家計，可議之處竟約占三分之一，因此有重新考究的必要。參見謝金良：〈《周易禪解》研究〉，頁231～237。

澄，後人尊稱草廬先生）、俞玉吾（琰），和明代的王陽明、李贄（卓吾）、洪覺山、洪化昭、孫聞斯（慎行）、錢啓新、李衷一、潘士藻（號雪松，撰《讀易述》等）、張振淵（撰《周易說統》）、鄭孩如、陸庸成、張慎甫（撰著《易解》）、馮文所、季彭己、陳旻昭、陳非白等 27 家之說，爲數可觀的易學思想蘊藏其中。

根據上述，經歸納統計的結果爲：漢代 2 家，宋代 9 家，明代 16 家；宋、明合計 25 家之多，占全部引據家數的 93%。無古不成今，舉凡學術必有所本，作者所引用的資料，往往反映了作者本人的思想傾向與立論之所據。誠如胡適在感慨中國有系統的著作不到十本時，談到做學問要系統的研究，說道：「我們研究無論什麼書籍，應該要尋出彼底脈絡，研究彼底糸統。所以我們無論研究什麼東西，就須從歷史方面著手。」〔註 2〕換言之，吾人可以透過《周易禪解》的引據來源，並考察其說之出處，加以整理、分析，藉以討論智旭對所援引的引據所作的詮釋模式與內涵；順此即可獲知其立論的源流，並得以瞭解其立論的轉折與簡別之過程，反映出他對於某家思想的認同與支持。筆者原擬對各家先行製表分類，逐類加以論述，但顧及分塊切割後，影響表格的完整性，而造成閱讀理解上的不便，因此在所引諸家逐條分釋後，於最後再予以分類；又，囿於篇幅，不另細述。現將所整理的資料，先依朝代的順序，表述如下：

編號	朝代	姓　名	略　傳	出　處
1	漢	荀爽等《九家易》	《九家易》：《隋志》有《九家易解》。陸德明曰：「荀爽《九家集注》十卷，不知何人集。所稱荀爽者，以爲主故也。其序有荀爽、京房、馬融、鄭玄、宋衷、虞翻、陸績、姚信、翟子元。注內又有張氏、朱子，並不詳何人。」〔註 3〕	《四庫全書》、李道平：《周易集解纂疏》〔註 4〕

〔註 2〕參見章太炎等：〈治學的方法與材料〉，《國學研究法》（臺北：西南書局，1982 年），頁 90。

〔註 3〕荀爽：《後漢書》「爽字慈明，穎川穎陰人。著《禮》、《易傳》、《詩傳》、《尚書正經》、《春秋條例》」。《隋志》有「荀爽《周易注》十卷」。根據《後漢書》：「馬融字季長，扶風茂陵人。注《孝經》、《論語》、《易》、《三禮》、《尚書》」。

〔註 4〕參見〔唐〕李鼎祚：《周易集解》2 卷，景印文淵閣四庫全書・經部・易類》（臺北：臺灣商務印書館，1983 年），頁 7～607。〔清〕李道平：《周易集解纂疏》（北京：中央編譯出版社，2011 年），頁 5。

2	漢	京房	在漢朝有兩位京房，其一爲梁丘賀之師，其二則爲焦延壽的弟子，而焦延壽的弟子方爲正宗。京房（西元前 77～前 37 年），字君明，原本姓李，吹律自定爲京氏。東郡頓丘（即今河南省清豐縣西南）人。受《易》於焦延壽。元帝時，以言災異得幸，爲石顯等所嫉，出爲魏郡太守，卒以譖誅，事蹟具《漢書》本傳。著有《京氏易傳》、《周易章句》十卷、《周易錯卦》七卷、《周易妖占》十二卷、《周易占事》十二卷、《周易守林》三卷、《周易飛候》等十三種，僅《京氏易傳》傳世，餘皆亡佚。《漢書．五行志》所引《京氏易傳》皆言災異，今世所行《易傳》（吳陸績注），則唐一行所集者。	《四庫提要》等〔註 5〕
3	宋	蘇軾（眉山）	父蘇洵（字允明，號老泉，眉州眉山人。年二十七始大發憤閉戶讀書是年子軾生。）蘇軾（1036—1101），字子瞻，號東坡。母親程氏親自教授經書，歷任朝官，著有《東坡易傳》〔註 6〕等書。	《宋元學案·蘇氏蜀學略》〔註 7〕
4	宋	楊龜山	楊時，字中立，南劍將樂人。熙寧九年（1076）進士。調官不赴，以師禮見明道於潁昌，明道甚喜，每言「楊君會得最容易」。明道歿後，至洛事伊川，深得「精義入神，乃所以致用；利用安身，乃所以崇德，此合內外之道也。天下之物，理一而分殊。知其理一，所以爲仁；知其分殊，所以爲義。權其分之輕重，無銖分之差，則精矣。」的「理一分殊」之理。全祖望批判其學夾雜異學。朱熹爲其三傳弟子。	《宋元學案·龜山學案》〔註 8〕

〔註 5〕參見〔清〕紀昀總纂：《京氏易傳》，《四庫全書總目提要．卷 109．子部 19．術數類 2》（石家庄：河北人民出版社，2000 年），頁 65。郜積意：〈論三卷本之《京氏易傳》，兼及京房的六日七分說〉，《中國文哲研究集刊》第 33 期（2008 年 9 月），頁 205～251。郭彧編著：《京氏易源流》（北京：華夏出版社，2007 年），頁 1～7。安平秋、張傳璽主編：《漢書》（上海：漢語大詞典出版社，2004 年），第 3 冊，頁 1541。

〔註 6〕參見〔清〕紀昀總纂：《四庫全書總目提要》，頁 65。

〔註 7〕〔清〕黃宗義：《宋元學案．蘇氏蜀學略》，《黃宗義全集》（杭州：浙江古籍出版社，1999 年），第 6 冊，頁 849～851。

〔註 8〕楊龜山強調：「人性上不可添一物，堯舜所以爲萬世法，亦只是率性而已。所謂率性，循天理是也。外邊用計用數，假饒立得功業，只是人欲之私，與聖賢作處，天地懸隔。」參見〔清〕黃宗義：《宋元學案．龜山學案》，《黃宗義全集》（杭州：浙江古籍出版社，1999 年），第 4 冊，頁 188～211。

5	南宋	郭雍	溫陵郭雍，（1088～1183）南宋道學家。字子和。隱居峽州（今湖北宜昌縣境），放蕩長陽山谷間，自號白雲先生。父名忠孝，師事程頤，著有《易說》。稟承家學，研易功深。孝宗淳熙初，學者綜合道學家中對《易》有研究者共七家，即程顥、程頤、張載、遊酢、楊時、郭忠孝、郭雍。併合七家書籍，命名爲《大易粹言》，刊行於世。著有《郭氏傳家易說》、《兼山易解》等。	《宋元學案·兼山學案》、《四庫全書總目提要》〔註9〕
6	南宋	張九成	張九成（1092～1159），字子韶，錢塘人。從學楊時（龜山），自號橫浦居士，亦稱無垢居士，六歲即能默誦六經，通大旨。著有《尚書》、《大學》、《孝經》、《論語》、《孟子說》《橫浦心傳考》等。早年與大慧宗杲往來，朱熹批評他陽儒陰釋；然而其風節光顯，羽翼聖門之功甚大。〔註10〕	《宋元學案·橫浦學案》〔註11〕
7	南宋	楊簡	楊簡（1141～1226），字敬仲，慈溪人，築室於德潤湖上，遂更名慈湖，學者稱慈湖先生，與舒璘、沈煥、袁燮並稱明州四先生。乾道五年（1169年）進士，乙太中太夫致仕，謚文元。受陸象山啓迪而悟本心之旨，嘗「以心言《易》」，力倡「此心即道」，被視爲象山心學之嫡傳。纂有《楊氏易傳》、《己易》、《先聖大訓》、《五誥解》、《慈湖詩集》、《家記》等著作。楊簡解易有別於王宗傳輒引諸家之說解易，不具系統性；惟以人心爲主，而象數事物皆在所略。	《宋元學案·慈湖學案》、《四庫全書總目提要》〔註12〕、《易學哲學史》、《四庫全書》
8	宋	楊萬里	楊萬里（1127～1206），字廷秀，自號誠齋，吉水（今江西吉安）人，歷經南宋四朝（高宗、	《宋元學案·趙張諸儒學案》、《四

〔註9〕〔清〕黃宗羲：《宋元學案．兼山學案》，《黃宗羲全集》（杭州：浙江古籍出版社，1999年），第4冊，頁282～306。參見〔清〕紀昀總纂：《四庫全書總目提要》，頁84～85。

〔註10〕〔元〕脫脫等撰：《二十五史．宋史》（上海：開明書店，1937年），〈列傳〉，總頁5461。

〔註11〕〔清〕黃宗羲：《宋元學案．橫浦學案》，《黃宗羲全集》，第4冊，頁596～638。

〔註12〕〔清〕黃宗羲：《宋元學案．慈湖學案》，《黃宗羲全集》，冊4，頁949～1008。參見朱伯崑：《易學哲學史》（北京：華夏出版社，1995年），卷2，頁507～546。〔宋〕楊簡：《楊氏易傳》，《景印文淵閣四庫全書．經部．易類》，冊7，頁1～214。參見〔清〕紀昀總纂：《四庫全書總目提要》，頁83～84。

〔註13〕〔清〕黃宗羲：《宋元學案．趙張諸儒學案》，《黃宗羲全集》，冊4，頁738～747。參見〔清〕紀昀總纂：《四庫全書總目提要》，頁86～87。〔宋〕楊萬里：

			孝宗、光宗、寧宗)。官至寶謨閣學士,致仕。 撰著《誠齋易傳》二十卷,本書之大旨本乎程氏,多引史傳以證之。初名《易外傳》,後乃改定今名。爲宋廬陵五傑之一,與歐陽修、楊邦義、胡銓、文天祥齊名。對於建構援史證易的史事宗易學系統不遺餘力,與李光構形成易學兩派一宗中的一宗。	庫全書》等〔註13〕
9	宋	項安世	項安世,字平甫,松陽人,撰有《周易玩辭》。《館閣續錄》載其淳熙二年同進士出身。……《自述》曰:「安世之所學,蓋伊川程子之書也。今以其所得於《易傳》者,述爲此書,而其文無與《易傳》合者,合則無用述此書矣。」蓋伊川《易傳》惟闡義理,安世則兼象數而求之。其意欲於《程傳》之外補所不及,所謂各明一義者也。……安世又有《項氏家說》,其第一卷亦解《易》。合觀兩書,安世之經學深矣,何可輕詆也。	《宋元學案·晦翁學案》、《四庫全書總目提要》〔註14〕
10	宋	俞琰	俞琰(1253~1314)字玉吾,吳郡人。生宋寶祐間,以辭賦稱。宋亡,隱居著書,自號林屋山人。精于《易》。世之言〈圖〉、〈書〉者,類以馬毛之旋、龜文之坼。獨先生持論謂《尚書》〈顧命〉「天球、河圖在東序」,河圖、天球並列,則「河圖」亦玉也,玉之有文者爾。崑崙產玉,河源出崑崙,故河亦有玉。洛水至今有白石,「洛書」蓋石而白有文者。其立說頗異。嘗著《讀易舉要》〔註15〕《經傳考證》、《讀易須知》、《六十四卦圖》、《古占法》、《卦爻象占分類》、《易圖合璧連珠》等書,潛心三十餘年,惜其書無存。惟《周易集說》十三卷,而以《易圖纂要》、《易外別傳》附焉,武宗至大二年,門人王都中爲之刊行。所居傍石澗,學者稱爲石澗先生。	《宋元學案·晦翁學案下》〔註16〕

《誠齋易傳》20卷,景印文淵閣四庫全書·經部·易類》,冊7,頁513~769。曾華東:《以史證易——楊萬里易學哲學研究》(北京:人民出版社,2011年),頁68~104。

〔註14〕〔清〕黃宗義:《宋元學案·晦翁學案·晦翁學侶》,《黃宗義全集》,冊4,頁928~929。參見〔清〕紀昀總纂:《四庫全書總目提要》,頁84~85。

〔註15〕參見〔清〕紀昀總纂:《四庫全書總目提要》,頁106。

〔註16〕〔清〕黃宗義:《宋元學案·晦翁學案下》,《黃宗義全集》,第4冊,頁940~942。南宋·俞琰:《俞氏易集說》,收錄於嚴靈峰編《無求備齋易經集成》冊32(臺北:成文出版社,1976年),影印清康熙十九年通志堂原刊本。

11	元	吳澄	吳澄（1249～1333），字幼清，撫州崇仁人。年二十，應鄉試中選，春省下第。越五載而元革命，程鉅夫求賢江南，起先生至京師，以母老辭歸。……至大元年，召爲國子監丞，陞司業，爲學者言：「朱子於道問學之功居多，而陸子以尊德性爲主。問學不本於德性，則其蔽必偏於語言訓釋之末，故學必以德性爲本，庶幾得之。」議者遂以先生爲陸氏之學，非許氏崇信朱子本意，然亦莫知朱、陸之爲何如也。元統元年卒，年八十五，追封臨川郡公，謚文正。初，先生所居草屋數間，鉅夫題曰「草廬」，故學者稱爲草廬先生。	《宋元學案·草廬學案》〔註17〕
12	明	王陽明	王守仁（1472～1528），字伯安，學者稱爲陽明先生，餘姚人也。父華，成化辛丑進士第一人。仕至南京吏部尚書。先生娠十四月而生，祖祖母岑夫人夢神人送兒自雲中至，因命名爲雲。五歲不能言，有異僧過之，曰：「可惜道破。」始改今名。豪邁不羈，十五歲縱觀塞外，經月始返。十八歲，過廣信，謁婁一齋，慨然以聖人可學而至。登弘治已未進士第，授刑部主事，改兵部。逆瑾矯旨逮南京科道官，先生抗疏救之，下詔獄，廷杖四十，謫貴州龍場驛丞。……先生幼夢謁馬伏波廟，題詩於壁。至是，道出祠下，恍如夢中。時先生已病，疏請告。至南安，門人周積侍疾，問遺言。先生曰：「此心光明，亦復何言？」頃之而逝，七年戊子十一月二十九日也，年五十七。	《明儒學案·姚江學案》〔註18〕
13	明	李贄	李贄（1527～1602），初名載贄，號卓吾，又號篤吾，因出生地與溫陵禪師住錫地同爲泉州，故號溫陵居士。曾薙髮，號禿翁。福建晉江人。撰著《九	《明李卓吾先生贄年譜》、《晚明思潮》〔註20〕

〔註17〕〔清〕黃宗羲：《宋元學案．草廬學案》，《黃宗羲全集》，冊6，頁572～573。

〔註18〕〔清〕黃宗羲：《明儒學案．姚江學案》，《黃宗羲全集》，冊7，頁200～201。

〔註19〕參見張建業主編，邱少華注：《九正易因注》，《李贄全集注》（北京：社會科學文獻出版社，2010年），第15冊，頁1～376。

〔註20〕容肇祖：《明李卓吾先生贄年譜》（臺北：臺灣商務印書館，1982年），頁1～82。龔鵬程叮嚀大家，萬勿聽信對於時人予以李贄等人所作的妄斷之語，龔氏舉成復旺等人在《中國文學理論史》中談到：「明後期的文學解放思潮……李贄深刻揭露了所謂『政刑禮德』即封建政治與封建道德的反人道的本質……」的例子，批判道：「這樣的論述，大概也充斥在各式晚明文學史、思想史中，洋洋乎盈溢耳目。但是，你如果真的相信其中任何一句話，你就完

			正易因》〔註19〕等書。以倡導「童心說」聞名。	
14	明	洪垣	洪垣，字峻之，號覺山，徽之婺源人。嘉靖壬辰進士。以永康知縣入爲御史，轉溫州知府。閒住歸，凡四十六年而後卒，年近九十。先生爲弟子時，族叔熺從學文成，歸而述所得，先生頗致疑與精一博約之說不似。其後執贄甘泉，甘泉曰：「是可傳吾釣台風月者。」……先生謂體認天理是不離根之體認，蓋以救師門隨處之失，故其工夫全在幾上用。幾有可見，未幾則無見也，以幾爲有無接續之交，此即不睹不聞爲未動念時，獨爲初動念時之舊說也。……先生調停王（陽明）、湛（甘泉）二家之學，以隨處體認，恐求理於善惡是非之端，未免倚之於顯，是矣。	《明儒學案·甘泉學案》〔註21〕
15	明	洪化昭	洪化昭，自號日北居士，新都人。《經義考》則稱其爲天啓、崇禎間人。《周易獨坐談・五卷》（兩淮馬裕家藏本）於《明史・藝文志》著錄，然無卷數。今本五卷，不知何人所分。其說以《說卦》、《序卦》、《雜卦》三傳皆爲漢儒所增入，故置而不言，惟說《上、下經》、《繫辭》。然雜引古事，語皆粗鄙。	《四庫全書總目提要》〔註22〕
16	明	孫愼行	孫愼行（1566～1636年），明理學家，字聞斯，號淇澳，常州武進（今江蘇常州市）人。萬曆二十三年（1595年）進士。歷任翰林院編修、禮部侍郎、禮部尚書等職。認爲儒者之道，不從悟入，終日學、問、思、辨、行，便是終日戒懼、愼獨，何得更有虛閒求一漠然無心光景？所以捨棄學、問、思、辨、行，而另求一種靜存動察工夫，以養中和者，其結果未有不流於禪學者。認爲人性善，而氣質之性亦善；人心、道心兩者無法強行切割，「人之爲人者心，心之爲心者道。人心之中，只有這一些理義之道心，非道心之外，別有一種形氣之人心」。凡此皆與宋儒所說不盡一致。劉蕺山（宗周）說：「近看	《明儒學案·東林學案二》〔註23〕

蛋了，你就再也不可能瞭解晚明思想發展的實況啦。」在龔鵬程的認知裡，「李贄等人根本不反對禮，甚至可以說他們非常強調禮法。」參見龔鵬程：《晚明思潮》（宜蘭：佛光人文社會學院編譯出版中心，2001年），頁1。

〔註21〕〔清〕黃宗義：《明儒學案・甘泉學案》，《黃宗義全集》，第8冊，頁200～201。

〔註22〕參見〔清〕紀昀總纂：《四庫全書總目提要》，頁243。

〔註23〕〔清〕黃宗義：《明儒學案・東林學案二》，《黃宗義全集》，第8冊，頁811～814。

			孫淇澳書，覺更嚴密，謂自幼至老，無一事不合於義，方養得浩然之氣，苟有不慊則餒矣。」黃宗羲直指：「東林之學，涇陽（顧憲成）導其源，景逸（高攀龍）始入細，至先生而集其成矣。」	
17	明	錢啓新	御史錢啓新先生一本。錢一本，字國端，別號啓新，常州武進人。萬曆癸未進士，授廬陵知縣。……歸築經正堂以講學。東林書院成，與顧端文分主講席。黨禍起，小人以東林爲正鵠，端文謠諑無虛日，而先生不爲弋者所篡。先生之將歿也，豫營窀穸，掘地得錢，兆在庚戌。賦詩曰：「庚戌年遙月易逢，今年九月便相衝。」……先生深於易學，所著有《像象管見》、《象鈔》、《續鈔》；演九疇爲四千六百八爻，有辭有象，占驗吉凶，名《範衍類》；儒學正脈，名《源編匯編》；錄時政，名《邸鈔》；語錄名《黽記》。	《明儒學案·東林學案二》、《四庫全書總目提要》〔註 24〕
18	明	李衷一	李光縉，字宗謙，號衷一，晉江人。父仁舉，光縉四歲而見背，稍長受業外傅，寓目輒誦，舉筆成章，爲諸生厭。薄舉子業，閎覽博物，爲古文辭，師事蘇紫溪先生，濬每嘉歎，異日必爲閩大儒。萬曆十三年鄉薦第一，偕計後，不問家人生產，不溷有司，日研經史及朝章民隱，以備經濟，尤喜敘述節烈忠義事。著有《易經潛解》《四書要旨》（新志作臆說）《中庸臆說》及《景璧集》二十餘卷。卒年七十五，卒之前十日爲銘授，其子曰：「文之不用，道之不行，不處不去，總以成仁。」（京山李氏維楨撰墓誌·新郡志·道南原委）	《四庫全書·史部》〔註 25〕
19	明	潘士藻	潘士藻，字去華，號雪松，徽之婺源人。萬曆癸未進士，司理溫州。入爲監察御史。歷任碉	《明儒學案·泰州學案四》、《四庫

〔註 24〕〔清〕黃宗義：《明儒學案·東林學案二》，《黃宗羲全集》，第 8 冊，頁 798～810。另於《四庫全書總目提要》言：「一本研究六經，尤邃於《易》。是書不取京、焦、管、郭之說，亦不取陳摶、李之才之義，惟即卦爻以求象，即象以明人事，故曰像象。象者天道，像其象者盡人合天之道也。大旨謂由辭得象而後無虛懸說理之病，知象爲像而後有神明默成之學，而深辟言象遺理，言理遺象，彷彿其象而仍不知所以爲象之弊。雖間有支蔓而篤實近理者爲多。自稱用力幾二十年，亦可謂篤志矣。」參見〔清〕紀昀總纂：《四庫全書總目提要》，頁 138。

〔註 25〕參見〔明〕胡廣等撰：《閩中理學淵源考》，《景印文淵閣四庫全書·史部·傳記類·總錄之屬》，冊 460，卷 70，頁 683。

			廣東照磨、南京吏部主事、尚寶司丞、少卿。卒年六十四。曾師事耿天台（定向）、李卓吾等。撰著《洗心齋讀易述》等。隸屬姚江陽明學派。	全書總目提要》〔註26〕
20	明	張振淵	張振淵，字彥陵，仁和人。撰著《周易說統‧十二卷》，其大旨宗程朱《傳》、《義》，凡諸儒說理可互證者，亦旁采並存，標爲四例。其與《本義》相左而理有闡發者，曰附異；其互有異同與《傳》、《義》相發明者，曰附參；其出自獨見者，曰附別；其可以觸類旁通者，曰附餘。凡所援引，各標姓氏，間或附以己意，則以「彥陵氏」別之。	《四庫全書存目叢書》〔註27〕
21	明	鄭孩如	鄭維嶽，字申甫，別號孩如，南安人。萬曆丙子，經魁銓遂昌教，轉五河知縣，立方田法濬淮河，督役平均，陞曲靖府同知，以母老歸養，維嶽究心聖學，兼通禪理，每講經論辨無窮，又於天文樂律，無不究心。有《知新錄》、《四書正脈》、《易經密義意言》、《禮記解》諸書。(《通志參閩書處州府志》)	《四庫全書》〔註28〕
22	明	陸庸成	陸振奇，字庸成，仁和人。萬曆丙午舉人。撰著《易芥‧八卷》（浙江吳玉墀家藏本），書中不載經文。其訓詁專主義理，每卦多論反對之意。其論「用九」謂非六爻皆變，與《左傳》蔡墨所稱《乾》之《坤》者顯相乖刺，知其不以古義爲宗矣。	《四庫全書總目提要》〔註29〕
23	明	張愼甫	撰著《四書解》，友劉蕺山爲之作序。〈張愼甫《四書解》序〉：「所好者道也，而古人其階梯云。後儒之言曰：「古人往矣，《六經》注我耳。吾將反而求之吾心。」夫吾之心未始非聖人之心也，而未嘗學問之心，容有不合於聖人之心者，將遂以之自信曰：「道在是。」不已過乎？夫求心之過，未有不流爲猖狂而賊道	《劉蕺山全集》〔註30〕

〔註26〕參見〔清〕黃宗義：《明儒學案‧泰州學案四》，《黃宗義全集》，第8冊，頁90～91。〔清〕紀昀總纂：《四庫全書總目提要》，頁137～138。

〔註27〕〔明〕張振淵：《石鏡山房周易說統》，《四庫全書存目叢書‧經部26》，濟南：齊魯書社，1997年。

〔註28〕參見〔明〕胡廣等撰：《閩中理學淵源考》，《景印文淵閣四庫全書‧史部‧傳記類‧總錄之屬》，冊460，卷77，頁743。

〔註29〕參見〔清〕紀昀總纂：《四庫全書總目提要》，頁231。

〔註30〕參見戴璉璋、吳光主編：《劉宗周全集》（臺北：中央研究院中國文哲研究所籌備處，1997年），冊3下，頁712。

			者也。」又著《易解》，劉蕺山亦爲之作序。	
24	明	馮時可	馮時可撰《馮文所詩稿（巖棲稿）．三卷》，明萬曆年間本。〔註31〕	《四庫全書提要稿輯存》
25	明	陳旻昭	生平不詳，江寧人，與智旭亦師亦友。智旭曾爲其撰像贊曰：「願廣悲深，心靈語豁。以法門之憂爲憂，以群生之脫爲脫。盡未來際，誓居學地。遙承壽昌，不肯二字眞正衣缽，見人一味合掌低頭，便是今時常不輕菩薩。」	出現於《靈峰宗論》凡七次〔註32〕
26	明	陳非白	生平不詳。智旭曾作〈和陳非白三首〉，於〈自觀印閣梨傳〉一文中提及。	出現於《靈峰宗論》凡二次〔註33〕
27	明	季彭己	生平不詳。待查。	

透過上表的臚列敘述，吾人可獲知智旭引據的幾個特點：其一，所引諸家言說之中，不但學問淵博，而且都有其可觀的特殊之處，如李贄晚年荒誕不經，出入花街柳巷，以嘲諷假道學之流，爲當時的人所詬病而議論紛紛，但從智旭《周易禪解》與《四書蕅益解》廣引其說的狀況看來，智旭激賞其說，絲毫不畏世所譏嫌。從這一狀況看來，同時也反映出智旭特立獨行、不與時世同流的人格特質。其二，引據中不乏義薄雲天、憂國憂民的忠臣孝子，例如蘇軾（東坡）受父蘇洵囑命，與其弟蘇轍在父親著《易》的基礎上，兩人合力完成了《東坡易傳》，傳誦至今，頗受世人稱譽，而樂於研究。又，蘇軾當官時直諫當朝，不畏權勢壓迫，遭貶官流放海南島等地，亦甘之如飴。其三，所引諸家之中，大都具有宋明理學中的心學傾向，智旭甚爲同情與理解心學及支持三教合一論者，例如楊簡、王陽明、鄭孩如等人。其四，善用諸書，資成其說。例如在《周易禪解》所引的《說統》，乍觀「說統」二字，不知所以然，待遍蒐羣籍，得觀此書，驚覺非同小可，爲之振奮。怎麼說呢？原來筆者發現在《說統》裡，引了在《周易禪解》出現過的：潘雪松、鄭孩如、蘇子瞻（軾）、李衷一、馮文所、陸庸成、楊誠齋、洪覺山等人的論述；

〔註31〕參見國家圖書館古籍影檢索系統，筆者最後閱覽時間爲 2017 年 7 月 31 日 pm15：00。

〔註32〕像贊參見智旭：《靈峰蕅益大師宗論》，《嘉興藏》冊 36，頁 410 中。其餘六次，見《靈峰宗論》335 下、337 中、341 下、386 下、390 上、392 中。

〔註33〕參見智旭：〈和陳非白三首〉，《靈峰蕅益大師宗論》，《嘉興藏》冊 36，頁 390 上。

此外，以義理闡明經學的開山祖師王弼（輔嗣）、開創心學支脈的蘇紫溪，智旭雖無直接引用，但其精神早已滲入其中，因此也算在內。由上述的現象看來，智旭當年應該是隨身攜帶並熟讀此書，藉此可管窺其善用著作加以引證來支撐此其立論的情況。其五，廣納眾說，旨歸一心。智旭擅長揉合諸家之說，與道合流，橫說縱說皆不離心，在《周易禪解》中，以其獨創的「現前一念心」思想於外貫串儒、佛思想，於內則打破性相分河而飲的思想糾葛。以上所見諸點，只是筆者個人在現階段的一些觀察結果，期待日後能經由上表按圖索驥，而得到更多的研究成果。

第二節　《周易禪解》成書的時代背景

《周易禪解》一書完成於崇禎年（辛巳）冬仲，當時智旭自稱爲旭道人，本書的序文是寫於溫陵的毫餘樓。誠如釋聖嚴所言：「我們探討智旭的生寂年代，正當明末萬曆二十七年（1599）到永明王永曆九年（1655）的時期。明室王朝，實際上是從毅（思）宗崇禎皇帝在煤山自縊身亡，即已終止了正統，但在南方的明室後裔諸王，卻因而紛起爭相獨立。當時大約有十五年的時間，南京的福王（1644～1645），以及福州的唐王（1645～1646）、肇慶（廣東）的桂王即永明王（1646～1662），分別爭取獨立政權。南京的福王與福州的唐王，都是不到兩年的短命政府而已。據守在廣東的永明王，後來在永曆十三年（1659）流亡到緬甸，事實上其政權至此可以說已經滅亡。這時候與智旭歿年的 1655 年，只相隔四年而已。因此，智旭的生平，可以說與明末的朱氏王統，在時期上是相彷佛的。」〔註 34〕本節擬就《周易禪解》思想淵源自禪宗與其義理核心、儒佛會通之契機、私淑天台以救禪等向度分析，藉以解明《周易禪解》的成書時代背景。有關撰著《周易禪解》時作爲儒佛會通平台的「現前一念心」之思想背景，本節會稍加涉及論述，僅屬泛論的層次；至於深入的析論部分，將留待本論文第三章第三節「《周易禪解》撰著的心性思想背景」再作研討。

對於援佛解儒之風，歷史淵源久遠，誠如釋印光於《四書蕅益解重刻序》所言：「如來大法，自東漢傳來，至唐而各宗悉備，禪道大興，高人林立，隨機接物。由是濂、洛、關、閩，以迄元明諸儒，各取佛法要義以發揮儒宗，

〔註 34〕釋聖嚴著，釋會靖譯：《明末中國佛教之研究》，頁 34～35。

俾孔顏心法，絕而復續……。」〔註 35〕印光之言，適足以說明元代、明代諸儒廣引佛法以發揚儒家思想的盛況，如上言濂、洛、關、閩分指周敦頤、二程子（程顥、程頤）、張載、朱熹，各有不同的思想主張；然而，來自佛家以佛解儒者有之，但以佛解《易》者，歷史上絕無僅有，只此智旭而已。如上述，以下將分成三部分來加以探討《周易禪解》的成書時代背景。

一、《周易禪解》思想淵源自禪宗與其義理核心

根據釋聖嚴的研究指出：「以《楞嚴經》為中心思想的智旭，是一位徹始徹終的禪者。他最尊敬的永明延壽與紫柏眞可二人，都是禪宗系統的人物。他雖於三十二歲私淑天台教觀，但他私淑天台而致學的目的，是為了想矯正禪宗的時弊。」〔註 36〕由此可知，智旭的宗教實踐進路為究心禪宗、私淑天台、歸心淨土，雖為挽救當時禪宗的流弊，而廣弘天台教觀思想，對天台教觀思想的流佈，實在功不可沒。

承第二章第一節所述，智旭在聽講《楞嚴經》時對「世界在空，空生大覺」一語不解而生疑，為此悶絕無措，自覺功夫不能成片，因此決意出家，以體究生死大事。此為智旭入道的因緣。到了二十五歲參「世界在空，空生大覺」的話頭時天機乍現、朗朗分明，「從此性相二宗，一齊透徹，」此又因參禪而悟道。後來由於深入經藏，深知佛門積弊已深，因此戮力著述、力挽狂瀾，為的也是振興禪宗。如果說智旭從頭到尾，根本是個禪門中人，應該也不會有人懷疑。

觀照智旭在三教會通，以及在「性相禪教的調融」上所做的努力，究實而論，他的詮釋與會通的基底建立於眞妄不二的「現前一念心」思想，正是《楞嚴經》所主張的義理。證諸《靈峰宗論》上言：

> 善學佛法者，不難通文難達義，不難達義難入理，又不難入理難忘情。夫情苟未忘，所入理決不瑩徹。理不瑩徹，所達義，決不無礙。義未無礙，所通文決非總持。是以性相分河，宗教別戶，末法之蔽，非情為之累乎。然情非僅色聲香味觸法牽動六根已也，非僅富貴功名道德羈繫生平已也。縱全體放下，渾身撈入，而學天台者，有天

〔註 35〕釋智旭：《四書蕅益解》，《蕅益大師全集》（臺北：佛教書局，1989 年），第 19 冊，頁 3～5。

〔註 36〕參見釋聖嚴著，釋會靖譯：《明末中國佛教之研究》，頁 498～499。

台當情，學賢首慈恩者，有賢首慈恩當情，參曹洞者，有曹洞當情，參臨濟者，有臨濟當情。一法當情，便成理障，理障則義局，義局則文脈死矣。文脈死尚不可爲文宣子孫，況迦文眞胤乎。故吾每謂眞不負己靈者，須盡翻近時宗教窠臼，方可遍入古來宗教堂奧。〔註37〕

上言直指「性相分河，宗教別戶，末法之蔽」，全是爲情所困。智旭主張，善學佛法者唯有忘情才能夠徹底通文總持、達義無礙，而達到「性相融合無礙」的入理瑩徹之境界。基於對佛法的融通無礙，他便提出了與禪宗不立文字以入理證悟有關的現前一念心性之說。「現前一念心」之說，可說是智旭思想之精華與洞見，但由於是融攝多家思想，若要辨明底蘊，需旁徵博引相關文獻加以論證，必然占據相當篇幅，因此留待本論文第四章專章詳述。

二、私淑天台以救禪

明末四大高僧之中，僅智旭力挽狂瀾、積極護教嗎？難道眞可紫柏、憨山德清、雲棲袾宏沒有曾經有過要救禪的念頭或舉措嗎？還是因時光遞嬗而使局勢不同，在智旭之前的禪門並沒有如此頹敗到要拯救的地步？或者明末四大名師皆具有佛教敗壞的危機意識，只是各自努力的方向不同而已，其目的皆同。來日若能對此辨明，或許連同爲何蕅益智旭有強烈的使命感原因何在等，將可一併釐清，甚至得以進一步揭顯智旭撰著《周易禪解》的目的。

智旭於其自傳中言：

三十二歲，擬註《梵網》，作四鬮問佛，一曰宗賢首，二曰宗天台，三曰宗慈恩，四曰自立宗。頻拈得台宗鬮。於是究心台部，而不肯爲台家子孫。以近世台家，與禪宗賢首慈恩各執門庭，不能和合故也。〔註38〕

何謂「鬮」？《廣韻》：「居求切。」《說文》：「鬭取也。」《玉篇》：「手取也。」「鬮」音「糾」，即指「拈鬮」時所任取事先做好記號的紙片或紙團，「拈鬮」則是以鬮決定得什麼或做什麼。〔註39〕「拈鬮」由來已久，在唐、宋之際文人筆下偶有提及，可說是得自《易經》占卜的陰陽概念，「拈鬮」與儒家所傳

〔註37〕智旭：《靈峰宗論》，《嘉興藏》冊36，頁295上。

〔註38〕參見智旭：《靈峰宗論》，《嘉興藏》冊36，頁253中。

〔註39〕〔唐〕唐彥謙《遊南明山》詩：「鬮令促傳觴，投壺更聯句。」〔宋〕梅堯臣《依韻和偶書相留》：「出奇吳國將能戰，探隱漢宮人戲鬮。」參見羅竹風主編：《漢語大詞典》，冊12，頁727。

衍已久的利用五十根蓍草來揲蓍、藉「四營之數」以成卦的方法，〔註 40〕相較之下，僅可說是一種簡易的決疑法。有關「智旭的卜筮信仰與行事」，事詳釋聖嚴的考察。〔註 41〕承上言，智旭自作四鬮，分別是：宗賢首、宗天台、宗慈恩、自立宗，由於頻得「宗天台」之鬮，從此堅定信心，與天台宗結下不解之緣。爲何頻得「宗天台」之鬮即「究心台部」，但卻不肯爲台家子孫？其實，智旭透露其中一個重要原因就是，因爲近世天台宗徒與禪宗、賢首宗、慈恩宗等各執門庭，不能和合的緣故。

由於智旭（1599～1655）出身禪宗，自始至終與禪宗的淵源甚深，前已述及，在二十三歲決意出家時，紫柏尊者（1543～1603）已圓寂，雲棲老人（1535～1615）亦遷安養，而憨山大師（1546～1623）遠遊曹溪，無法前往親近，至於其餘的知識，則非智旭所好，因此選擇拜入雪嶺座下，認禮雪嶺禪師爲師，顯然此與當年初聞佛法即首次聆聽《楞嚴經》的因緣有關；而私淑天台而致學的目的，無非是爲了想矯正禪宗的時弊而已〔註 42〕，如智旭言：「予二十三歲，即苦志參禪，今輒自稱私淑天台者，深痛我禪門之病，非台宗不能救耳。奈何台家子孫，猶固拒我禪宗，豈智者大師本意哉。憾予爲虛名所累，力用未充，不能徹救兩家之失。但所得名字位中圓融佛眼，的可考古佛不謬，俟百世不惑。願如母但學予解，勿學予之早爲人師，庶法門有賴乎。」〔註 43〕事實上，智旭在二十五歲時即已證悟性相不二之旨，他早已有自己的思想見地，不隨波逐流，透過拈鬮只是更加印證自己的想法罷了。

在智旭身處的時代，佛教的亂局如麻，在權衡了當時的情勢，不得不汲引天台的靈藥來加以救治，如智旭分析道：「教觀之道不明，天下無眞釋。如學思之致不講，天下無眞儒也。儒之道在盡心知性，故篤行一事，必在學問思辯之終。佛道以見性明心爲指歸，以信行法行爲方便。信行秉教，豈廢觀心。法行觀心，豈容離教。是以西天諸祖，無不貫通三藏，深入諸禪。」〔註 44〕強調儒重篤行盡心以知性，而佛則實修觀心、以達見性明心爲指歸，兩者

〔註 40〕〔清〕黃宗羲：《易學象數論（外二種）》（北京：中華書店，2011 年），頁 108～116。

〔註 41〕釋聖嚴著，釋會靖譯：《明末中國佛教之研究》，頁 307～314。

〔註 42〕智旭：《靈峰宗論》，《嘉興藏》冊 36，頁 286 中。

〔註 43〕智旭：《靈峰宗論》，《嘉興藏》冊 36，頁 296 中～下。

〔註 44〕智旭：〈玄素開士結茅修止觀助緣疏〉，《靈峰宗論》卷第 7 之 4，《嘉興藏》冊 36，頁 382 中～下。

皆注重觀心的實踐方法。

智旭又言：「南嶽天台，弘通般若法華，亦未嘗不以觀心爲要。目足並運，入清涼池，否則鑽他故紙，終招說食數寶之譏。冷坐蒲團，未免暗證無聞之禍。學不思則罔，思不學則殆也。」智旭於此處，再次揭舉觀心的重要性，離開了觀心的實踐，必然無所剋獲。誠如智旭所言：

> 法流東土，門庭漸岐。立法者本屬一時救病權宜。展轉相傳，遂成水火。宗教相非，性相相角，台賢相排。原其故則各是，執其辭則並非。而又教下之人，罔思修證。宗乘之士，多落險塗。致令行果無成，教道幾熄。惟台嶺一宗，始從智者章安，中歷荊溪四明諸老，近復得妙峰幽溪諸大師，相繼而興，教觀雙舉，信法兩被，故能超賢首慈恩諸教之觀道寥寥，亦勝曹洞、臨濟等宗之教法貿貿。〔註 45〕

觀諸上語，即知智旭之所以私淑天台以救禪的原因所在。在智旭的心目中，面臨了門庭因對於法的知見之歧異，導致宗門與教門之間格格不入的狀況頻仍，時爲性相見解的差異形成對峙互斥，唯有天台自天台智顗、章安灌頂、荊溪湛然、四明知禮、幽溪傳燈等一脈相傳、教觀雙舉的天台宗獨步教界，堪能擔負救禪之重責大任。〔註 46〕

三、儒佛會通之契機

明末三教會通之風頗爲盛行，在明末四大高僧之中，紫柏尊者、憨山德清、蕅益智旭都在其著作中，提及關涉儒、釋、道三家會通的見解。茲舉紫柏尊者在《紫柏尊者全集》卷 3〈法語〉中所言爲證：

> 修行易而悟心難，悟心易而治心難，治心易而無心難，無心易而用心難；如倚門傍户者，不可與語此也。學佛者，倚傍釋迦；學儒者，倚傍孔子；學道者，倚傍老子。離卻倚傍，露地上立腳，如師子王往返遊行，跳躑自在，了無依倚，唯悟徹心光者，信手使用。……如是之用，出世即名爲佛，經世即名爲儒，養生即名爲老。彼倚門傍户者，譬猶貫舟，自無勢力，假冐他勢，扁其額曰：某翰閣、某

〔註 45〕智旭：〈玄素開士結茅修止觀助緣疏〉，《靈峰宗論》卷第 7 之 4，《嘉興藏》冊 36，頁 382 中～下。

〔註 46〕智旭：〈玄素開士結茅修止觀助緣疏〉，《靈峰宗論》卷第 7 之 4，《嘉興藏》冊 36，頁 382 中。

部寺、某台諫，以欺誑一切不知者，鮮不望風而靡；若彼眞主卒然相値，則所冐扁，不唯不敢炫燿，而且覆藏之不暇矣。……如是而安望其能知四難之旨乎。〔註 47〕

在達觀眞可（紫柏老人）的自內證境界裡，強調「唯悟徹心光者，信手便用。……如是之用，出世即名爲佛，經世即名爲儒，養生即名爲老。」換句話說，能徹見本地風光，令心光朗照十方，無所障礙，才是儒、道、釋的徹證境界，其餘不悟悟心、治心、無心、用心之旨的倚傍者，到頭來只是自取其辱而已，與儒、道、釋何干？此處已明顯指涉三教會通之共同爲「心」。

再引一證說明明末三教會通之盛，如憨山德清大師於其所著《憨山老人夢遊集》卷第四十五〈論心法〉中言：

余幼師孔不知孔，師老不知老；既壯，師佛不知佛，退而入於深山大澤，習靜以觀心焉。由是而知三界唯心，萬法唯識。既唯心識觀，則一切形，心之影也；一切聲，心之響也。是則一切聖人，乃影之端者；一切言教，乃響之順者。由萬法唯心所現，故治世語言資生業等，皆順正法。以心外無法，故法法皆眞。迷者執之而不妙，若悟自心，則法無不妙。心法俱妙，唯聖者能之。〔註 48〕

憨山德清的三教學思歷程具如上述，在遍歷三教後，最終則藉由習靜觀心而明心法旨要，不外乎三界唯心、萬法唯識的體證，了知心意識爲萬法之所本，唯識無境，主張若能領悟自心之含藏萬法、能顯妙用，則法法皆妙，自然漸漸契入聖者的境界。憨山德清自言：「予著經，必是凝神入觀，體契佛心，機倪忽自迸出者，方副之紙；若涉思議，即不中用。」〔註 49〕由此可見其著書時的苦心孤詣之至，他曾經花了十三年的工夫爲老子《道德經》注釋，如其所言：

讀書不細心體認，不得其用。予註老子，至天之道其猶張弓乎，更數日，思其合處不可得，乃從他借一弓並弦，張而懸之壁間，坐臥視之。又二日，忽悟張字對弛字說。弓弛時，弣高而有餘，弰下而不足，則無用也。及張而用之，則抑高舉下，損弣補弰，上下均停，可以命中。天道全以動爲用，主施而不主受，適合之也。重爲輕根

〔註 47〕參見《紫柏尊者全集》，《卍續藏》冊 73，頁 170 上。

〔註 48〕《憨山老人夢遊集》，《卍續藏》冊 73，頁 766 下。

〔註 49〕《憨山老人夢遊集》，《卍續藏》冊 73，頁 778 上。

> 二句，亦稽數年，不敢草草解。正當南行之日，孤坐舟中，情景無聊，輕重靜躁之解，恍然目前，始悟太上語旨。蓋身試之而後見，未可謂紙上陳言無眞味也。故道德一註，歷十三年乃脫稿，非草草也。〔註 50〕

可見憨山德清花了十三年注解《道德經》的苦心，洵非虛語。憨山德清也曾以佛教中的十善法來比附儒家的修、齊、治、平之道，他說：「如上十惡，乃常人日用而不知者。今若能斷此十惡，則名十善，爲生天之因，是爲純善之人。此十善法，即儒門正心誠意修身之道也。若果能修此，則現世爲聖爲賢，則定感來世生在天宮，受勝妙樂。此萬萬眞實之行，世人何故愚迷不知，而專向邪道爲得，豈不辜負此心哉！」如上言將佛教中的十善法比況爲儒門正心、誠意、修身之道〔註 51〕，諸如此類見解甚多，皆足資證明明末三教會通蔚爲風潮。

至於智旭在儒佛思想的會通上，其情況又是如何呢？誠如智旭於《靈峰宗論》所述，若就「約跡約權」的層面，佛、儒對顯以觀，當然有所不同。智旭認爲：儒爲世間法，而佛爲出世間法；儒每談「天命爲性」，《易經》亦嘗言「太極生兩儀」，屬於非因計因；而老子「天法道，道法自然」，是無因論，儒道二家皆尙不知正因緣法；儒家崇尙的夫婦父子等倫理爲恩愛牽連。若以境界而論，儒屬五乘法門中的人乘，五常可與五戒相通；老子屬天乘，未盡天中之致。在智旭的觀點看來，儒道二家的層次不及藏教出生死的位階，更遑論通、別、圓。但是，若就「實」、「本」來加以融會的話，則能知曉：

> 此方聖人，是菩薩化現，如來所使。《大灌頂經》云：佛先遣三聖，往化支那，所立葬法，南洲中最。三聖法化若在，如來正教亦賴以行。而列子具明孔子讚佛之語，老子騎牛出關，欲訪大覺，既聞示寂，歎息而返。經史所載，彰明若此，後人不達，紛紛起諍，豈理也哉。然三聖不略說出世教法，蓋機緣未至，不得不然。且如五天機熟，佛乃示生，而初倡華嚴，在會聾啞，不惟須說阿含以爲漸始，兼立人天戒善，以作先容。況此地機緣，遠在千年之後，縱說出世法，誰能信之！故權智垂跡，不得不示同凡外。然即此儒典，亦未嘗不洩妙機，後儒自莫能察，及門亦所未窺。故孔子再歎顏回好學，

〔註 50〕《憨山老人夢遊集》，《卍續藏》冊 73，頁 777 下。
〔註 51〕參見《憨山老人夢遊集》，《卍續藏》冊 73，頁 779 上。

今也則亡，深顯曾子以下，皆知跡而不知本，知權而不知實者也。〔註 52〕

上述引《大灌頂經》所言，佛先派遣孔子、老子、釋迦牟尼佛等三位聖人到中國教化眾生，如上引所言此徵《列子》「孔子讚佛之語」可得證，史籍上也有載述，後人不察，而交相攻訐。上言「三聖法化若在，如來正教亦賴以行」，那麼三聖爲何不略說出世教法呢？智旭言，機緣未至之故，他舉了「佛待眾生機緣成熟，始示生開演《華嚴經》因爲在座聽法者不明究竟，才退而開示《阿含經》，兼立人天戒善」之例來加以說明。換言之，若佛法遽然傳到中國，必然對佛法誤解而排斥，因此儒道二家成了開路先鋒，先建構好人天善法的根基，好爲將來印度佛法傳到中國時，能夠揭示更高層的法義之傳揚鋪路。當然，以上的說法，或許未必能得到儒、道二家的共許，凡此誠屬另一問題，不在此論。

眾所周知，《易經》爲儒家群經之首，亦是道家發軔之所本，更是文化之源，誠如牟宗三所說：「中國思想，自非一支，然最佔勢者，厥爲《周易》。」〔註 53〕又如易學學者胡瀚平所言：「易學的主要作用是修身齊家治國平天下，是內聖外王之道。」〔註 54〕此經對中國佛教亦有重要影響，遠在唐代的學者李通玄便已用《周易》解釋中展開的附會（象徵）來類比闡釋《華嚴經》，得出許多與傳統文化、儒家人文精神相適應的結論。〔註 55〕謝金良亦指出，「從東漢『以易理解佛』到隋唐『以佛理解易』，乃至宋明以來『易與佛互證』，易學與佛學之間的關係若明若暗地交涉了近兩千年。」〔註 56〕準是而觀，儒佛間的對話關係早已存在。迨至明末，如陳永革言：「『佛法者，心學也。』

〔註 52〕智旭：〈性學開蒙答問〉，《靈峰宗論》卷第 3 之 3，《嘉興藏》冊 36，頁 311 上。東晉帛屍梨蜜多羅所譯之《灌頂經》，又作《大灌頂經》，全稱《大灌頂神咒經》，共十二卷。收入於《大正藏》第 21 冊。本經由《灌頂三歸五戒帶佩護身咒經》乃至《灌頂拔除過罪生死得度經》等十二部小經所成，此十二經各就其功德而有「佛說灌頂」四字，故稱《灌頂經》。其中，《拔除過罪生死得度經》與達摩笈多所譯之《藥師如來本願經》、玄奘所譯之《藥師琉璃光如來本願功德經》爲同本異譯。本經被疑爲我國梁代以前所作之僞經。參見佛光大辭典編修委員會編：《佛光大辭典》，頁 6855。

〔註 53〕牟宗三：《周易的自然哲學與道德函義》（臺北：文津出版社，1988 年），頁 1。

〔註 54〕胡瀚平：《周易思想探微》，頁 6。

〔註 55〕潘桂明：〈李通玄的東方智慧論——《新華嚴經論》箚記〉，《中華佛學學報》，第 12 期（1999 年），頁 377～391。

〔註 56〕謝金良：《周易禪解研究》，頁 5。

這是晚明佛教界在儒佛交涉現實中對佛法認識的一大新見，同時也是佛教圓融思想的重要內容。」〔註 57〕明末可說是儒、佛間互涉甚深的時代，佛家為了弘傳佛法，在鑽研內典之餘亦旁涉有外學之稱的儒典；儒家輒採佛法的論述觀點，以擴大其義理層次的深度與廣度，並將之納為「心學」的範疇；儒、佛間相資相成，蔚為時代潮流。針對上述特殊的時代現象，釋聖嚴指出：「明末佛教，在中國近代的佛教思想史上，有其重要的地位，上承宋元，下啟清民，由宗派分張，而匯為全面的統一，不僅對教內主張『性相融會』、『禪教合一』以及禪淨律密的不可分割，也對教外的儒道二教，採取融通的疏導態度。……到了明末的諸大師，都有敞開胸襟，容受一切佛法，等視各宗各派的偉大心量，姑不論性相能否融會，顯密是否一源，台賢可否合流，儒、釋、道三教宜否同解，而時代潮流之要求彼此容忍，相互尊重，乃是事實。是故明末諸大師在這一方面的努力，確有先驅思想的功勞。」〔註 58〕綜上所述，明末確實居於歷史上三教會通的樞紐，處於具有承上啟下、蛻變改革的特殊時空位置，而明末清初諸大師費盡心神地護教、弘法，以及儒、釋、道三教於此時空環境之中如何交涉、會通等課題，在在值得吾人深入探究。

明末，儒家繼承了宋明理學，對於《易經》的詮解由尊崇朱熹，而改尊王陽明，陽明學說中時引佛法以融合心學，藉以拓展與深入儒學義理。相較於中國佛教際此政治動盪不安，佛教戒律廢弛不彰，以及儒家闢佛、謗佛等困局，正處於危急存亡之秋，誠如陳永革所言：

> 晚明佛救本身正面臨如何克服朱熹指責陸象山流於狂禪的現實難題。當時的佛教與儒家學說之間的交涉具有明顯的交互性，就佛教而言，宋明儒學的充分展開使佛教能夠較為明顯地意識到佛儒異同之所在，從而能夠自覺地基於心性——本體論立場，展開對儒家宇宙——本體論的論辯。另一方面，隨著明代儒學宗主地位的完全確立，以及明代佛教政策的影響，使佛教不得不迴避儒學作為正統學術的鋒芒，轉向廣大民眾，以淨土信仰的普及方式滲透晚明的日常生活。儒佛二家在心性義學上的貫通相容，表明佛教試圖在義理層面上辨析儒佛二學的理論差異。基於此，以憨山德清與蕅益智旭為代表的晚明佛教諸高僧大德，甚為關注從佛教立場對儒家經典的詮

〔註 57〕陳永革：《晚明佛教思想研究》（北京：宗教文化出版，2007 年），頁 280～311。
〔註 58〕釋聖嚴：《明末佛教研究》，頁 1～5。

> 釋工作。晚明佛教思想中每言性學、心法，高談格知之道，都明顯地表明以佛解儒、儒佛俱顯的思想傾向。這種以佛解儒、援佛入儒的方法立場，與晚明居士的儒佛調和論思潮交相呼應，從而擴展了佛教思想的思考視野，深化其理論探討，客觀上擴大晚明佛教的社會影響，成爲佛教復興的具體表現。〔註 59〕

如上所述，智旭慧眼獨具地結合同道以振興戒律來拯救日漸式微的佛教，並隨順當時三教同源思潮，主張「自心者，三教之源。三教皆從此心施設。苟無自心，三教俱無；苟昧自心，三教俱昧。苟知此心而擴充之，何患三教不總歸陶鑄也哉」。〔註 60〕將儒、道、釋三教會歸自心，建構獨特的「現前一念心」之哲學思想基礎〔註 61〕，藉此與儒道對話，並透過天台圓教十乘觀法、六即思想等闡釋《易經》，藉以詮釋佛法心要，並扭轉佛教禪宗的頹風，復興日趨頹落的佛教。

相較於佛教的「內學」而言，儒家所宗的《易經》被佛教視之爲「外學」，而智旭自言私淑天台，欲以天台教義拯救禪宗之流弊，可見天台思想必有其獨到之處。〔註 62〕察其著述《周易禪解》的動機，不外：

其一，在明末禪宗徒漸入偏執之境，侈言口頭禪，未證言證、未得言得之歪風甚盛，殆因躐等行持、不務實踐次第之故，藉詮解《易經》闡發內學解行相須的要義。

其二，《易經》既普受儒、道的崇仰，在明末《易經》被視爲等同佛典，三教群相研究、廣傳，而天台宗又在中國佛學中被判爲圓教的代表，因此透過天台圓教六即與十乘觀法的觀行修證次第來闡揚《易經》奧義，不但能避免當時佛教教風日下、修證次第紛亂或落入狂禪、逃禪的流弊，俾使讓當時儒、道二教能對佛教內學奧蘊有所理解。

其三，引導世學者進入佛學的領域。基於上述原因，使得天台圓教十乘觀法、六即思想等與《易經》間的會通更形重要，爲以佛詮易的會通之路開啓一條道路，彼此交相輝映著智慧的光芒。

〔註 59〕參見陳永革：《晚明佛教思想研究》，頁 319。

〔註 60〕智旭：《靈峰宗論》，《嘉興藏》冊 36，頁 386 中。

〔註 61〕參見釋聖嚴著．釋會靖譯：《明末中國佛教之研究》，頁 68～70。

〔註 62〕「予二十三歲，即苦志參禪，今輒自稱私淑天台者，深痛我禪門之病，非台宗不能救耳。奈何台家子孫，猶固拒我禪宗，豈智者大師本意哉。」參見智旭：《靈峰宗論》卷 2 之 5，《嘉興藏》冊 36，頁 296 中。

智旭爲了對教內挽救禪宗流弊，對外傳揚佛學旨要，因此苦心思索對策，爲瞭解決以上內、外的問題，於是他把所有的問題聚焦於「心性」上的探究，如此便有了對話的共同基礎。如智旭言：

> 三教聖人，不昧本心而已。本心不昧，儒老釋皆可也。若昧此心，儒非眞儒，老非眞老，釋非眞釋矣。且喚甚麼作本心，在內外中閒邪，過去現在未來邪，有無亦有亦無非有非無邪。果直知下落，百千三昧，恒沙法門，不啻眾星拱月。如或不然，堅持三歸五戒，以爲緣因，時節若到，其理自彰。〔註63〕

依照智旭的詮解，「不昧本心」的重要性遠遠超越儒、釋、道三家的分別，本心即智旭所闡揚的「現前一念心」；若本心一昧，則三家俱面目全非。易言之，若能識自本心，嚴持三歸五戒等德目，使之成爲本心朗現的緣因之一，只待時節因緣成熟，便得本詮。觀諸上段引文，無非標舉「現前一念心」之旨，若忽略了它，便無法將《周易禪解》義理貫串起來，亦無法遂行私淑天台以救禪的心願及展開其儒佛會通之舉；換句話說，智旭正是以「現前一念心」作爲儒、佛間共同對話的語言基礎，因此若能對此深入理解，則無異於驪珠在握，而洞徹全書要旨。

第三節 《周易禪解》撰著的思想源流

筆者於本論文第二章「智旭生平與《周易禪解》成書時代背景」的第三節「《周易禪解》成書的時代背景」，已就智旭《周易禪解》思想淵源自禪宗與其義理核心、儒佛會通的契機、私淑天台以救禪等三方面就其時代背景加以討論，所論述的層面涵蓋思想、文化、政治等面向；乍看之下，此處的討論似與上論有重複之處，其實不然，此處聚焦於智旭在會通儒佛上所憑藉的「現前一念心」的思想背景作深入探討，可視爲「《周易禪解》成書的時代背景」的延伸討論與聚焦於以心性思想爲核心之論述。

智旭於《周易禪解》之中，屢屢述及「現前一念心」思想，以茲作爲儒、佛思想會通的平台，並據此融合禪、教、律三者對於性相的不同見解。筆者於本論文首章第一節已直指智旭是以「現前一念心」爲經、以「天台圓教六即思想」與「天台圓教十乘觀法」等爲緯，來闡釋《周易》。因此，若對智旭

〔註63〕智旭：《靈峰宗論》卷2之1，《嘉興藏》冊36，頁283中。

的「現前一念心」的思想背景缺乏深層的瞭解，必然無法洞悉《周易禪解》的底蘊，而有不知其門而入的感嘆。由於智旭撰述《周易禪解》係以「現前一念心」貫串全書爲詮釋進路，對於「現前一念心」在中國佛教內部心性思想分系及儒家的交涉、會通等問題，必須先加以釐清，才能進一步深入探討其核心要義。在本章第一節「《周易禪解》所引諸家論述的考證」裡，已對《周易禪解》的引據做過歸納統計，其結果爲：漢朝兩家，宋朝 9 家，明朝 16 家；宋、明合計 25 家之多，占全部引據家數的 93％。

一、智旭以「心性」爲儒佛思想會通的平台

《周易禪解》中，對於心性的論述，時而談「心」，或「性」，或「心性」，或「一念心」，或「一念菩提心」，或「現前一念心」等。然而，何謂「心」？何謂「性」？又何謂「心性」等？其意涵，吾人可先從《漢語大辭典》的解說粗知其梗概，以漸次鋪陳文獻、引證申論，方能見其全貌；否則，驟然對《周易禪解》心性的闡述進行討論，難以貫串全旨。

如《漢語大辭典》所言：

> 「心性」屬於中國古典哲學範疇，指「心」和「性」。戰國時孟子有「盡心知性」之說。其後佛教各宗盛談心性，禪宗認爲心即是性，倡明心見性，頓悟成佛。宋儒亦喜談心性，但各家解說亦不一。程頤、朱熹等以爲「性」即「天理」，「心者，人之神明，所以具眾理而應萬事者也。」故「心」「性」有別。陸九淵則主張「心即理也」，認爲「心」「性」無別。其說雖不同，而均屬唯心主義。……後人亦以「心性之學」稱宋明理學。「理學」爲宋明儒家周敦頤、邵雍、張載、程顥、程頤、朱熹、陸九淵、王守仁等的哲學思想。宋儒致力闡釋義理，兼談性命，認定「理」先天地而存在。明儒則斷言「心」是宇宙萬物的根源。〔註 64〕

上述所引文獻最早及於戰國時代的孟子「盡心知性」之說，事實上，根據傅斯年撰著《性命古訓辨證》的文獻指出：「性」字始自西周至春秋中葉的《詩經》中的《大雅．卷阿》，但此一時期「性」字的意義等同「生」字。而「《呂氏春秋》乃戰國時最晚之書，呂書中無生、性二字之分，則戰國時無此二字

〔註 64〕參見羅竹風主編：《漢語大詞典》，第 7 冊，頁 369。

之分明矣。其分之者，漢儒所作爲也。」傅斯年主張：「獨立之性字爲先秦遺文所無，先秦遺文中皆用生字爲之。至於生字之含義，在金文及《詩》、《書》中，並無後人所謂『性』之一義，而皆屬於生之本義。後人所謂性者，其字義自《論語》始有之，然猶去生之本義爲近。至《孟子》，此一新義始充分發展。」〔註 65〕準是而觀，中國古典哲學中的「心性」義，係由孟子始賦予新義，殆無疑慮之處；但是，若論及孟子性善說的淵源，則不得不上溯《詩》、《書》、孔子，方能探其淵源。

易學學者胡瀚平所撰《儒家心性與天道》一書有言：「《論語》二十篇，論及『心』字者，共有六處，亦極少言『性』字，何以罕言心性？我們知道孔子爲道德實踐家，而非道德理論家。重在能以身示教。」對於孟子思想的淵源，胡瀚平說道：「今考察性善之說之淵源，殆始於詩書而述於孔子。《孟子》中引《尚書》凡三十五條，篇目十三，計〈堯典〉、〈臯陶謨〉、〈說命〉、〈胤征〉、〈湯誓〉……。孟子又屢稱道堯舜之善，下迄禹、湯、文、武之亡，以迄於孔子，則孟子性善說，蓋有師承，自孔子發之，而究其本源，則始於《詩》、《書》，試舉下文以證之。」又言：

> 宋明理學家，雖欲跨越漢唐，亦上溯孔孟，追本先秦，古聖先賢，莫不在心上花工夫，孔子論學言仁，皆罕言心，唯皆以人心爲切要工夫。……程明道、伊川兄弟，十五歲許，去見周敦頤（濂溪），濂溪教他們「尋孔顏樂處」，此語一針見血，這一則有名的故事，實是宋明理學生命的大動脈所在。……開啓宋明理學的關鍵，其主要宗旨，就是要認取孔顏之心，其所樂何在？不在外界事物，所樂在心而已。……，亦通貫宋明兩代之心性之學也。〔註 66〕

上述已將中國心性學說的淵源釐清，亦點出「樂在明心」爲宋明理學思想（心性之學）的核心所在，至於其支流派別之說，仍須細辨方明。誠如胡瀚平所言：「人性論爲一命義豐富，包羅萬象，奧妙蘊藏的龐大題材，諸儒之學術思想又各具一格，風貌各異，其間多涉及其對人性問題的探究……。」經胡氏鉅細靡遺地勤加考證，發現中國的人性說歸納爲十一種之多：1.性善說、2.性

〔註 65〕參見傅斯年：《性命古訓辨證》（桂林：廣西師範大學出版社出版，2006 年），頁 34、58。

〔註 66〕參見胡瀚平：《儒家心性與天道》（臺北：商鼎文化出版社，1996 年），頁 15～17。

惡說、3.性無善不善說、4.性可以爲善，可以爲惡、5.性善惡混說、6.性三品說、7.性善情惡說、8.理之二元論、9.理氣一元、10.性情一元論、11.唯心論。此外，胡氏主張：「孔孟中庸易傳乃至宋明儒，皆是以理言性。此亦爲儒家人性論之正宗主流。『性』字於是不僅爲外在超越義，又是內在生體義，主客一貫；……故可以言盡心知性以知天，亦可以言天命之謂性；是有普遍之義，人皆有之，我固有之。」〔註 67〕通過上述引論，吾人對於儒家心性之學已知其梗概，於此不再加以贅述，欲深研者請逕參胡著《儒家心性與天道》。

如前所述，中國儒家重視心性的概念由來已久，遠溯先秦即有遺文及經籍等文獻記載，對於儒家的心性之學，韋政通於《中國思想史》中強調：「儒學的精義在心性論，人本主義理論的開發有賴於此，內聖外王之道亦賴於此。先秦儒家中，這方面貢獻最大的是孟子。漢儒在性的問題上，略有進展，然對道德意義的心缺乏相應的體會。漢儒根本沒有認識到心性論是儒學的中心問題。宋、明時代所以能稱爲儒學的復興，最重要的原因之一，是因爲心性論在這一時期獲得最大的發展。儒學到了這個時代，才算建立了心性之學，被朱熹推崇爲理學開山者周敦頤……他對心性問題還未能正視，他在這方面遠不及王安石，王安石這方面的思想，近人有認爲足以開陸、王之先河者。……朱熹對橫渠的宇宙論，有不相契處，對他的心性論，可謂推崇備至。毫無疑問，在這一點上，橫渠才是理學眞正的開山人物。」又言：「先秦儒家，孟子首建心性之學，對修養工夫，論之亦最詳備，諸如求放心、養氣、寡欲、存夜氣、毋自欺等，但皆直就心性而言工夫，窮理與學沒有受到重視。特別強調學的重要的，是荀子，橫渠的變化氣質說，可謂兼祧孟、荀，使內心的修養與經驗之學並重。」〔註 68〕據上析論得知，心性論爲儒學精義之所在，亦爲儒學的核心命題，而張載才是理學（心性之學）眞正的開山祖師（另一說，朱熹推崇周敦頤，主張周敦頤才是開山祖師）〔註 69〕，其傳世的千古名句：「爲

〔註 67〕參見胡瀚平：《儒家心性與天道》，頁 18～65。

〔註 68〕韋政通：《中國思想史》（臺北：水牛圖書出版事業公司，1998 年），冊下，頁 1104。

〔註 69〕馮友蘭認爲，張載和二程都是道學的奠基人，但他們的哲學思想又各不相同。他們代表道學中的三個主要派別。程顥代表道學中「心學」的一派。程頤代表道學中「理學」的一派。「心學」和「理學」是傳統的名詞，如果以這兩個名詞爲例，立一個新名詞，那就可以說張載的一派是「氣學」。「心學」和「理學」是道學中的「唯心主義」，「氣學」是道學中的「唯物主義」。參見馮友蘭：《中國哲學史新編》（臺北：藍燈文化事業公司，1981 年），第 5 冊，頁 135～166。

天地立心，為生民立命，為往聖繼絕學，為萬世開太平。」時至今日，猶廣為人所樂予稱頌，啓迪中國儒者的心性智慧層次與陶鑄儒者的胸襟氣度之功甚大，更由於宋、明時期諸儒創闡「心性之學」，而使得儒學賴以復興，儒家的哲學基底建構方得以漸趨完備。

佛教從印度傳入中國，自東漢末年〔註 70〕，以迄明末，已歷時千餘年，此期間中國本有儒、道家兩家，儒、佛二家互為激盪、影響。王陽明、朱熹等宋明理學儒者或佛教高僧亦互相交涉，儒、佛思想會通之舉於焉展開。換言之，中國本土的儒家與傳自印度的佛家，經過長時間的交融，互取養分以滋長自家內涵，為不爭的事實，而其間的相互融通現象，由上言可見一斑。儒佛間的會通，儒欲體證道體，而佛卻如實了悟「諸法無自性，一切依因待緣」的法則而以，彼此間各自保有自己的思想體系，無庸置疑。

儒、佛會通，歷來有多種不同的看法。在當代學者之中，對此持反對看法者有學者吳汝鈞，他認為：「儒家與佛教思想相差更遠。如果把哲學區分為實體主義與非實體主義兩種，東方哲學和西方哲學也都涵蓋其中。儒家是實體主義，孔子講仁，孟子講心、性、天，陸九淵的本心，王陽明的良知，周濂溪講誠體，張載說太虛，都是實體義。明道的天理，說其學問有所承，唯有天理是自己的體證，他講的天理是實體主義的觀念。佛教是典型的非實體主義。儒佛的距離很遠，儒家是在絕對有的觀念下表現，般若文獻說空、眞如，禪宗說無，都是非實體主義的絕對無。儒家與佛家在立場上不同，是對反的關係。」〔註 71〕吳汝鈞的說法，也不無道理，只是佛法在東漢末年傳來中國之後，便與這塊土地產生緊密而不可分割的關係，隋代智者以降，儒、佛二家在不斷的激盪中融合，此一現象證諸明末四大高僧的行誼，對於儒、佛會通確實產生了難以估算的效果，也不是單就學理所能以偏概全。從智旭的儒、佛見解上看來，根本的問題在於能否對自己的「心」認識清楚，否則就算是會通了，恐怕對彼此也沒有什麼好處。另一問題所在，或許是來自於宗教上的實修體驗，所體悟到的層次不同，當然會抱持著不同的見解。

〔註 70〕《佛教史年表》：「漢哀帝元壽元年（西元前 2 年）大月氏王之使節伊存口授浮屠經予博士弟子景盧，為中國佛教之始。」參見慈怡主編：《佛教史年表》（高雄：佛光出版社，1987 年），頁 7。上說經日本學者藤堂恭俊、塩入良道證實為符合史實之說。參見藤堂恭俊、塩入良道著，余萬居譯：《中國佛教史》（臺北：華宇出版社，1985 年），冊上，頁 24～26。

〔註 71〕吳汝鈞：《當代新儒學的深層反思與對話詮釋》（臺北：臺灣學生書局，2009 年），頁 326。

對於上述儒、佛能否會通的問題，吾人可以透過智旭實際的例證來深入加以瞭解。智旭自幼即承私塾老師教導儒家聖學與典籍，考察其所著《蕅益四書解》便知其對儒家義理相當嫻熟與通透，正因如此，當長久跟隨在智旭身邊修學的徹因比丘在禪觀的修證上一直未能更上一層樓時，智旭爲了幫助徹因比丘能夠豁然破膜而證禪果，而「至誠請命於佛，卜以數鬮」，佛諭「須藉四書，助顯第一義諦。」智旭於《蕅益四書解．大學直指》中，亦開門見山地說：

> 大者，當體得名，常遍爲義，即指吾人現前一念之心。心外更無一物可得，無可對待，故名當體。此心前際無始，後際無終，生而無生，死而不死，故名爲常；此心包容一切家國天下，無所不在，無有分際方隅，故名爲徧。學者，覺也。自覺覺他，覺行圓滿，故名大學。大字，即標本覺之體。學字，即彰始覺之功。本覺是性，始覺是修。稱性起修，全修在性，性修不二，故稱大學。〔註72〕

智旭藉「現前一念心」的進路，以融通儒佛間的心性概念，昭然若揭、不言自明。撰述《蕅益四書解》以助顯第一義諦，顯發佛學奧旨，而撰述《周易禪解》的目的則在於「以禪入儒，誘儒知禪」，智旭撰述二書的目的容或有別，然而以「現前一念心」爲融通儒佛的進路，實無二致。

二、智旭循楊簡、王宗傳以「心性說」解《易》的演進脈絡

透過上述的申論，已明心性思想在儒家內部上溯先秦以迄明末的傳衍狀況，以下將進一步對以心性之說詮《易》之思想演變背景作分析。眾所周知，《易》本卜筮之書，具如《周易．繫辭上傳》所言：

> 聖人設卦觀象，繫辭焉而明吉凶。
>
> 易有聖人之道四焉：以言者尚其辭，以動者尚其變，以制器者尚其象，以卜筮者尚其占。是以君子將有爲也，將有行也，問焉而以言，其受命也如嚮，無有遠近幽深，遂知來物。非天下之至精，其孰能與於此？〔註73〕

智旭對於上言的看法：「君子觀象、玩辭、觀變、玩占，今言此四，即《易》

〔註72〕參見釋智旭：《蕅益大師全集》（臺北：佛教書局，1989年），第19冊，頁1～7。

〔註73〕〔宋〕朱熹：《周易本義》（北京：中華書店，2009年），頁223～237。

所有聖人之道也。夫玩辭則能言，觀變則能動，觀象則可以制器，玩占則可以卜筮決疑。言也，動也，制器也，卜筮也。聖人修身治人之事，豈有外於此四者哉？」又言：「君子，學聖人者也。學聖人者必學《易》。善學《易》者，舉凡有為有行，必玩辭而玩占。果能玩辭玩占，則《易》之至精，遂為我之至精矣！」〔註74〕林麗眞於《義理易學鉤玄》中指出：「自朱熹提出『《易》本卜筮之書』的見解以後，卦爻辭是西周初葉卜筮官的占筮紀錄，已成定讞。」〔註75〕《易》既本卜筮之書，如何支撐起與心性之學互相對話的關鍵平台呢？智旭分析道：「六十四卦皆伏羲所畫。夏經以艮居，名曰連山；商經以坤居首，名曰歸藏；各有爻辭，以斷吉凶。文王囚羑里時，繫今彖辭，以乾、坤二卦居首，名之曰《易》。周公被流言時，復繫爻辭；孔子又為之傳，以輔翼之，故名周易。……伏羲但有畫而無辭，設陰陽之象，隨人作何等解，世界悉檀也。文王彖辭，吉多而凶少，舉大綱以生善，為人悉檀也。周公爻辭，誡多而吉少，盡變態以勸懲，對治悉檀也。孔子十傳，會歸內聖外王之學，第一義悉檀也。」〔註76〕依智旭上言之意，《易》經伏羲畫卦、文王繫彖辭、周公繫爻辭，至孔子為《易》作十傳以輔翼，會歸內聖外王之學，而顯發第一義。〔註77〕雖然《易傳》的作者，經現代學者考證的結果，咸認非孔子所作〔註78〕，

〔註74〕智旭：《周易禪解》卷8，《嘉興藏》冊20，頁456下～457上。

〔註75〕參見林麗眞：《義理易學鈎玄》（臺北：大安出版社，2004年），頁38。

〔註76〕智旭：《周易禪解》卷8，《嘉興藏》冊20，頁396上。

〔註77〕「悉檀（Siddhanta）意為成就或說法的方式。佛之說法不出四悉檀，謂世界悉檀（佛先順凡情用人我等假名，隨順眾生所樂而說世界之法，令聞者歡喜適悅），各各為人悉檀（佛說法鑒眾生之機，隨機宜之大小，宿種之淺深，說各人所應之法，令彼發起正信，增長善根），對治悉檀（貪欲多者教以不淨觀，瞋恚者教以慈心觀，愚癡者多教以因緣觀，如是施種種法藥，除遣眾生惡病）以及第一義悉檀（佛見眾生機緣既熟，說諸法實相，令彼入於眞證）。四悉檀理論是對佛化導眾生教法所總結出的四個不同範疇，以解決不同說教之間看似矛盾之處以及眞理之可說和不可說之進退維谷的問題。」參見沈海燕：《法華玄義探微》（高雄：佛光文化事業有限公司，2011年），頁92。

〔註78〕現世通行的《易經》版本，實由《易經》及《易傳》組合而成。《易經》指《易》的卦象和卦爻辭或經文部份，而《易傳》則指戰國時代所創作的有關解釋《易經》的十篇文字，又稱「十翼」，藉以輔助瞭解《易經》的意思，又稱《易大傳》，相傳是孔子所作，因此《易傳》被認為是傳統儒家思想的經典之一。不過這一說法並不可靠，孔子本人就很坦誠的說過「述而不作」（《論語。述而》）的話，後人對《易傳》著者為誰有不同的看法，較為肯定的是戰國時代的作品。《易傳》（「十翼」）的內容，詳見第三章第一節「《周易禪解》的架構分析」所述。以上參見閔建蜀：〈《易經》解析：方法與哲理〉，頁4～6。戴璉璋亦指

當然也有力主《十翼》確爲本孔子之意，而爲孔子弟子或再傳弟子結集而成〔註79〕；無論無何的主張，皆亦無損於易學大興的歷史洪流。總之，《易傳》出現於世後，使得《易經》由原本的卜筮之書躍升爲體用兼備的哲學層次，不但被援引來解兵法、醫學等〔註80〕，甚至成功地建構了儒家與佛家分從心性之學的向度加以詮釋的基底，爲不爭的事實。

就援佛解易的可行性，智旭主張由於《易經》具備不易、簡易、變易的三種特性，因此：「可上可下，可內可外……故名交易。能動能靜，……故名變易。雖無死局，而就事論事，則上下內外仍自歷然。雖無死法，而即象言象，則動靜剛柔仍自燦然。此所謂萬古不易之常經也。」智旭又言：

> 若以事物言之，可以一事一物各對一卦一爻。亦可於一事一物之中，具有六十四卦三百八十四爻。若以卦爻言之，可以一卦一爻各對一事一物。亦可於一卦一爻之中，具斷萬事萬物，乃至世出世間一切事物。又一切事物即一事一物，一事一物即一切事物。一切卦爻即一卦一爻，一卦一爻即一切卦爻。故名交易變易。實即不變隨緣，隨緣不變，互具互造，互入互融之法界耳。〔註81〕

出：「歐陽修以後，關於《易傳》作者的問題，陸續有人提出來討論。近人如錢穆、馮友蘭、顧頡剛、李鏡池、高亨、戴君仁諸位先生都加入了討論的行列。他們一致否定孔子作《十翼》的說法，所持的理由中，最值得注意的是《易傳》與《論語》在思想上有顯著的差距。…」參見戴璉璋：《易傳之形成及其思想》（臺北：文津出版社，1997年），頁2～14。

〔註79〕經學大師李威熊主張：「論語說孔子述而不作，但孔子教易經，絕對不是只教弟子們讀讀經文而已；一定對易理會有所解說、引申、發揮，或歸納、分析、演繹，但於當時未必有書，可是很有可能已有彖、象、繫……等名稱，弟子們乃就夫子所言，而有零星之記錄，甚至由於弟子們的根器、環境各有所不同，又依自己的體認，增益一二，並分門別類加以歸納、整理，才形成了易傳。所以十翼的成書，應該是出自弟子或再傳弟子之手；因爲他們是本孔子之意，故司馬遷說是孔子作……。」參見李威熊：《中國經學發展史論》（臺北：文史哲出版社，1988年），冊上，頁108～110。

〔註80〕誠如洪梅珍所言：「《周易》經傳原來以八卦、六十四卦、卜筮、陰陽、理象數爲主體以窮究天人的思想、性質與特色，在易道廣大悉備的特質下，易學的內涵在與中土其他不同體系的思想不斷交流匯容下，其外延不斷擴大，陰陽、五行、圖書、天文、星相、爻辰、律曆、納甲、丹道、風水、命相、數術、地理、醫學、兵法、韻學……，無所不包，皆可援《易》以爲說。」參見洪梅珍：《李通玄及其華嚴學之研究》（高雄：高雄師範大學國文學系博士學位論文，2010年6月），頁145。

〔註81〕智旭：《周易禪解》卷1，《嘉興藏》冊20，頁396上。

智旭在闡釋《易經》時，常以心能造一切法、一切法不離心來說明《易》即吾人的不思議心，因此亦具有交易、變易的特色，與他於《大乘起信論裂網疏》所說的「不變隨緣，隨緣不變，互具互造，互入互融」〔註 82〕之義理相會通，此爲以特色相近而加以比附的說法；事實上，進而言之，更因《易經》與十方縱橫的森羅萬象相即的特色，而令事物具有無限的可能性，立基於此觀點，《易經》所闡述的精神與佛法的教義中所強調的無限可能性更加貼近，無論是天台圓教或華嚴宗引《大乘起信論》的「不變隨緣，隨緣不變」之義理皆然，因此智旭以佛闡易的立場相當穩固，其理甚明。

再者，筆者於本章第二節「《周易禪解》所引諸家論述的考證」中，已論及智旭《周易禪解》援引楊慈湖（撰著《楊氏易傳》）、楊誠齋（撰著《誠齋易傳》）等人的論述，智旭之所以引用彼等之言，實非隨機或偶然之作，藉此擴大融攝儒者的層面。誠如《四庫全書總目提要》所言：

> 考自漢以來，以老莊說《易》始魏王弼，以心性說《易》始王宗傳及簡。宗傳淳熙中進士，簡乾道中進士，皆孝宗時人也。顧宗傳人微言輕，其書僅存，不甚爲學者所誦習。簡則爲象山弟子之冠，如朱門之有黃幹。又歷官中外，政績可觀，在南宋爲名臣，尤足以籠罩一世。故至於明季，其說大行。紫溪蘇濬解《易》，遂以《冥冥篇》爲名，而《易》全入禪矣。夫《易》之爲書，廣大悉備，聖人之爲教，精粗本末兼該，心性之理未嘗不蘊《易》中，特簡等專明此義，遂流於恍惚虛無耳。〔註 83〕

據上所述得知，自漢朝以來，以老莊說《易》始自魏時王弼，而以心性說《易》則始自王宗傳及楊簡。王宗傳，在當時被視爲南宋以心解《易》的開啓者之一，其易學觀爲「重義理而不廢象數」。〔註 84〕至於楊簡，他則師承陸九淵，

〔註 82〕參見〔明〕智旭撰：《大乘起信論裂網疏》，《大正藏》冊 44，頁 423 上～中。

〔註 83〕〔清〕紀昀總纂：《四庫全書總目提要》，頁 84。

〔註 84〕王宗傳，南宋人，曾中進士，官韶州教授，著有《童溪易傳》，其學說繼承王弼義理派學統，主張「《易》乃假蓍龜之神發明入心之神」、「理即象」、「理寓數顯」、「數依理生」等重要觀念，中國學者姜穎總結其易學觀爲：「王宗傳主張《易》之象與數都是理的展現、以理爲根，突出了《易》之義理的優先性與根本性。《易》之理與儒家的德義之理是一脈相通的，《易》的占筮體系以告人吉凶爲原初功能，而以開顯人的德義之理爲終極目標。王宗傳的易學觀體現了當時儒者傳承華夏文明正統的學術旨歸。」參見姜穎：〈論王宗傳的易學觀〉，《周易研究》（2010 年第 6 期），頁 49～53。

當其師駕鶴西歸後，嘗撰〈象山先生行狀〉〔註 85〕，於文末凸顯「本心」的重要性；在楊簡的心目中，陸九淵與宇宙本體合一，一切天地鬼神與四時變化皆與其不相違背。陸九淵繼承了孟子學說〔註 86〕，遵循孟子「學問之道無他，求其放心而已矣」之教，其後發明以仁義爲「本心」之說，將人心的位置等同天理，遂爲心學主流。《陸九淵語錄》有言：「學茍知本，《六經》皆我註腳。」〔註 87〕上言「《易》之爲書，廣大悉備，聖人之爲教，精粗本末兼該，心性之理未嘗不蘊《易》中」，已充分說明瞭爲何可以心性之理來詮釋《易》，可從三方面來說：其一，《易》包羅宇宙一切事物，「心性」自然被包括涵蓋其中。其二，依陸九淵的本心之說，宇宙一切森羅萬象皆爲吾心之所化，《易》自亦成爲吾心之注腳〔註 88〕，吾心無有始終與邊際，而以心學旨趣來詮解《易》，又有何不可之處？其三，如前述二論點得知，心與《易》皆具有與諸法相即的特徵；因此，以心解易或以易解心，爲圓詮心性之學方法論的可行進路，甚爲諦當，殆無疑義。換言之，「心即是《易》、《易》即是心，心不異

〔註 85〕「偶一夕，簡發本心之問，先生舉是日扇訟是非以答，簡忽省此心之清明，忽省此心之無始末，忽省此心之無所不通。簡雖凡下，不足以識先生，而於是亦知先生之心，非口說所能贊述。所略可得而言者：日月之明，先生之明也；四時之變化，先生之變化也；天地之廣大，先生之廣大也；鬼神之不可測，先生之不可測也。欲盡言之，雖窮萬古，不可得而盡也。雖然，先生之心與萬古之人心一貫無二致，學者不可自棄。謹狀。……楊簡狀」。參見〔宋〕陸九淵：《陸九淵集》（北京：中華書局，2010 年），頁 387～395。

〔註 86〕牟宗三認爲東西方文化的差異之關鍵在於，儒家的「極高明而道中庸」，不但以道德的自覺心爲主體，更將天與主體結合在一起；儒家講形而上學，是基於道德。「在理學家中，朱子就把仁看成只是理、道，他不喜歡拿心來說仁。但是孔子明明是從心來說仁，講仁而不牽涉到心是不可能。……孔子從心之安不安來指點仁就是要人從心這個地方要有『覺』，安不安是心覺。仁心沒有了，理、道也就沒有了。因此仁就不只是理、道，仁也是心。…孟子就以心講性。孟子講性就是重視主體這個觀念。……除了《論語》、孟子以外，《中庸》、《易傳》也一樣講主體，《大學》也講主體。《中庸》講「愼獨」就是講主體，是從工夫上開主體。…這個愼獨是通過『天命之謂性』這個性體這個工夫夫來呈現。」參見牟宗三：〈第四講・儒家系統之性格〉，《中國哲學十九講》（臺北：臺灣學生書局，2002 年），頁 69～85。

〔註 87〕參見〔宋〕陸九淵：《陸九淵集》（北京：中華書局，2010 年），頁 387～395。

〔註 88〕陸九淵：「萬物森然於方寸之間，滿心而發，充塞宇宙，無非此理。孟子就四端上指示人，豈是人心只有此四端而已？又就乍見孺子入井皆有怵惕惻隱之心一端示人，又得此心昭然，但能充此心足矣。」「或問先生何不著書？對曰：『六經註我，我註六經。』」見〔宋〕陸九淵：《陸九淵集》（北京：中華書局，2010 年），頁 423、399。

《易》，《易》不異心」。

智旭以心性闡《易經》，良有以也，從他在《周易禪解》所引楊簡諸言得知其實循著楊簡以心性說《易》的腳步，再以天台圓教注重禪觀修證的進路提升方法論上的詮釋，賦與《易》新生命，實則亦提升一切有情的心靈層次。進而言之，智旭以天台圓教理圓詮《易》，揭顯吾人的「現前一念心」之中，其體具足了三千諸法，圓具即空、即假、即中的圓妙三諦。使《易》如日月昭著煥然、亦如覺者之智光普照於世，誠非虛語；有緣覽閱《周易禪解》者，而更能善觀此心不可思議，則《易》通部盡爲佛典精髓矣！職是之故，《周易禪解》亦不可思議！

第四章　智旭「現前一念心」思想探微

本章旨在釐清智旭於《周易禪解》所欲闡揚的「現前一念心」思想內涵，以《周易禪解》文本爲主，《靈峰宗論》等爲輔，將涉及「現前一念心」的論述內容進行耙梳、考察，並分析智旭「現前一念心」思想與中國佛教心性思想之關涉，進而證成智旭的「現前一念心」思想確實受到智顗創立的天台圓教「一念無明法性心」思想、法相唯識宗「虛妄唯識系」及華嚴宗「性起眞常唯心」等思想的影響；但又有別於天台、華嚴、唯識、禪的本說，主張性相圓融，以打破各家藩籬。

第一節　智旭「現前一念心」的源流、意涵與核心要義

智旭於《周易禪解》對「現前一念心」作如是解：

> 易書雖具陳天地事物之理，而其實切近于日用之間，故不爲遠。雖近在日用之間，而初無死法，故爲道屢遷。隨吾人一位一事中，具有十法界之變化，故變動不拘，周流六虛，界界互具，法法互融。故上下無常，剛柔相易。所以法法不容執著而唯變所適，唯其一界出生十界。十界趣入一界，雖至變而各有其度。故深明外內之機，使知兢業于一念之微。〔註 1〕

在《周易禪解》裡，智旭常將吾人隨著一念心的生起而趣入十法界中的一界，從吾人的一位一事中，又具有十法界的變化，因此使吾人所處的境界變動不拘，周流六虛，而界界互具、法法互融。換言之，吾人若能掌握自心幽微變

〔註 1〕智旭：《周易禪解》卷 9，《嘉興藏》冊 20，頁 461 下。

化的原理，即能通達一心具十法界，乃至一念三千之諸法實相的境界。

一、「現前一念心」探源

釋聖嚴曾於《明末中國佛教之研究》就智旭「現前一念心」的根源加以探究，他舉出五種資料來考究其源，分別是：

> 《大佛頂首楞嚴經》卷 2 的「現前生滅與不生滅。」及「我觀現前，念念遷謝，新新不住。」

逕觀《大佛頂首楞嚴經》卷 2 所言：「爾時，阿難及諸大眾聞佛示誨身心泰然，念無始來失卻本心，妄認緣塵分別影事，今日開悟如失乳兒忽遇慈母，合掌禮佛，願聞如來顯出身心眞妄虛實現前生滅與不生滅二發明性。」以及《大佛頂首楞嚴經》卷 2：「世尊！我此無常變壞之身，雖未曾滅，我觀現前，念念遷謝，新新不住，如火成灰，漸漸銷殞殞亡不息，決知此身，當從滅盡。」〔註 2〕察此兩段引文，皆爲指涉「現前」的時空概念，專指此時此刻、當下之意，強調就時間而言爲現在，就方所而言則指眼前所現，與時人常稱的「當下」之概念並無差異。釋聖嚴舉《大佛頂首楞嚴經》僅示 2 例，實則在《大佛頂首楞嚴經》裡，尚有 47 個例句，譬如《大佛頂首楞嚴經》卷 10：「阿難！如是十種禪那狂解，皆是行陰、用心交互故現斯悟，眾生頑迷不自忖量，逢此現前以迷爲解自言登聖，大妄語成墮無間獄。」及《大佛頂首楞嚴經》卷 10：「此是過去先佛世尊，奢摩他中毘婆舍那，覺明分析微細魔事，魔境現前汝能諳識，心垢洗除不落邪見，陰魔銷滅天魔摧碎，大力鬼神褫魄逃逝，魑魅魍魎無復出生，直至菩提無諸少乏下劣增進，於大涅槃心不迷悶。」〔註 3〕如前所述，整部《大佛頂首楞嚴經》的「現前」，俱指「現在眼前」之意。據上考察，智旭「現前一念心」的用法，確實受到《楞嚴經》的影響。

據釋聖嚴所說「現前一念心」的第二種來源爲：

> 《達摩大師悟性論》所言：「若一念心起，則有善惡二業，有天堂地獄；若一念心不起，即無善惡二業，亦無天堂地獄。」

《達磨大師悟性論》卷 1 續言：

〔註 2〕以上引文俱參見〔唐〕般剌蜜帝譯：《大佛頂首楞嚴經》卷 2，《大正藏》冊 19，頁 110 上。

〔註 3〕參見〔唐〕般剌蜜帝譯：《大佛頂首楞嚴經》卷 10，《大正藏》冊 19，頁 153 上、154 中。

> 無妄想時，一心是一佛國；有妄想時，一心是一地獄。眾生造作妄想，以心生心，故常在地獄。菩薩觀察妄想，不以心生心，常在佛國。若不以心生心，則心心入空，念念歸靜，從一佛國，至一佛國。若以心生心，則心心不靜，念念歸動，從一地獄，歷一地獄。若一念心起，則有善惡二業，有天堂地獄；若一念心不起，即無善惡二業，亦無天堂地獄。

《達磨大師悟性論》卷 1 又言：

> 貪爲欲界，嗔爲色界，癡爲無色界。若一念心生，即入三界；一念心滅，即出三界。是知三界生滅，萬法有無，皆由一心。凡言一法者，似破瓦石、竹木、無情之物。若知心是假名，無有實體，即知自家之心亦是非有，亦是非無。何以故？凡夫一向生心，名爲有；小乘一向滅心，名爲無；菩薩與佛，未曾生心，未曾滅心，名爲非有非無心。非有非無心，此名爲中道。是知持心學法，則心法俱迷；不持心學法，則心法俱悟。凡迷者迷於悟，悟者悟於迷。正見之人，知心空無，即超迷悟。無有迷悟，始名正解正見。〔註 4〕

以上兩段文句，主要是申明「一念心」的生滅、迷悟與入出三界的關涉，進而對凡夫、小乘、菩薩與佛對一念心的見解與行爲造作不同，於是有了凡聖之別。大致說來，智旭對於「現前一念心」的闡釋內涵，與《達磨大師悟性論》所說的相當吻合，因此釋聖嚴認爲智旭的「現前一念心」用法，與它有關，也是合理的推論。

釋聖嚴所說「現前一念心」的第三種來源爲：

> 《摩訶止觀》卷 5 之上說道：「若無心而已，介爾有心，即具三千，亦不言一心在前，一切法在後；亦不言一切法在前，一心在後。」

根據《摩訶止觀》卷 5 所言：

> 夫一心具十法界，一法界又具十法界（成）百法界，一界具三十種世間，百法界即具三千種世間，此三千在一念心，若無心而已，介爾有心，即具三千，亦不言一心在前一法在後，亦不言一切法在後。……今心亦如是。若從一心生一切法者。此則是縱。若心一時含一切法者。此即是橫。縱亦不可橫亦不可。秖心是一切法。一切法是心故。非縱非橫非一非異玄妙深絕。非識所識。非言所言。所

〔註 4〕參見《達磨大師悟性論》，《卍續藏》，冊 63，頁 6 下～7 上、頁 6 上～中。

以稱爲不可思議境意在於此（云云）。〔註5〕

釋聖嚴所例示的前兩種「現前一念心」的來源，第一種重點在於智旭承襲了《楞嚴經》的「現前」之用法，強調眼前所現、當下即是的概念；至於第二種重點在於智旭可能運用了《達磨大師悟性論》對於一念心的詮解方式。此處，則援引了《摩訶止觀》的「一念心」概念，來強化前兩種的說法，其立意相當明顯。

續分析釋聖嚴所說「現前一念心」的第四種來源爲：

《新華嚴經合論》卷1：「隱隱無邊刹境，自他不隔於毫端，十世古今，始終不移於當念。」

徵諸《華嚴經合論》卷1所言：「靈用普眼之法門，覩塵中之刹海，依正二報身土，交參因果兩門，體用相徹。以釋天之寶網彰十刹，以重重取離垢之摩尼明十身，而隱隱無邊刹境，自他不隔於毫端，十世古今，始終不移於當念。其爲廣也，以虛空；而爲量，其爲小也。」〔註6〕筆者以爲，聖嚴法師之所以認爲《華嚴經合論》的這段文句可能是「現前一念心」的來源之一，主要應是取其意境，若單從經文看來，並沒有明顯的線索，可資證成其推論。

以下所析論者，爲釋聖嚴認爲的「現前一念心」之第五種來源：

《宗鏡錄．序文》：「編羅廣義，撮略要文，鋪舒於百卷之中，卷攝在一心之內，能使難思教海，指掌而念念圓明，無盡眞宗，目睹而心心契合。〔註7〕

徵諸《宗鏡錄》卷1所言：

然雖標法界之總門，須辯一乘之別旨，種種性相之義。在大覺以圓通，重重即入之門，唯種智而妙達。但以根羸靡鑒，學寡難周，不知性、相二門，是自心之體用。〔註8〕

〔註5〕〔隋〕智顗説，灌頂記：《摩訶止觀》，《大正藏》第46冊，頁54上。

〔註6〕〔唐〕實叉難陀譯經，李通玄造論，志寧釐經合論：《華嚴經合論》，《卍續藏》冊4，頁12上。

〔註7〕參見釋聖嚴著，釋會靖譯：《明末中國佛教之研究》，頁509～512。

〔註8〕承上續言：「若具用而失恒常之體，如無水有波；若得體而闕妙用之門，似無波有水。且未有無波之水，曾無不濕之波。以波徹水源，水窮波末。如性窮相表，相達性原。須知體用相成，性相互顯。今則細明總別，廣辯異同，研一法之根元，搜諸緣之本末，則可稱宗鏡。以鑒幽微，無一法以逃形，則千差而普會，遂則編羅廣義。撮略要文，鋪舒於百卷之中，卷攝在一心之內，能使難思教海，指掌而念念圓明，無盡眞宗，目覩而心心契合。若神珠在手，

由於智旭曾對《宗鏡錄》做過整理、校勘的工作，因此引上永明延壽所述諸言，關涉到吾人一念心之性相的體用關係，說明得相當清楚，大抵上，智旭的說法與其並無差異。或許因爲此緣故，所以釋聖嚴才會認爲智旭的「現前一念心」思想明顯受到《宗鏡錄》的影響。〔註 9〕

釋聖嚴在列舉了上述五個文句推論現前一念心的來源之後，作出了結語：

> 此一思想的源流，是以《法華經》和《華嚴經》爲中心的。而智旭的「現前一念心」，固然是繼承天台大師之説，卻是依《起信論》的「一心眞如」説，甚至《楞嚴經》的「如來藏妙眞如性」説而構成的「即眞即妄、非眞非妄、亦眞亦妄、亦非眞亦非妄」之心説。這是因爲我們的第六意識，雖是刹那變異的妄心，正是妄心無體而體即眞如的。〔註 10〕

透過釋聖嚴對於「現前一念心」的詮釋，吾人可以了解它的內涵與源流之梗概。〔註 11〕智旭的「現前一念心」，除了繼承天台智者大師的論說內涵之外，

永息馳求。猶覺樹垂陰，全消影跡。獲眞寶於春池之內，拾礫渾非。得本頭於古鏡之前，狂心頓歇，可以深挑見刺，永截疑根。不運一毫之功，全開寶藏；匪用刹那之力，頓獲玄珠；名爲一乘大寂滅場，眞阿蘭若正修行處，此是如來自到境界，諸佛本住法門。」參見〔宋〕吳越永明延壽集：《宗鏡錄》，《大正藏》冊 48，頁 416 下～上。

〔註 9〕《靈峰蕅益大師宗論》卷 1：「靈峰蕅益大師自傳，成於壬辰臘月。次年癸巳，老人五十五歲，夏四月入新安，結後安居，於歙浦天馬院，著選佛譜，閱宗鏡錄，刪正法涌，永樂法眞諸人所竄雜説引經論之誤，及歷來寫刻之訛，於三百六十餘問答，一一定其大義，標其起盡。閱完，作校定宗鏡錄跋四則。」參見智旭：《周易禪解》卷 1，《嘉興藏》冊 20，頁 461 下。

〔註 10〕釋聖嚴著，釋會靖譯：《明末中國佛教之研究》，頁 512～513。

〔註 11〕由於釋聖嚴舉了有關智旭「現前一念心」可能的來源，只舉了五個例子，因此筆者嘗試以電子佛典（CBETA2011 版）來搜尋「現前一念心」的關鍵字，藉以釐清釋聖嚴說法的正確性。以不同的關鍵字搜尋，得到的結果分別爲：「念」爲關鍵字，計得 306476 筆資料；「一念」爲關鍵字，計得 30184 筆資料；「心」爲關鍵字，計得 989454 筆資料；「一心」爲關鍵字，計得 37371 筆資料；「一念心」爲關鍵字，計得 1697 筆資料；「現前一念」爲關鍵字，計得 486 筆資料，「現前一念心」爲關鍵字，計得 119 筆資料。再細將「現前一念心」的 119 條資料逐一檢閱，經筆者的考察發現，只有如上已引述的幽溪沙門傳燈和南撰的《淨土生無生論會集》所出現過的僅有 1 項爲非智旭所援引的資料，其餘的 118 次言說皆出自智旭。《淨土生無生論會集》爲「明天台山幽溪沙門傳燈和南撰，清紅螺山資福比丘達默和南集，清紅螺山資福沙門達林和南訂」，爲求謹愼，再取幽溪所撰《淨土生無生論》，查閱的結果僅得《淨土生無生論》卷 1 言：「法界圓融體，作我一念心，故我念佛心，全體是法界。」

亦依《大乘起信論》的「一心眞如」之說，甚至也揉合了《楞嚴經》的「如來藏妙眞如性」說法而構成其說。此處說明吾人的第六意識，雖爲刹那變異的妄心；此妄心雖無體，然而其體即眞如。徵諸智旭《靈峰宗論》卷第 3 之 1 所言：

> 台宗觀一念識心，即不思議境者。以圓解之人，既達如來藏性，故即流是源也。若謂專用六識，是以攀緣爲自性，乃生死根本，正《楞嚴》所訶。猥云懸合，不幾謗止觀邪。……台宗云，觀心若起，本跡俱絕。從此方能斷惑證理，安立位次。若六識明知位次，便屬法塵分別影事，何名圓頓法門。既留心台教，藉爲保人，未識保人作何面孔，能決定相保邪。果然識得保人，管取亦能自保。〔註 12〕

智旭於上語說明：天台宗係以觀吾人的一念陰妄之心即不思議境爲作觀的方法，若能圓解此理，便知曉如來藏性，得而就路還家，知此一念識心之流與源頭並無二致，同屬如來藏性之法流。智旭以保人作保譬喻，吾人藉一念識心爲保人，若能識得保人的廬山眞面目，怎能輕易將寶物委託保人作保呢？若一旦識得保人，才能決定要他人作保或自己保管取用。

由於智旭撰有《妙法蓮華經玄義節要》，而「現前」一詞出現於《妙法蓮華經玄義》計有 7 次，出現於《妙法蓮華經玄義節要》則有 3 次，因此筆者以爲，若將《妙法蓮華經玄義》的例句作爲「現前一念心」的來源之一，似更爲恰當。誠如《妙法蓮華經玄義》所言：

> 《華嚴》云：「初住菩薩所有功德，三世諸佛歎不能盡。若具足說，凡人聞，迷亂心發狂。」私謂：初住成就十德，應是十信中十法，轉似爲眞，一住具十。細意尋之，對當相應。何者？十信百法爲一切法本，豈不得作此釋耶？初住既爾，三觀現前，無功用心，斷法界無量品無明，不可稱計。〔註 13〕

上引諸言中的「初住既爾，三觀現前，無功用心，斷法界無量品無明」語句，強調吾人能觀的心對所觀境作觀爲「現前」的狀態，與「現前一念心」所要

經再三檢索的結果並無「現前一念心」一詞完整的出現，因此推論《淨土生無生論會集》雖署名爲〔明〕天台山幽溪沙門傳燈和南撰，事實上，會集中所出現過的「現前一念心」一詞當爲編輯校訂者所加上的，於是可以證實「現前一念心」確爲智旭所獨創，至此眞相大白。

〔註 12〕參見智旭：《靈峰宗論》卷第 3 之 1，《嘉興藏》冊 36，頁 302 中。

〔註 13〕〔隋〕智顗說：《妙法蓮華經玄義》卷 5，《大正藏》冊 33，頁 734 上。

凸顯的「現前」概念，兩者並無差別。

綜上所述，智旭「現前一念心」思想之所本，固然承傳自天台，但其後說與天台本說有出入之處，甚至智旭自己不敢冒認天台師承，而只是私淑天台而已，他本身也相當憂慮其「現前一念心」的內涵被視爲與山外派同屬一丘之貉，必然引來天台山家派基於守護祖庭的立場之下大加韃伐，而飽受責難與質疑。

二、《周易禪解》之「現前一念心」意涵

在《周易禪解》中雖提及「現前一念心」不多，然而智旭以「現前一念心」貫串全書論旨之意甚明。智旭以「現前一念心」作爲全書所出現的「心性」、「心心」、「一念心」、「心體」、「一念菩提心」等詞的中心思想，證諸《周易禪解》與《靈峰宗論》等書所論尤能呈顯此旨。舉其要者，臚列如下，並就其對「現前一念心」所賦予的詮釋意義加以分類，從「聚類以觀」的分析進路，以獲知智旭「現前一念心」的意涵。

《周易禪解》卷 1：

> 生生之謂易，指本性易理言也。依易理作易書，故易書則同理性之廣大矣。言遠不禦，雖六合之外，可以一理而通知也。邇靜而正，曾不離我現前一念心性也。天地之間則備，所謂徹乎遠邇，該乎事理，統乎凡聖者也。〔註 14〕

智旭主張：由於吾人的現前一念心性冥符本性中的易理，此易理從效法天地萬物而建立，藉卦爻陰陽的易書來闡釋它（易理）。易知簡能的易學，可透過玩味卦爻的陰陽而通達其理，進一步經由對易理的體悟而了解天地萬物生成變化之道。智旭揭示「由天地萬物而爲易書，由易書而成易學，由易學而契易理。」〔註 15〕若依天地萬物→易書→易學→易理的順序而言，吾人可理解此爲解釋宇宙生成的原理；換言之，易理爲造化之源，有了易理才有鑽研此理之學，也才有闡釋此學理之書——《易經》，透過《易經》可逆推天地萬物生、住、異、滅的法則。以佛理而言，吾人的現前一念心具十法界，界界互

〔註 14〕續言：「易書不出乾坤，乾坤各有動靜，動靜無非法界，故得大生廣生而配于天地。既有動靜，便有變通以配四時。隨其動靜，便爲陰陽以配日月。乾易坤簡以配至德，是知天人性修境觀因果無不具在易書中矣。」參見智旭：《周易禪解》卷 8，《嘉興藏》冊 20，頁 454 下。

〔註 15〕參見智旭：《周易禪解》卷 8，《嘉興藏》冊 20，頁 452 下。

具互造，互入互融，猶如易理生化宇宙萬物般，天地之間的萬事萬物皆備於易理之間，貫徹遠近，該羅一切事理，統攝一切凡夫與聖者；很明顯地，智旭確實將吾人的現前一念心等同吾人本性之中本具之易理。筆者以爲，由於「現前一念心」與「易理」同爲生化的樞機，智旭將「現前一念心」等同「易理」，如此的詮解方式，並無不當之處，且確實有相通之處。

據上論，智旭認爲「現前一念心」具有等同「易理」的內涵，由此意延伸的意蘊，可見於《周易禪解》卷 9：

> 此直明聖人作《易》，包天地萬物之理，而爲內聖外王之學也。蓋自八卦成列，而天地萬物之象已皆在其中矣。……夫吉凶悔吝，皆由一念之動而生者也。一念之動，必有剛柔以立其本。一剛一柔，必有變通以趨于時。得其變通之正者則勝，不得變通之正者則負。故吉之與凶，唯以貞勝者也。此《易》中示人以聖賢學問，全體皆法天地事理，非有一毫勉強。……此易簡之理，正所謂千變萬化而貞夫一者也。爻即效此易簡，象即像此易簡。苟吾心之爻象一動乎內，則事物之吉凶即現乎外。吉可變凶，凶可變吉。得此善變之方，乃見裁成輔相功業。而聖人所以教人之眞情，則全見乎卦爻之辭，所應深玩細觀者也。是故生生之謂易。而天地之大德，不過此無盡之生理耳！〔註 16〕

上述可視爲對易理的補充註解，強調聖人作《易》與八卦，實已包括天地萬物之理，而吉凶悔吝，往往皆由一念之動而產生。當吾人心之爻象一動乎內，則事物之吉凶即現乎外，此即陰陽交感的原理；內在的心念一動，即感召了外在事物的吉凶。又，一念之動，必有剛柔以立其本；所謂的剛、柔正是陽、陰的表徵。換言之，由卦爻辭可以逆推而知吾人的心念變化。《周易禪解》卷 8 亦言：

> 夫爻也者，不過是聖人見天下之動，而觀其會通，以行其典禮，繫辭焉以斷其吉凶者也。是以卦可極天下之賾，辭可鼓天下之動，變可盡化裁之功，通可極推行之妙。此終非書之所能盡言，亦非言之所能盡意也。神而明之，必存乎其人。而默而成之，不言而信，又必存乎德行耳。德行者，體乾坤之道而修定慧，由定慧而徹見自心

〔註 16〕參見智旭：《周易禪解》卷 9，《嘉興藏》冊 20，頁 459 上。

之易理者也。〔註 17〕

上言《易》無法道盡一切，因此古聖人才透過觀爻而後繫辭，以斷吉凶。《易》欲達神而明之的境界，必端賴人的發揚光大，方見底蘊；能默而成之，不言而信的要素，則在於德性的涵養。智旭認為，所謂的有德行者，須憑藉著體悟乾坤陰陽之道而修定慧，由定慧而徹見自心之易理者。換言之，此處所說的具德性者，正是指涉天地之大德，使無窮無盡的生生不息之理得以闡明而已，最終還是無所得，方名大德。

在《周易禪解》裡，「現前一念心」等同「易理」的說法，除了上述之外，又見於：《周易禪解》卷 8：「夫期歲之日、萬物之數，總惟大衍之數所表。大衍不離河圖，河圖不離吾人一念妄動。則時劫萬物，又豈離吾人一念妄動所幻現哉？」〔註 18〕以及《周易禪解》卷 9 所言：「本法天地身物以作八卦，既作八卦，遂能通神明之德于一念，類萬物之情于一身。」〔註 19〕和《周易禪解》卷 8：「一變必從四營而成。以表一念一法之中，必有生住異滅四相。三變成爻，以表爻爻各具三才之道。六爻以表三才各有陰陽。十八變以表三才各各互具而無差別。」〔註 20〕此處所徵引自《周易禪解》的文句，其共同點皆在於闡發現前一念心的義理，例如藉以推演吉凶禍福的大衍之數不離河圖，而河圖與時劫萬物則不離吾人的現前一念心；上古聖人師法天地、身物以作八卦，八卦既成，則能通神明之德於吾人的現前一念心。再者，當以蓍草卜筮以求得四營之數成卦時，因吾人一念之中必有生住異滅四相，故以四營表法。智旭在解釋山天大畜卦時，主張一山之中具有天之全體，從而詮解吾人的一念心之中無不涵攝十世古今，在在將現前一念心與本具之易理相互呼應。因此智旭強調：「易理不亂，太極不亂，陰陽不亂，則天下之至動亦何可亂乎？」之理〔註 21〕，呼籲吾人必須珍視太極陰陽之本具易理，捨棄它，

〔註 17〕參見智旭：《周易禪解》卷 8，《嘉興藏》冊 20，頁 458 下。

〔註 18〕參見智旭：《周易禪解》卷 8，《嘉興藏》冊 20，頁 456 中。

〔註 19〕參見智旭：《周易禪解》卷 9，《嘉興藏》冊 20，頁 459 中。

〔註 20〕參見智旭：《周易禪解》卷 8，《嘉興藏》冊 20，頁 456 中。

〔註 21〕「夫天下之物雖至賾，總不過陰陽所成。則今雖言天下之至賾，而安可惡。若惡其賾，則是惡陰陽。惡陰陽，則是惡太極。惡太極，則是惡吾自心本具之易理矣！易理不可惡，太極不可惡，陰陽不可惡，則天下之至賾亦安可惡乎？夫天下之事雖至動，總不出陰陽之動靜所為。則今雖言天下之至動，而何嘗亂？若謂其亂，則是陰陽有亂，太極有亂，吾心之易理有亂矣！易理不亂，太極不亂，陰陽不亂，則天下之至動亦何可亂乎？是以君子當至賾至動

無異於自我放棄、自甘墮落。

智旭在《周易禪解》裡，對於卜筮原理的析理甚爲明朗，並將卜筮之所以能準確地洞悉事件的來龍去脈，其關鍵正是「現前一念心」，誠如《周易禪解》卷 8 所言：

> 夫觀象玩辭觀變玩占者，正以辭能指示究竟所趨之理故也。易辭所以能指示極理者，以聖人作《易》，本自與天地準，故能彌合經綸天地之道也。聖人之作《易》也，仰觀天文，俯察地理。知天文地理之可見者，皆是形下之器，其事甚明。而天文地理所以然之故，皆不出于自心一念之妄動妄靜。動靜無性，即是形上之道。其理甚幽。此幽明事理，不二而二，二而不二。惟深觀細察乃知之也。〔註 22〕

上段文句，重點在於：聖人仰觀天文，俯察地理以作《易》，天文、地理人人得而見之，乃屬形下之器，因此其事理甚爲明朗；然而，推究天文、地理之所以然，實則皆不出于吾人自心一念與妄動、妄靜所觀察而得。誠哉斯言！誠如永明延壽禪師《心賦注》卷 4 所述：「《唯識論》云：且如一水，四見成差；天見是寶嚴地，人見是水，餓鬼見是火，魚見是窟宅。」〔註 23〕同樣的

中，能善用其擬議。擬議以成變化，遂能操至賾至動之權。」參見智旭：《周易禪解》卷 8，《嘉興藏》冊 20，頁 454 下。夫天下之物雖至賾，總不過陰陽所成。

〔註 22〕續言：「原其所自始，則六十四始于八，八始于四，四始于二，二始于一。一何始乎？一既無始，則二乃至六十四皆無始也。無始之始，假名爲生。反其所以終，則六十四終只是八，八終是四，四終是二，二終是一，一終是無。無何終乎？無既無終，則一乃至六十四亦無終也。無終之終，假名爲死。由迷此終始死生無性之理，故妄于天地間攬精氣以爲物，游魂靈以輪迴六道而爲變。是故知鬼神之情狀也。聖人既如此仰觀俯察，乃至鬼神之情狀皆備知已，然後作《易》。所以《易》則與天地相似，故不違也。依《易》起知，知乃周乎萬物，而道濟天下，故不過也。依《易》起行，行乃旁行而不流，樂天知命，故不憂也。」此段文句旨在說明陰陽鬼神變化之道與易數原始返終之理，智旭巧妙地以佛法詮釋易理，做了一番精彩的闡釋，將一→二→四→八→六十四→三八四→無窮無盡的生化原理闡明殆盡；若明此理，依《易》起知而行，自然能夠寡過無憂。參見智旭：《周易禪解》卷 8，《嘉興藏》冊 20，頁 453 下。

〔註 23〕續言：「故知前塵無定相，轉變由人。如云：境隨業識轉，是故說唯心。《識論》云：『身不定如鬼者，或見猛火，或見膿河等，實是清河，無外異境；然諸餓鬼，悉皆同見膿滿河而流，乃至慳悋業熟同見此。若由昔同業，各熏自體，此時異熟，皆並現前。彼多有情，同見斯事，實無外境，爲思憶故。』準其道理，世間亦然。共同造作，所有熏習成熟之時，更無別相，色等相，

水，天人所見猶如珍寶莊嚴之地，人眼所見為水，餓鬼所見為火，魚兒所見則為可供棲息、優游的洞窟。此處適足以說明天文、地理亦不出「現前一念心」的範疇，一切境界無非唯心所現。

在《周易禪解》之中，揭示現前一念心的意涵者，另可見於卷 9 所言：

> 萬物皆出乎震，況為聖為賢，成佛作祖，獨不出乎震邪？萬物皆齊乎巽，而三業可弗齊邪？萬物皆相見乎離，而智慧可弗明邪？萬物皆養于坤，而躬行可弗履踐實地邪？萬物皆說乎兑，而可無法喜以自娛，可無法音以令他喜悅邪？陰陽相薄，即表魔佛攸分。萬物所歸，正是勞賞有功之意。自既成終，則能成物之始，自覺覺他之謂也。約觀心者，一念發心為帝，一切諸心心所隨之。乃至三千性相，百界千如，無不隨現前一念之心而出入也。〔註 24〕

據上引文句所述，若能一念發心為帝、成就無上正等正覺，則一切諸心與心所必然隨之而起妙用，乃至三千性相、百界千如，無不隨吾人的現前一念之心而出入其間。

上言提及吾人現前一念心所具之諸「心」與「心所」，略解如下。眾所周知，智旭的「現前一念心」思想，存在著濃濃的性相融合的興味，廣引眾說以證成其圓融思想。智旭深深以為性相不應互斥、分河飲水，因為妙性具足染淨功能，所以能隨諸相轉而遍達諸相，諸相皆與本來心性具有空如無自性的特質，因此諸相即成事事無礙法界。智旭認為，天台宗遽談實相，每每從必百界千如而談，然而，五位百法不就是百界千如的性相嗎？百界千如，既

分從識而生。是故定知，不由外境，識方得起。現見有良家、賤室、貧富等異，如是便成見其色等，應有差別。同彼餓鬼見成非等，然諸餓鬼雖同一趣，見亦差別，由業異故，所見亦然。彼或有見，大熱鐵圍，融賨迸濆；或時見有屎尿橫流，非相似故。或有雖同人趣，薄福之人，金帶現時，見為鐵鑲；或見是蛇，吐其毒火。是故定知，雖在人趣，亦非同見；但唯識變，法無差別。如先德云：人水鬼火，豈在異方，毛海芥山，誰論巨細，一塵一識，萬境萬心矣！又襄邑縣有賴鄉，鄉中有廟，廟有九井。若齋潔入祠者，汲水則溫清；若濫濁入祠者，汲水則混濁。又漢時鄭弘，夜宿郊外一川澤，忽逢故友，四顧荒榛，沽酒無處，因投錢水中，各飲水而醉。故知：境隨業識而轉，物逐情感而生；若離於心，萬法何有？」筆者以為，此處所申論之理，充分說明了萬法唯心造與唯識無境之理。同一物，各界、甚至同界，所見殊異，此亦關涉到業力因果牽纏所致。參見〔宋〕永明延壽述：《心賦注》卷 4，《卍續藏》冊 63，頁 143 中～下。

〔註 24〕參見智旭：《周易禪解》卷 9，《嘉興藏》冊 20，頁 463 下。

然皆為實相，難道五位百法獨被排除於實相之列？如果能夠透過五位百法鉅細靡遺地分析，眞、俗、假、實之相及種子、現行的差別所在，徒論一假一切假的話，不免陷入儱侗的思維方式。智旭引《成唯識論》卷 2 中的護法四分說：「又心、心所，若細分別，應有四分。三分如前，復有第四證自證分。此若無者，誰證第三？心分既同，應皆證故。又自證分，應無有果，諸能量者，必有果故。不應見分是第三果，見分或時非量攝故，由此見分不證第三。證自體者必現量故。」〔註 25〕唯識學對於心識與心所的結構，有難陀的二分說、陳那的三分說及護法的四分說。現以護法的四分說為例說明，何謂四分？即見分、相分、自證分、證自證分。心識與心所的認識作用（即能緣，又稱作見分）與認識對象（所緣，又稱作相分），當「見分」與「相分」起作用時，以「自證分」為主體，以記憶自己的現行活動，透過直覺認識方式的「證自證分」能夠證知作為主體的自證分。茲將上論，圖示如下：

護法界定心識與心所結構的「四分說」			
相分 A	見分 B	自證分 C	證自證分 D
識與心所的認識對象（所緣）	心識與心所的認識作用（能緣）	「見分」與「相分」的主體，可記憶自己的現行活動。	透過直覺認識方式證知自證分。
外在的應用		內部的主體	
被認取的對象	既是被認取的對象，亦為能認取的主體。		
A 只能作為被認取的對象	B 只認取 A 方法：①正確②錯誤③直覺④邏輯	C 能認取 B、D	D 只能認取 C，其餘不可。
被認識的對象	能認識的作用	直覺認識	直覺認識

智旭舉一看花之例說明：「……於百萬人天中，隨拈一人相分時，必攝一切諸人相分。於眼等識中，隨拈一識相分時，必攝餘諸識相分。重重無盡，無盡重重，是可思議邪？不可思議邪？一華既爾，物物皆然，色塵既爾，六塵皆然。相分有質尚爾，見分寧獨不然？見分通三量尚爾，自證證自證分唯現量，豈反不然？後世弘相宗者，何為自設藩域，曾弗一深思也。」〔註 26〕上文主要在說明《入楞伽經》：「由自心執著，心似外境轉，彼所見非有，是

〔註 25〕護法等造，〔唐〕玄奘譯：《成唯識論》卷 2，《大正藏》冊 31，頁 10 中。
〔註 26〕參見智旭：《靈峰宗論》，《嘉興藏》冊 36，頁 362 上。

故說唯心。」〔註27〕意即：「由於自心的執著，心中因受外境的影響而生起實在的相，實際上所見的相並不存在，因此說境非有，而唯有心的作用。」智旭峰迴路轉地廣說唯識，不外想要證成一切法不離吾人的「現前一念心」，強調修習性宗而不修習相宗者，必然矇盰；而修習相宗卻不修習性宗者，必然膠滯。天台南嶽慧思大禪師得無師智，著有《大乘止觀》一書，闡揚性相的幽微祕密。智旭主張，若欲一窺「現前一念心」的堂奧，當知《成唯識論》，如此對於性學當有大裨益，得探性相源頭，實不離吾人的「現前一念心」，不但三乘十二分教，皆爲吾心識的註腳，更與馬鳴菩薩、天親菩薩同一鼻孔出氣，觀心要訣無異盡在掌中。〔註28〕智旭分析唯識學的「三性」，將觀心要訣運用在隨文會理，先將無始以來的名言、戲論、我法等習氣鏟除，則眞空之理自顯，如此則能了悟遍計所執性爲無，依他起性及圓成實性則有。徵諸智旭所言：「圓成實者，唯識實性，名中道第一義諦。依他起者，唯識假相，名爲俗諦，此二皆非實我實法，但眾生遍計執情名爲我法，我法本空，名爲眞諦。三諦不一異，不縱橫。眞中爲理如水，俗諦爲事如波。藏通二教，僅詮眞理，以六凡爲俗。別圓二教，正詮中理，以十界爲俗。先於現前一念心性，達三諦已，則知一代教法或頓詮此心性，或漸詮此心性，或詮心性少分，或詮心性全體，不啻持一鑰開眾鎖也，豈於千經萬論興望洋之歎哉。」〔註29〕筆者試將上語圖示如下：

<table>
<tr><th colspan="3">唯識三性</th></tr>
<tr><td>遍計所執性</td><td>依他起性</td><td>圓成實性</td></tr>
<tr><td>我法本空</td><td>假相</td><td>唯識實性</td></tr>
<tr><td>眞諦</td><td>俗諦</td><td>中道第一義諦</td></tr>
<tr><td>理，如水</td><td>事，如波</td><td>理，如水</td></tr>
<tr><td>藏通二教，僅詮眞理，以六凡爲俗</td><td colspan="2">別圓二教，正詮中理，以十界爲俗</td></tr>
<tr><td colspan="3">現前一念心性</td></tr>
</table>

據上意，無論藏通別圓化法四教，有的以頓悟的方式來詮解此心性，有的以漸悟的方式來詮解此心性，也有的只詮解了心性的一小部分，有的則詮解了

〔註27〕參見智旭：《成唯識論觀心法要》，《卍續藏》冊51，頁327上。
〔註28〕參見智旭：《靈峰宗論》，《嘉興藏》冊36，頁361下～363下。
〔註29〕參見智旭：《靈峰宗論》，《嘉興藏》冊36，頁295中。

心性的全體，若能如此整體來理解這現前一念心，不啻持有了一把能開眾鎖的寶鑰，千經萬論的義理自明。

透過上論，既知現前一念心的妙用，又要如何下手呢？智旭詮解《中孚》卦時，論曰：

> 初九。虞吉。有他不燕。
>
> 《象》曰：初九虞吉，志未變也。
>
> 君子戒慎乎其所不睹，恐懼乎其所不聞，皆是向一念未生前下手，即本體即功夫，即功夫即本體。故能遯世不見知而不悔，而天地位焉，萬物育焉。所謂闇然而日章者也。纔起一念，則名爲他，則志變而不燕矣。小人而無忌憚，行險徼倖，皆從此一念構出，可不虞之于初也哉？中孚以天地萬物爲公。若專應六四，便名有他。〔註 30〕

智旭主張：君子戒慎恐懼的愼獨功夫，若能從吾人現前一念將生、未生前下手，則此舉「即本體即功夫，即功夫即本體」；換言之，以吾人的現前一念心爲能觀的心與所觀的境。大人與小人，豈能離開現前一念心的織造？因此，所思所念，必以契符天地萬物之中道，方能親炙眞理的境界，而成就君子的品味。

智旭於《周易禪解》中續對「現前一念心」的意涵分析言：

> 吾人現在一念心性亦復如是，不在內、不在外，不在中間，不在過去、不在現在、不在未來，覓之了不可得，可謂至虛。……夫十方三世之情執本虛，而心體眞實，決不可謂之虛。天地萬物之理體本實，而相同幻夢，決不可謂之實。是故柔與剛非二物，內與中非二處也。知乎此者，方可名貞，方可涉川，方信及豚魚而吉矣。〔註 31〕

依智旭的見解看來，一切之情執本虛，猶如幻夢，自然爲虛；而人的心體與天地萬物的理體，則爲眞實。智旭如此詮解心體與理體，很自然地讓人聯想到《楞嚴經》關於心性的論述。如《楞嚴經》所言：

> 佛言：「善哉，阿難！汝等當知，一切眾生從無始來生死相續，皆由不知常住眞心性淨明體，用諸妄想，此想不眞故有輪轉。」〔註 32〕

《楞嚴經》所謂的「心體」是指「常住眞心性淨明體」，是屬於佛性思想中的

〔註 30〕參見智旭：《周易禪解》卷 7，《嘉興藏》冊 20，頁 449 中。

〔註 31〕智旭：《周易禪解》卷 1，《嘉興藏》冊 20，頁 449 上。

〔註 32〕〔唐〕般剌蜜帝譯：《大佛頂首楞嚴經》，《大正藏》冊 19，頁 106 下。

眞常唯心系，但智旭所指涉的「現前一念心」又不完全與之相同，有時會讓人家覺得他比較傾向主張這個說法。

釋聖嚴曾對「現前一念心」下了定義：

> 原則上，智旭的現前一念心與《摩訶止觀》的介爾一心，同樣是當下第六意識的剎那變異妄念心。天台大師的介爾心，是當下一念心之中，具足十法界的性質。這就是所謂十界互具之心，又是具足三千性相之心。〔註33〕

據上言所述，其意爲智旭的「現前一念心」與智顗的「介爾一心」所指涉皆爲「當下第六意識的剎那變異妄念心」，此爲相同的部分。在《佛說仁王般若波羅蜜經》中提到，「九十剎那爲一念，一念中一剎那經九百生滅，乃至色一切法亦如是。」又強調到達了初地的一念心，具足了八萬四千般若波羅蜜，即與摩訶衍（大乘）之名相符、能夠運載無量使令眾生成佛。〔註34〕據上義，一念心便有了「在極爲短暫的時間生滅」的特性。

智旭於《教觀綱宗》曾提及，「名字即佛者，聞解也；了知：一色一香，無非中道。理具、事造，兩重三千，同在一念；如一念、一切諸念，亦復如是；如心法、一切佛法及眾生法。亦復如是。」〔註35〕此處所論及的觀點，著重於「一念一切諸念」的遍在性特性，因此對於以上智旭的「現前一念心」是否具「十界互具」、「一念三千」的特性的設問，應可得到肯定的答案。

經由上述的討論，吾人可以獲知「現前一念心」具有三義：一、剎那變異的妄念心；二、在極爲短暫的時間生滅；三、具有「一念三千」的遍在性。

〔註33〕參見釋聖嚴著，釋會靖譯：《明末中國佛教之研究》，頁512～513。

〔註34〕「大王！摩訶衍見非非法，法若法非非法，是名非非法空。法性空，色、受、想、行、識空，十二入、十八界空，六大法空，四諦、十二緣空。是法即生即住即滅，即有即空，剎那剎那亦如是法生法住法滅。何以故？九十剎那爲一念，一念中一剎那經九百生滅，乃至色一切法亦如是。以般若波羅蜜空故，不見緣，不見諦，乃至一切法空，內空、外空、內外空、有爲空、無爲空、無始空、性空、第一義空、般若波羅蜜空、因空、佛果空、空空故空。但法集故有，受集故有，名集故有，因集故有，果集故有，十行故有，佛果故有，乃至六道一切有。善男子！若有菩薩見法眾生我人知見者，斯人行世間，不異於世間。於諸法而不動不到不滅，無相無無相，一相法亦如也，諸佛法僧亦如也，是即初地一念心，具足八萬四千般若波羅蜜，即載名摩訶衍，即滅爲金剛，亦名定，亦名一切行。如光讚般若波羅蜜中說。」參見〔後秦〕鳩摩羅什譯：《佛說仁王般若波羅蜜經卷上》，《大正藏》冊8，頁826上。

〔註35〕智旭述：《教觀綱宗》，《大正藏》冊46，頁941中

除此之外，智旭更具體地對現前一念心提出說明。他說，透過觀照「現前一念心」的眞諦，才能使慈悲與智慧恒相感應。又言：

> 此一念心，不在內外中間，不在去來現在，非青黃赤白，非長短方圓，欲言其有，毫無朕跡，欲言其無，不可斷滅。三世諸佛所證，證此也，一切眾生所迷，迷此也。證時不增，迷時不減。故曰，心佛眾生，三無差別。……佛及眾生，總不出我現前一念心性。……一切時中觀心爲主，讀誦了義大乘而助顯之，勤修種種福德而資發之。勿令此心墮在無記不善境界，勿貪世閒文字詩詞而礙正法，……百劫千生，大事因緣，只在現前一念。此念若正，無不是正。此念若邪，無不是邪也。〔註36〕

智旭說明此「現前一念心」就有形體的色及無形體的性，皆無其存在的方所。若言有，其蹤跡何在？若言無，又無法斷除、消滅。以時間而論，既不存在於過去，也不存在現在，在未來亦不見其蹤影；以顏色而論，非青、黃、赤、白；以形體論，則非長、短、方、圓所能比況。三世諸佛所體證與一切眾生所迷失的，取決於此一念心的迷悟之間，既然如此，悟此現前一念心性即成佛、迷此現前一念心性即成眾生，其理甚明。

三、智旭「現前一念心」之核心要義

智旭對於「現前一念心」精義的掌握要領，證諸其言：

> 佛法貴精不貴多。精貫多，多不能專精，故提綱挈領之道，不可不急講也。綱領者，現前一念心性而已。心性不在內外中間，不屬過現未來，不可以色聲香味觸法求，不可以有無雙亦雙非取。心性既爾，一切法性亦如是。〔註37〕

據上言之意，此現前一念心性即爲一切佛法的綱骨、要領，由於心性與法性皆具有需依因待緣、空如無自性的特性，因此若知兩者的要義，即明白現前一念心性的重要性。智旭進一步分析：

> 故曰，因緣所生法，即空即假即中。中者性體，空者性量，假者性具也。迷此性量，名見思惑，迷此性具，名塵沙惑，迷此性體，名無明惑。三惑皆迷中翳妄，非有實體，故三觀起，三惑隨消。由吾

〔註36〕智旭：《靈峰宗論》卷2之5，《嘉興藏》冊36，頁296上～中。
〔註37〕智旭：《靈峰宗論》卷2之5，《嘉興藏》冊36，頁295中。

人迷有厚薄，致如來教有頓漸。是知頓漸諸教，皆爲了悟心性而設，若了心性，教綱在我不在佛矣。〔註 38〕

筆者試將上語，以表列的形式加以輔助說明：

因緣所生法		
即空	即假	即中
性量	性具	性體
迷爲見思惑	迷爲塵沙惑	迷爲無明惑

智旭於《靈峰宗論》中，對於上述空、假、中三諦及見思惑、塵沙惑、無明惑三惑，以唯心淨土來說明，如言：「經云，若欲淨土，先淨其心，隨其心淨，則佛土淨。此事理因果並彰之旨，自他權實不二之談也。而昧者一迷緣影爲心，決定惑爲色身之內，不知色身外洎山河虛空大地，咸是妙明眞心中所現物。是故西方極樂世界，即唯心淨土，現在樂邦教主，即自性彌陀。」智旭所引經證言「心淨即佛土淨」，此具見於《維摩詰所說經》所言：「是故寶積！若菩薩欲得淨土，當淨其心；隨其心淨，則佛土淨。」〔註 39〕上述諸言皆明白指出，三諦及三惑的關鍵在於心的迷悟。智旭對此，別有一番見解：

《四明妙宗鈔》云，應佛顯，本性明。托外義成，唯心觀立。豈似愚人，妄認六塵緣影爲自心相，遂置十萬億剎於心性之外哉。顧惟現前一念心性，覓不可得，是即空義。炳現萬法，是即假義。心外無法，法外無心，是即中義。迷心即空，名見思惑，迷心即假，號塵沙惑，迷心即中，稱無明惑。三惑既熾，四土斯穢。今一心念佛，不計我我所，即空義顯。隨念佛時，佛隨心現，便知十界皆惟心造，即假義顯。不惟是心作佛，亦且是心是佛，即中義顯。一心三義既顯，便能圓破三惑，圓淨四土，仍於無次第中，假說次第。觀行破惑，同居土淨。相似破惑，方便土淨。分證破惑，實報土淨。究竟破惑，常寂光土永得清淨。即中故常，即假故寂，即空故光。又復三諦皆常，三惑皆寂，三智皆光。此一非一，舉一即三。此三非三，言三即一。不縱橫，不並別，不可思議，名祕密藏。阿彌陀佛先證

〔註 38〕智旭：〈示閔六飛二則〉，《靈峰宗論》卷第 2 之 5，《嘉興藏》冊 36，頁 295 中。

〔註 39〕〔後秦〕鳩摩羅什譯：《維摩詰所說經》，《大正藏》冊 14，頁 538 中～下。

此也，一切眾生久迷此也，吾人現前注念此也，是謂念佛三昧，是謂心淨土淨。〔註 40〕

上語所述，筆者透過圖表來加以說明，更能使吾人掌握上義，圖解上義如下：

「現前一念心性」——「祕密藏」——「念佛三昧」		
即　空	即　假	即　中
覓不可得	炳現萬法	心外無法，法外無心
迷心即空，名見思惑	迷心即假，號塵沙惑	迷心即中，稱無明惑
不計我我所，即空義顯	隨念佛時，佛隨心現，知十界皆唯心造，即假義顯	是心作佛，是心是佛，即中義顯
觀行即	相似即	分證即
凡聖同居土淨	方便有餘土淨	實報莊嚴土淨
究竟即		
光	寂	常
三智皆光	三惑皆寂	三諦皆常
性量	性具	性體
般若德	解脫德	法身德
眞諦	俗諦	中諦

對於上述思想的釐清，釋聖嚴提供了吾人一個思考觀察竅門，依其意當從佛教的認識論著手，他認爲佛教的認識論，大致上可分成凡夫的認識與佛陀的認識。凡夫至菩薩的認識，由於受環境及教育、努力程度等因素影響，其價值觀及理念尚未達絕對的境界，因此具有可塑性，爲相對的；然而佛陀由於已實證諸法實相的眞理，因此其認識已達絕對的境界。〔註 41〕由於凡夫在認識上，妄認六塵緣影爲自心的相貌，遂將十萬億剎置於心性之外，而錯認心外無佛國剎土的存在。此一念心所具的空、假、中三義既已開顯，如此便能圓滿地摧破三惑，而圓滿了四種淨土，雖然就究竟論而論，實無次第可言，但爲顯明眞理而權宜假說次第。當修證到六即中的觀行即的階位，則能破除見思惑，而證得凡聖同居的淨土；當修證到六即中的相似即的階位，則能破除破塵沙惑，而證得方便有餘的淨土；當修證到六即中的分證即的階位，則能破除破無明惑，而證得實報莊嚴的淨土。當修證到六即中的究竟即的階位，

〔註 40〕參見智旭：《靈峰宗論》，《嘉興藏》冊 36，頁 361 中～下。

〔註 41〕釋聖嚴：《大乘止觀法門之研究》，頁 124。

三惑已除盡，而證得常寂光淨土，永得清淨的境界，即中故常，即假故寂，即空故光。

針對上說，證諸幽溪傳燈《淨土生無生論會集》強調：

> 常寂光土者，乃諸佛所住，三德秘藏也，而分性、修二德。言性德者，乃眾生本具之心性也。《梵網玄義》云，常即法身，寂即解脫，光即般若。又三德皆常，性無遷故；三德皆寂，離塵勞故；三德皆光，極明淨故。如此三法，不縱不橫，名秘密藏。〔註 42〕

將這段幽溪語，對顯上述智旭之言，在解說上可權藉幽溪語來釐清智旭之意，由於文句相當淺白，且幽溪的語義亦融攝於上列表中；然而，慮及智旭在《周易禪解》之中論及性德、修德、性修不二之旨，計近百處，於此先以圖述方式予以辨明。茲將上述性德、修德等語義，列表如下：

<table>
<tr><td colspan="6">「現前一念心性」——「清淨法身佛所住」——「常寂光土」——「三德秘藏」</td></tr>
<tr><td colspan="3">所遊居之土</td><td colspan="3">所遊居之身</td></tr>
<tr><td colspan="6">身土一如，非二相</td></tr>
<tr><td colspan="3">性德</td><td colspan="3">修德</td></tr>
<tr><td colspan="3">眾生本具之心性</td><td colspan="3">稱性照了即修德</td></tr>
<tr><td>光</td><td>寂</td><td>常</td><td>空</td><td>假</td><td>中</td></tr>
<tr><td>般若德</td><td>解脫德</td><td>法身德</td><td>破見思惑</td><td>破塵沙惑</td><td>破無明惑</td></tr>
<tr><td>性量
（本具般若德）</td><td>性具
（本具解脫德）</td><td>性體
（本具法身德）</td><td>顯眞諦性</td><td>顯俗諦性</td><td>顯中諦性</td></tr>
<tr><td>眞諦</td><td>俗諦</td><td>中諦</td><td>泯一切法</td><td>立一切法</td><td>統一切法</td></tr>
</table>

若將幽溪語與智旭言圖示做比較，當能看出智旭運用天台思想中的性德、修德、性修不二等詞的詮釋內涵，亦即：「現前一念心性」——「清淨法

〔註 42〕續上言：「此即下文論中所謂性體、性量、性具。性體，乃本具法身德；性量，乃本具般若德；性具，乃本具解脫德。亦即三諦，常即中諦，寂即俗諦，光即眞諦。即一而論三，故非縱；即三而論一，故非橫。非縱非橫，不可思議，故名秘密藏也。此乃性德。言修德者，後文云，修之者，稱性照了也。謂修空觀，破見思，稱眞諦性，成般若德；修假觀，破塵沙，稱俗諦性，成解脫德；修中觀，破無明，稱中諦性，成法身德也。性修合論，乃清淨法身之所遊居，約性德理名土，約修德智名身；身土一如，非二相也，此無各各別異之致，而實徧周別異界中，以別異界，離此別無安立處故。」〔明〕幽溪傳燈撰：《淨土生無生論會集》，《卍續藏》冊 61，頁 872 上。

身佛所住」——「常寂光土」——「三德秘藏」之思想貫串模式，由於語意已甚明，於此不再加以贅述。另據《淨土神珠》所言：「淨土神珠者何？現前一念心性，靈妙莫測之謂也。《彌陀經》稱讚不可思議功德，一切諸佛，所護念者，蓋為此也。」〔註 43〕智旭在《靈峰宗論》亦言：

> 吾人現前一念心性，原與阿彌陀佛同體。……故圓頓直捷而至高。無所不收，故三根普被而至廣，此念佛三昧所以為橫超勝異也。〔註 44〕

可見智旭將現前一念心等同與阿彌陀佛同體看待，為何會有此種趨勢？實肇因於北宋以後，中國佛教宗派中的禪宗與淨土宗儼然成為主流，天台宗基於教門的危機意識使然，企圖將當時本身缺乏完善的教義體系和獨立的傳承法統之淨土宗納入其自宗理論及修行實踐的版圖之中，藉此與禪宗抗衡。〔註 45〕職是之故，自北宋以降，台淨合流已成了勢不可擋的潮流，加上淨土法門之中不乏易行道，唱和者眾；迨至明末，淨土宗的發展神速，其勢已如日正當中。因此，智旭雖身在禪宗，亦無可避免盛談淨土，更將各宗派的教義與實踐方法盡薈萃於「現前一念心」。

在《周易禪解》之中，對於一念心之論述，尚有：

> 若志在天下，不顧身家，則吉。若志在利名，不顧心性，則可羞矣。〔註 46〕

上言強調君子應志懷天下，而不應志在名聞利養上，而且要以照顧到心性比照顧到身家的次序優先。

又，智旭在《周易禪解》解《大畜》卦時，說道：

> 一山之中，具有天之全體；一念心中，具攝十世古今。攬五時八教之前言，該六度萬德之往行，以成我自心之德。以此自畜，即以此畜天下矣。〔註 47〕

「一念心中，具攝十世古今」一語直指心性能超越時空的藩籬，而陰陽皆源自於太極，且陰陽本歸太極之體。〔註 48〕經過了先聖先賢們仰觀諸天、俯察諸地、中察天地間的萬物，並加以擬物效法其情狀，漸次製作成乾、兌、離、

〔註 43〕〔明〕古崑集：《淨土神珠》《卍續藏》，冊 62，頁 609 下。
〔註 44〕智旭：《靈峰蕅益大師宗論》卷第 9 之 4，《嘉興藏》冊 36，頁 410 中。
〔註 45〕潘桂明、吳忠偉：《中國天台宗通史》，冊下，頁 543～553。
〔註 46〕智旭：《周易禪解》卷 5，《嘉興藏》冊 20，頁 427 中。
〔註 47〕智旭：《周易禪解》，《嘉興藏》冊 20，頁 423 下。
〔註 48〕智旭：《周易禪解》，《嘉興藏》冊 20，頁 403 上。

震、巽、坎、艮、坤等八卦的符號，八卦的符號既成，則能憑藉它在一念間通達神明的德性，類比萬物的情狀於一身之中。〔註 49〕這當中有個甚爲關鍵之處即是，陰陽之根源會歸於太極之體，大至天地須彌、小至毫端芥子，莫不具有陰陽的本性，因此天下萬事萬物皆具此理，自然能於現前一念心之中通達無礙。證諸易象，誠如《周易禪解》所言：

> 夫神不即萬物，亦不離萬物，故曰妙萬物也。一念菩提心，能動無邊生死大海，震之象也。三觀破惑無不遍，巽之象也。慧火乾枯惑業苦水，離之象也。法喜辨才自利利他，兌之象也。法性理水潤澤一切，坎之象也。首楞嚴三昧究竟堅固，艮之象也。凡此皆乾坤之妙用也，即八卦而非八卦，故曰神也。〔註 50〕

上述所強調的是吾人的現前一念心具有「菩提」的覺知功用，一念覺悟，八卦俱興妙用，譬如：震能動無邊生死大海，巽以三觀破惑無不遍，離卦慧火能使惑業苦水乾枯，兌具法喜辯才以自利利他，坎之法性理水能潤澤一切，艮之象猶如首楞嚴三昧究竟堅固。以上八卦之妙用，皆基於乾坤陰陽變化之妙用所致，即八卦而非八卦，因此稱之爲「神」。換言之，吾人的現前一念心之妙用，證諸易象，如震之象有如一念菩提心，此成佛成聖的潛能一震動，即能撼動無邊的生死大海；巽之象則如一心三觀達三諦、破三惑，即運用空觀遍破見思惑、假觀遍破塵沙惑、中觀遍破無明惑；離之象，綻放智慧之光（乾之先天爲離，離爲火，火聚集成光之象）以乾涸足以起惑造業的苦水，即得道體、佛性（乾）之智慧德相；至於兌，則具有透過智慧顯現辯才無礙來自利利他的法喜之象；而坎則有如法性理水潤澤一切情與無情、同圓種智之象；首楞嚴三昧之象，究竟堅固，猶如艮象。以上所說的八卦，皆爲乾（陽）、坤（陰）之妙用，因此說即八卦而非八卦，即稱之爲神。

智旭對於現前一念心的精義之掌握非常精當，具見其所言：

> 世間學問，義理淺，頭緒多，故似易反難。出世學問，義理深，線索一，故雖難仍易。線索非他，現前一念心性而已。古云，立一心爲宗，照萬法如鏡，能觀心性，則具一切佛法。〔註 51〕

究實而論，智旭的思想皆以現前一念心統領諸說，無論怎麼說，橫說、豎說，最終都會歸結於現前一念心這個「龍穴」。順著上語的文脈繼續看，便能掌握

〔註 49〕智旭：《周易禪解》，《嘉興藏》冊 20，頁 459 中。
〔註 50〕智旭：《周易禪解》，《嘉興藏》冊 20，頁 464 上。
〔註 51〕智旭：《靈峰宗論》，《嘉興藏》冊 36，頁 283 下。

其論述法則，諸如：一、即空——此心不在內、外、中間諸處，亦非過去、現在、未來，亦非自生、他生、共生、無因緣生；二、即假——十界十如，三千性相，炳然齊現，無欠無餘；三、即中——心外無法，法外無心，於其中間，無是非是。換言之，對於法性迷茫，則墮空假的坑洞裡；若能了悟明白法性，自能契入中道眞理。任何眾生只要迷此一念即空，則退墮爲六道凡夫；而迷於即假，則淪爲二乘；迷即中，則僅能位證別教。唯有深刻而眞實地了悟此現前一念，當下即空、假中，則十界無非即空、假中，不攀執佛界之理而斷除九界的成佛正因，意即不緣理斷九，自絕於九法界外欲趨向佛界，也不認爲於佛界外，還有其他九界的存在，若能悟此，則三千功、八百果自然圓成，如此則登咸稱常樂的境界。如果能得此法要，自然得知千經萬論皆爲吾心的註腳，而不自外於心施設。〔註 52〕據智旭之意，旨在揭顯此「現前一念心」實爲迷悟之本與開啓眾多法門的金鑰，能識自本心，則不啻金鑰在握，能啓眾鎖，千經萬論皆不逾越於此。若以觀心來論的話，此一念發起誓證菩提來統率身心，則一切諸心、心所必隨這現前一念心而見諸法實相；乃至三千性相、百界千如，無不隨現前一念之心而出入。〔註 53〕

第二節　從《周易禪解》觀「現前一念心」

上節已對智旭「現前一念心」的源流、《周易禪解》之「現前一念心」意涵與智旭「現前一念心」的核心要義，作了充分的討論。本節擬就《周易禪解》中有關智旭如何運用了天台智顗在詮釋《法華經》所採用的「觀心釋」來詮解《周易禪解》的部分，透過歸納、整理、分析、演繹，來探討智旭如何掌握「現前一念心」這把金鑰來詮釋《周易禪解》。

根據學者郭朝順的研究指出：在《法華玄義》中，智顗提出七番共解五重玄義的第六法即是觀心；在《法華文句》的四意消文中，最終的方法也是觀心；還有在智顗的所有作品之中，「觀心釋」下的內容，都是智顗個人獨特的詮釋；這便證明「觀心」實爲智顗佛教詮釋理論的重要方法。是以，「觀心法門」除瞭解脫學與存有論之外，尚有觀心詮釋的詮釋學意涵。」〔註 54〕

〔註 52〕智旭：《靈峰宗論》，《嘉興藏》冊 36，頁 283 下。
〔註 53〕智旭：《周易禪解》，《嘉興藏》冊 20，頁 463 下。
〔註 54〕參見郭朝順：《天台智顗的詮釋理論》，頁 132～133。

何爲觀心？誠如智顗《法華玄義》所言：

觀心者，本妙長遠，豈可觀心？雖不即是，亦不離心。何者？佛如眾生如，一如無二如。佛既觀心，得此本妙，跡用廣大，不可稱說。我如如佛如，亦當觀心，出此大利；亦願我如，速如佛如。故文云：「聞佛壽無量，深心須臾信，其福過於彼。願我於未來，長壽度眾生，如今日世尊，諸釋中之王。道場師子吼，說法無所畏。我等於未來，一切所尊敬，坐於道場時，說壽亦如是。」此即觀心本妙。得六即利益之相。〔註 55〕

上言之旨趣在於，眾生與佛的心性本源並無二致，佛既觀心，得此本妙，而令跡用廣大，不可稱說，爲何吾等不起而效法之呢？「觀心釋」既是詮解經典的方式之一，同時，吾人亦可藉由詮解《周易禪解》的過程之中來觀照自心，使聞思修活動的關鍵——「現前一念心」，能漸漸地了悟這「現前一念心」的本身爲不自生、不他生、不共生、不無因生的無自性狀態，而得以趣入中道，彰顯吾人本具之佛性。甚至吾人可如此解讀，整本《周易禪解》的撰述內涵即智旭的觀心成果，吾人研閱《周易禪解》即得智旭之思想精華，並以如來所說之法義，爲觀心之對境，由觀己心之深廣而徹證本源與實相之妙理，如此才能領略《周易禪解》所欲揭顯圓證「現前一念心」的旨趣，圓悟自心即佛之眞旨。〔註 56〕換句話說，吾人由於觀心的緣故，將得到體證六即本妙的利益；因此，智旭亦常以「約六即」來詮解《周易》，如智旭言：「若約六即：則初理；二名字；三觀行；四相似；五分證；上究竟。以要言之，世出世法，若大若小，若依若正，若善若惡，皆可以六爻作表法。有何一爻不攝一切法？有何一法不攝一切六爻哉？」〔註 57〕由此語可得知「觀心釋」之於《周易禪解》的重要性。

以下依《周易禪解》的上、下經的次序，就智旭運用「觀心釋」來詮解《周易》的實際情形，作分析與討論：

〔註 55〕參見智顗：《法華玄義》卷 7 下，《大正藏》33 冊，頁 771 中。

〔註 56〕郭朝順主張：「讀者在閱讀佛經當中，其實是在自心（眾生心）中與自己對談，對經典的理解，實際上乃是發現自心即是佛心之歷程。」參見郭朝順：《天台智顗的詮釋理論》，頁 45。

〔註 57〕智旭：《周易禪解》卷 1，《嘉興藏》冊 20，頁 397 中。

一、《周易禪解．上經》中的「觀心釋」

智旭在《周易禪解．上經》裡，上經自《乾》至《離》共 30 卦，而以「觀心釋」來詮解《周易》卦爻者，計有：《乾》、《坤》、《訟》、《比》、《小畜》、《履》、《泰》、《否》、《同人》、《大有》、《謙》、《豫》、《隨》、《蠱》、《臨》、《觀》、《噬嗑》、《賁》、《剝》、《復》、《無妄》、《大畜》、《頤》、《大過》、《坎》、《離》等 26 卦。智旭在上經裡，以「觀心釋」來解釋《周易》，幾近占了整部上經的 90%，此一現象適足以說明《周易禪解》中的「觀心釋」，非常重要；甚至可以下斷言：不洞悉「現前一念心」的意涵與核心要義，便不能獲知「觀心釋」的來龍去脈與精髓所在，而僅能對通部《周易禪解》採取支離破碎、斷章取義、見樹不見林的方式作理解或詮釋。

（一）《乾》卦《大象》辭

智旭運用「觀心釋」來解卦，首見於《周易禪解》之《乾》卦《大象》辭上言：

> 六十四卦《大象傳》，皆是約觀心釋。所謂無有一事一物而不會歸於即心自性也。本由法性不息，所以天行常健。今法天行之健而自強不息，則以修合性矣。〔註 58〕

智旭認為：「無有一事一物而不會歸於即心自性」，此處所說的「心自性」，即其所獨創的「現前一念心」，殆無疑義。既然「六十四卦《大象傳》，皆是約觀心釋」，那麼智旭係以「現前一念心」來貫串整本《周易禪解》，便屬事實。準是而觀，如果對於「現前一念心」的認識、了別，將它歸屬於吾人對於眞理內涵之掌握的話，那麼「觀心」便成了實現體證眞理的方法。換言之，若以中國人熟悉的概念來詮解的話，吾人的眞理觀即屬「知」的層面，而體現眞理的方法即是「行」。對於眞理不明而行，雖有片益，終屬盲修瞎煉，未能登聖境；既對眞理有所認識，卻不付諸實踐，豈異黃粱一夢，終日說食難療飢。由此可見，不論是儒、道、釋三教等，必先以眞理（知）為前導，再將所知道的部分加以實行（行），唯有透過「知行合一」，才能徹底了悟眞理的底蘊。今智旭大師集佛家三藏十二部之大成，權藉「觀心釋」詮解《周易》，正是將他所體會到的眞理內涵一語道破，使吾人能知所觀自己的「現前一念心」，進而不斷地修正錯誤與不當的觀念，自能日臻聖境。

〔註 58〕智旭：《周易禪解》卷 1，《嘉興藏》冊 20，頁 398 上。

（二）《坤》卦《文言》

《周易禪解》之《坤》卦《文言》有言：

> 陰疑于陽必戰。爲其嫌于無陽也，故稱龍焉。猶未離其類也，故稱血焉。夫玄黃者，天地之雜也，天玄而地黃。〔註59〕

智旭以「觀心釋」詮解上語爲：

> 陰陽各論善惡。今且以陰爲惡。以陽爲善。善惡無性，同一如來藏性。何疑何戰？惟不達性善性惡者，則有無相傾。起輪迴見而必戰，戰則埋沒無性之妙性。似乎無陽，故稱龍以顯性善之不斷焉。既以善惡相抗則二俱有漏，故稱血以顯未離生死類焉。夫善惡相傾奪者，由未達妙性體一，而徒見幻妄事相之相雜也。實則天玄地黃，性不可改。何嫌何疑？何法可相戰耶？善惡不同，而同是一性。如玄黃不同，而同是眼識相分。天地不同，而同一太極。又如妍媸影像不同，而同在一鏡也。若知不同而同，則決不敵對相除而成戰。若知同而不同，則決應熏習無漏善種以轉惡矣。〔註60〕

「如來藏」的內涵歸屬於佛教的心性思想範疇，亦可稱之爲「佛性」思想，誠如學者吳汝鈞所言：「所謂佛性，即令眾生成爲覺悟者的性格或能力。」又言：「佛性思想是要說明：無論眾生所作的業有多惡，就其生命的本質來說，都平等地具有一種潛藏的成佛的能力。……佛性是先天地潛藏於眾生的生命之中……。總之，佛性說的成立確立了成佛的可能性，並爲眾生成佛的理想提供了一形而上的基礎。只要眾生能將佛性由潛藏的狀態提升到實現的境界，便可得到覺悟。」〔註61〕以上對於佛性的說法相當直截了當，令人易於知曉。另據林朝成、郭朝順合著的《佛學概論》所言：

> 「佛性」一語是漢譯佛典的譯名，若考諸梵語原文，根據一九五〇年出版的《究竟一乘寶性論》的梵文抄本，則「佛性」一詞的梵語原文應該是：佛陀（buddha）及如來（tathagata）各自分別加上界性（dhatu），胎藏（garbha）及種姓（gotra）的複合字。這也就是說，漢譯「佛性」一詞其實帶有多層含義的。〔註62〕

〔註59〕智旭：《周易禪解》卷1，《嘉興藏》冊20，頁403上。

〔註60〕智旭：《周易禪解》卷1，《嘉興藏》冊20，頁403上。

〔註61〕吳汝鈞：《中國佛學的現代詮釋》（臺北：文津出版社，1998年），頁29～30。

〔註62〕林朝成、郭朝順：《佛學概論》（臺北：三民書局，2007年），頁185～186。

周貴華對此提出他的看法，他認爲「單獨看佛性的『性』，可有性質、本性、體性等義，總略而言，是某種一直不變的東西。作爲佛性，更強調本性之義。……佛性可說爲佛本性、佛體性，或者佛因性、佛果性。」筆者擬採其說，此處的討論著重於眾生成佛的先天超越根據與可能的因性，至於在果位具有實現或顯現之義的果性部分將予以忽略。綜上所言，佛性說旨在確立成佛的可能性，中國佛教爲了建構自宗的佛性思想體系，藉以臻至上乘的境界，由於對作爲成佛的依據與保障的佛性思想之詮釋不同，而形成了主要的四大系統：一、法相唯識宗的「虛妄唯識系」；二、華嚴宗「性起」眞常唯心系；三、禪宗「自心」本淨系；四、天台宗「性具」圓教「一念無明法性心」系。上述分系與名稱之訂定，主要是參考楊維中《心性與佛性》的觀點。〔註 63〕

從智旭《周易禪解》的文獻看來，智旭在詮解「現前一念心」時，他似乎鮮少直接以華嚴宗的「如來藏自性清淨心」去解。當代學者的研究，如何看待華嚴宗的佛性論？誠如學者胡順萍所言：

> 在《華嚴經》中，所言之心是「一心」，此一心即眞心，亦即如來藏自性清淨心，此清淨心即一切眾生之心體，故又稱其爲「自性清淨圓明體」，此「體」即一切眾生與宇宙萬物之本體，而《華嚴經》即依此「本體」而建構整個法界圓融無礙之理論，亦依之而建立「十方成佛」論。〔註 64〕

華嚴宗由一眞法界性起唯是一心的說法，具見於華嚴三祖法藏所撰《華嚴一乘教義分齊章》所云：

> 又如《十地經》云，三界虛妄唯一心作。攝論等約始教義釋。諸賴耶識等也。十地論約終教釋。爲第一義眞心也。又如《達磨經頌》、《攝論》等釋云。此界等者，界謂因義，即種子識，如是等。《寶性論》約終教釋云，此性者，即如來藏性，依此有諸趣等者。如《勝鬘經》說，依如來藏有生死，依如來藏有涅槃等，乃至廣說。是故當知二門別也。若依頓教，即一切法唯一眞如心。差別相盡，離言絕慮，不可說也。如《維摩經》中三十二菩薩所說不二法門者。是

〔註 63〕楊維中：《心性與佛性》，《中國佛教學術論典》（高雄：佛光山文教基金會，2001 年），第 12 冊，頁 482～525。

〔註 64〕胡順萍：〈《華嚴經》之「成佛」論〉（臺北：萬卷樓圖書公司，2006 年），頁 158。

前終教中染淨鎔融無二之義。《淨名》所顯離言不二，是此門也。以其一切染淨相盡，無有二法可以融會故。不可說爲不二也。〔註65〕

透過法藏對於如來對於不同根器的眾生所施與不同教化的方式，可獲得層次概念上的釐清，進而了解華嚴的稱性而起的性起之說的內涵。據法藏所述，可分爲兩個層次來說：第一，是根據《十地經》所說的「三界虛妄唯一心作」、以及《攝論》等的言說內容識就華嚴宗所立五教（小乘教、大乘始教、大乘終教、頓教、圓教）中的始教意義來加以闡釋「阿賴耶識」等內涵。第二，《十地論》則是就終教來闡釋其「第一義眞心」之義。法藏又舉《達磨經頌》、《攝論》等的說法，所說「此界等者」，其中的「界」表徵「因」義，即種子識等。《寶性論》則針對終教來詮釋所謂的「性」，即指如來藏性，法界一切千差萬別的現象全是因它而起。又如《勝鬘經》所說的，則是生死、涅槃等，全皆憑藉如來藏而生起。以上是專就始教與終教所施予佛性的不同詮解方式。胡順萍所說「自性清淨圓明體」，即是法藏說的頓教教化內容，即一切法的生起全藉此唯一的眞如心（如來藏自性清淨心）。由於一切諸法全因此如來藏自性清淨心而生起，因此諸法千差萬別的相可盡而泯之，不再起矛盾爭執，同時也遠離斷絕言說思慮來曲解佛性的狀況，佛性本就無法以言說來加以指涉，證諸《維摩經》中三十二菩薩就各所了悟而說不二法門，無不如此，華嚴主張吾人佛性全是因此如來藏自性清淨心而生起，如此的說法的作用在於能夠鎔融前教（小乘）、始教、終教的矛盾，以闡釋如來藏自性清淨心的染性與淨性，僅是作用與時間順序所產生的差別認識而已，其實兩者並無不同；《淨名》（《維摩詰經》）所揭顯的，若離開言語上的詮解，則無論染污性與清淨性全歸此如來藏自性清淨心，何有差別？唯一眞心是根本無法一分爲二的，可以參酌賢首法藏《華嚴金師子章》的論述，於此有詳論，以助釐清。

（三）《訟》卦《彖》辭

《訟》卦《彖》辭曰：訟。上剛下險。險而健，訟。訟有孚窒惕中吉，剛來而得中也。終凶，訟不可成也。利見大人，尚中正也。〔註66〕

《訟》卦《彖》辭所言：「訟。上剛下險。險而健，訟。」《訟》上乾下坎，依《說卦傳》所說，乾卦爲剛、坎卦爲險，內既逢險境，外又逞剛勇，必然

〔註65〕〔唐〕法藏述：《華嚴一乘教義分齊章》，《大正藏》冊45，頁485上～中。
〔註66〕智旭：《周易禪解》卷2，《嘉興藏》冊20，頁407上。

會有招來是非，而需公正之言以斷。智旭詮釋：「今處煩惱險惡窟中，而慧性勇健，所以有自訟改過之心也。所謂有孚窒惕中吉者，以剛德來復于無過之體。僅取滅罪即止，不過悔以成蓋也。所謂終凶者，悔箭入心，則成大失。故不可使其成也。所謂利見大人者，中正之德，有以決疑，而出罪也。所謂不利涉大川者，心垢未淨，而入生死海中，必至墮落而不出也。」智旭又言：「約觀心者，修慧行名見大人，修禪定名涉大川。需約無過之人，故可習定。訟約有過之人，習定則發魔事也。」〔註 67〕對於有心覺證眞理者，智旭肺腑之言以告，當吾人有過之時，必先發露懺悔罪業，染污還淨之後，才能修習禪定，不致魔事競發，弊病叢生。一旦心靈澄明，即能習定而涉大川，進而面謁大人，得以親自領悟智慧的境界。

（四）《比》卦

《比》卦之中，有提及「觀心釋」者，共有五處，分述如下：

1.《比》卦卦辭：

比，吉。原筮元永貞，無咎。不寧方來。後夫凶。

佛法釋者：善用對破法門，則成佛作祖，九界歸依，名比。又觀心釋者，既知對破通塞，要須道品調適。七科三十七品相屬相連名比，仍須觀所修行，要與不生不滅本性相應，名原筮元永貞無咎。所謂圓四念處，全修在性者也。一切正勤根力等，無不次第相從。名不寧方來。一切愛見煩惱不順正法門者，則永被摧壞而凶矣。〔註 68〕

智旭於此處，將以十乘觀法中第四觀「破法遍」會通《比》卦，以佛法解釋吾人若能善用破法遍法門，則能親證不思議心境界而成佛作祖，使九法界盡歸依，名之爲「比」。又另以「觀心釋」進一步闡明「破法遍」的內容，將七科三十七品相屬相連稱之爲「比」，更強調雖以善用「破法遍」的觀法目標而行，但仍然必須觀所修行的，需要與不生不滅的本性相應，如此方名之爲「原筮元永貞無咎」。此處強調圓教的四念處所揭示的旨鑰在於「全修在性」，當吾人依圓教的修持方式觀心，則一切正勤根力等修持內涵，無不次第相從，此則名之爲「不寧方來」。若起一切愛、見、煩惱等，不順正法門者，則永被不正知念摧壞而導致陷入凶象。

〔註 67〕智旭：《周易禪解》卷 2，《嘉興藏》冊 20，頁 407 上。
〔註 68〕智旭：《周易禪解》卷 2，《嘉興藏》冊 20，頁 408 下。

2.《比》卦《大象》辭：

《象》曰：地上有水，比。先王以建萬國親諸侯。

建萬國親諸侯，即所謂開國承家者也。

佛法釋者：地如境諦，水如觀慧。地如寂光，水如三土差別。皆比之象也。約化他，則建三土剎網，令諸菩薩轉相傳化。約觀心，則立陰界入等一切境以爲發起觀慧之地。觀慧名諸侯也。此是道品調適，謂七科三十七品相比無間。〔註 69〕

以觀心釋的內容而論，權立陰界入境、煩惱境、病患境、業相境、魔事境、禪定境、諸見境、增上慢境、二乘境、菩薩境等十境爲所觀境，以此十境爲發起觀慧之地，而將因觀境所發之慧比擬成諸侯，或可解爲藉觀十境得慧以成就如來家業。智旭將《比》的觀心釋詮解爲，《比》爲道品調適的現象，正所如七科、三十七道品相比無間。

3.《比》卦初六爻辭：

初六。有孚比之，無咎。有孚盈缶。終來有他吉。

柔順之民，率先歸附，有孚而無咎矣。下賤之位，雖如缶器，而居陽位，有君子之德焉。故爲有孚盈缶。將來必得徵庸，有他吉也。約佛法者：初六如人道，六二如欲天，六三如魔天，六四如禪天，九五如佛爲法王，上六如無想及非非想天。今人道易趣菩提，故有他吉。約觀心者：初六如藏教法門，六二如通教法門，六三如愛見法門，六四如別教法門，九五如圓教眞正法門，上六如撥無因果邪空法門。今藏教正因緣境，開之即是妙諦，故有他吉。〔註 70〕

若將《比》卦之六爻辭，以觀心釋解，可歸納爲：

初六——藏教法門——觀正因緣境，破邪因緣、無因緣二種顛倒。開之即是妙諦。

六二——通教法門——明觀境，六道陰入，能觀所觀，皆如幻化。

六三——愛見法門——迷於愛見，不入聖流。

六四——別教法門——緣於登地中道之境，而爲所觀，迴出空有之表。

九五——圓教眞正法門——觀不思議境，其車高廣。

〔註 69〕智旭：《周易禪解》卷 2，《嘉興藏》冊 20，頁 409 上。

〔註 70〕智旭：《周易禪解》卷 2，《嘉興藏》冊 20，頁 409 上。

上六——撥無因果邪空法門——自斷慧命，墮入邪空，出塵了不可期。

4.《比》卦九五爻辭：

九五。顯比。王用三驅。失前禽。邑人不誡。吉。

佛法釋者：法王出世，如杲日當空，名顯比。三輪施化，又初中後三語誘度，又令種熟脫三世得益。名王用三驅，于無緣人善用大捨三昧。即諸佛弟子，亦不強化無緣之人。名失前禽邑人不誡。

上語若以觀心釋詮解的話，意指當吾人的實慧一旦被開發，則有如赫日麗天，此名之爲「顯比」。若修持「一心三觀」，又轉接會前三教，則名「王用三驅」。若能處於非行非坐時修持覺意三昧，〔註 71〕能做到隨起隨觀；不怕念起，只怕覺遲，只要一念覺悟則歸於正念，不以前念所造之非而於心中感到介意，名之爲「失前禽邑人不誡」。〔註 72〕

5.《比》卦上六爻辭：

上六。比之無首。凶。

陰柔無德，反據聖主之上，眾叛親離，不足以爲人首矣。〔註 73〕

上句以「佛法釋」來解的話，縱使窮空輪轉，也不能得見佛聞法；縱經八萬劫，亦不免落空亡。以「觀心釋」可詮釋爲：撥無因果，墮入邪空，自誇毘盧頂上行，亦悟得威音王那畔又那畔之眞旨〔註 74〕，實不與眞實宗乘相應。

〔註 71〕《觀心論疏》卷 3：「第四明非行非坐三昧者。上一向用行坐。此既異上。爲成四句故名非行非坐。實通行坐及一切事。南嶽師呼爲隨自意。意起即修三昧。大品稱覺意三昧。意之趣向皆能覺識明了。雖復三名實是一法。今依經釋。名覺者，照了也；意者，心數也。三昧如前釋。行者觀一念自生心，心數起時反照觀察，不見動轉根源、終末，來處、去處，故名『覺意三昧』也。隨自意非行非坐。准此可解（云云）。」參見〔隋〕灌頂撰：《觀心論疏》，《大正藏》冊 46。

〔註 72〕智旭：《周易禪解》卷 2，《嘉興藏》冊 20，頁 409 中。

〔註 73〕智旭：《周易禪解》卷 2，《嘉興藏》冊 20，頁 409 下。

〔註 74〕威音王，梵名 Bhīsma-garjitasvara-rāja。又作寂趣音王佛。乃過去莊嚴劫最初之佛名。《法華經》卷六〈常不輕菩薩品〉：「乃往古昔，過無量無邊不可思議阿僧祇劫，有佛名威音王如來、應供、正遍知、明行足、善逝、世間解、無上士、調御丈夫、天人師、佛、世尊，劫名離衰（梵 Vinirbhoga），國名大成（梵 Mahāsajbhāva）。其威音王佛於彼世中，爲天人、阿修羅說法。（中略）是威音王佛壽四十萬億那由他恆河沙劫，正法住世，劫數如一閻浮提微塵；像法住世，劫數如四天下微塵。其佛饒益眾生已，然後滅度。正法、像法滅盡之後，於此國土復有佛出，亦號威音王如來、應供、正遍知、明行足、善逝、世間解、無上士、調御丈夫、天人師、佛、世尊。如是次第有二萬億佛，

由於對因果法則缺乏正確的認識，以至於業識茫茫，無本可據。生死大現一到來，便有如落湯螃蟹，受盡煎熬，卒至命終。

（五）《小畜》卦

1.《小畜》卦卦辭：

小畜，亨。密雲不雨。自我西郊。

畜，阻滯也。又讀如蓄，養也。遇阻滯之境，不怨不尤，惟自養以消之，故亨。然不可求速效也。

《小畜》卦爲一陰畜五陽，在《易經》裡向來以陰爲小，以陽爲大，陰以小畜大之故，所以稱之爲「小畜」。六四陰爻居柔位，爲恰當的正位，上下五個陽爻皆與之呼應。《小畜》上巽下乾，依《說卦傳》言，以乾爲健，巽爲入，爲順，既健行又順利；二、五陽爻，既剛且中，可以「志行」，故亨。言「密雲不雨」，意指上巽下乾乃風在天上吹之象。「尙往也」，尙者「上」之意。「施未行」，即言《小畜》所積之恩澤尙小，因此不足以潤澤遍及天下。約世間法而言，則有如黃帝堯舜太平之世，垂衣裳而天下治，使「有苗弗格」〔註75〕，國家呈太平之象。約佛法而言，則如大集會中魔王未順，干擾修行的正念。約觀心而言，則如十乘觀法的「道品調適」之後，無始以來的事障明顯偏強，而阻滯了觀慧的開發，以致不能克證正果。然而聖人御世，不頑民忌。如來化度，不嫌魔侶。觀心的功夫日益勝進，自然對於夙昔的業障現前，就不會心生畏懼；譬如像那些如拳頭般大的石頭，怎麼會妨礙車輪的前進呢？又譬

皆同一號。」可知威音王佛乃多數佛之佛名。另據妙法蓮華經玄贊卷十本載，諸佛同名爲威音王者，即顯說法華之音聲，如王之尊勝，有大威勢，能令眾生獲大利樂。其後禪宗以此佛表示遙遠之古代，以「威音王佛已前」比喻人類本有的純正之精神境界。〔《大佛頂首楞嚴經》卷5、《正法華經‧常被輕慢品》卷9、《天台法華疏義決》卷6、《五燈會元》卷19、《祖庭事苑》卷5、《法華開示抄》卷23〕參見佛光大辭典編修委員會編：《佛光大辭典》，頁3770。

〔註75〕《尚書‧皐陶謨》：「竄三苗于三危」「有苗」，種族名，亦稱「三苗」，爲堯、舜、禹時代，中國南方較強大的部族，傳說舜時迫使逃匿到三危這座山，相傳在今甘肅敦煌縣南。「有」，詞頭。以上參見屈萬里：《尚書今註今譯》（臺北：臺灣商務印書館，1984年），頁13。《書‧大禹謨》：「帝曰：咨禹，惟時有苗弗率，汝徂征。」《孔傳》：「三苗之民，數干王誅。」「格」，來，至。《書‧舜典》：「帝曰：格汝舜，詢事考言，乃言底可績。三載汝陟帝位。」參見曾運乾：《尚書正讀》（臺北：華正書局，1982年），頁17。《孔傳》：「格，來。」案：《周易禪解》之中，談到「有苗」的典故，共有四例，均同此解。

如像鐘一經撞擊則鳴聲大作，至於刀子磨了則利。〔註 76〕

2.《小畜》卦《大象》辭：

《象》曰：風行天上，小畜。君子以懿文德。

鼓萬物者莫妙于風。懿文德，猶所謂遠人不服，則修文德以來之。舞干羽于兩階而有苗格，即是其驗。故曰君子之德風也。觀心，則遍用事六度等對治助開，名懿文德。〔註 77〕

《象傳》說：「風在天上吹行，這就是小畜卦。君子由此領悟，要美化自己的文采與道德。」〔註 78〕此句藉《尙書》史事，以「舞干羽于兩階」詮解修文德而使苗族來歸順〔註 79〕，比喻君子的德風盛行。就觀心而言，遍用事六度以對治助開，即等同彰顯文德，使歸趣一佛乘的諸法實相。

3.《小畜》卦上九爻辭及《小象》辭：

上九。既雨既處。尚德載。婦貞厲。月幾望。君子征凶。

《象》曰：既雨既處，德積載也。君子征凶，有所疑也。

時當小畜，六爻皆有修文德以來遠人之任者也。……佛法觀心釋者，修正道時，或有事障力強，須用對治助開。雖用助開，仍以正道觀慧爲主。初九正智力強，故事障不能爲害，而復自道。九二定慧得中，故能化彼事障反爲我助而不自失。九三恃其乾慧，故爲事障所礙，而定慧兩傷。六四善用正定以發巧慧，故血去而惕出。九五中正妙慧，體障即德，故能富以其鄰。上九定慧平等，故事障釋然解脫，如既雨既處而修德有功。夫事障因對助而排脫，必有一番輕安境界現前，名之爲婦。而此輕安不可味著，味著則生上慢。自謂上同極聖，爲月幾望。若信此以往，則反成大妄語之凶矣。可不戒乎！〔註 80〕

上句指各爻各具修文德以使來趣之意，若以觀心釋，各爻亦各具妙用，據智

〔註 76〕智旭：《周易禪解》卷 2，《嘉興藏》冊 20，頁 409 下。

〔註 77〕智旭：《周易禪解》卷 2，《嘉興藏》冊 20，頁 410 上。

〔註 78〕傅佩榮：《易經解讀》（臺北：立緒文化事業有限公司，2012 年），頁 79。

〔註 79〕語出唐・石倚《舞干羽兩階》：「干羽能柔遠，前階舞正陳。欲稱文德盛，先表樂聲新。肅肅行初列，森森氣益振。動容和律呂，變曲靜風塵。化美超千古，恩波及七旬。已知天下服，不獨有苗人。」參見中華書局編輯部點校：《全唐詩》卷 781 之 8（北京：中華書局，1999 年），第 11 冊，頁 8196。

〔註 80〕智旭：《周易禪解》卷 2，《嘉興藏》冊 20，頁 410 中。

旭言：

初九——能觀心起正智，遇事作障無害，能歸中道。

九二——定慧等持契入中道，逆增上緣。

九三——空有乾慧，爲事障所礙，而使定慧兩傷。

六四——藉正定發巧慧，故血去而惕出。〔註 81〕

九五——妙慧居中正之位，即障即德，允成資糧，故能因鄰而富。

上九——定慧等持，究竟平等，無礙解脫，事障因對治助開而遣除，而得如婦之輕安境界現前，名之爲婦。而此不可味著，倘貪著輕安之味則心生上慢，以卑俗混濫極聖。

（六）《履》卦

履虎尾，不咥人，亨。

約世道，則頑民既格，上下定而爲履。以說應乾，故不咥人。約佛法，則魔王歸順，化道行而可履。以慈攝暴，故不咥人。約觀心，則對治之後，須明識次位，而成眞造實履。觀心即佛，如履虎尾。不起上慢，如不咥人亨也。〔註 82〕

此句續承《小畜》卦「有苗格」而來，約世道而言，喻指頑民如猛虎來歸順，不再危害百姓，而舉國上下得以安定。約佛法而論，則有如一旦魔王歸順，化正道而行，踐履其道不受害，音佛祖以慈悲攝受兇暴的佛王，故魔王履正道不害人。約觀心而言，經各種善巧的對治之後，繼而明識次位，所作所爲皆眞實不欺，觀心即佛，如履虎尾，則不起上慢，猶如虎不咥人，故亨。

（七）《泰》卦

泰。小往大來，吉亨。

夫爲下者每難于上達，而爲上者每難于下交。今小往而達于上，大來而交于下。此所以爲泰而吉亨也。約世道，則上下分定之後，情

〔註 81〕「六四。有孚，血去惕出，无咎。」六四以一柔面對五剛，須藉誠信（正定）以發巧慧因應，否則後果不堪設想。《小畜》卦的上互卦爲離，離爲戈兵，又下互卦爲兑，兑爲毀折，「血」與「惕」皆源於此。既有正定（誠信），能發巧慧，則能遠禍（血去），亦能不再戒慎恐懼（惕出）。又，六四乃全卦主爻，由於本身居正位，雖能與初九符應，及與九五相比，但僅能「无咎」，究其因乃柔寡剛眾，但求無過而已。

〔註 82〕智旭：《周易禪解》卷 2，《嘉興藏》冊 20，頁 410 中～下。

得相通，而天下泰寧。約佛法，則化道已行，而法門通泰。約觀心，則深明六即，不起上慢，而修證可期。又是安忍強軟二魔，則魔退而道亨也。強軟二魔不能爲患是小往，忍力成就是大來。〔註83〕

上句約觀心而論，通指吾人的修行功夫，若能深明六即之理，則不但起上慢，更修證可期。由於能進而修持十乘觀法中的「安忍」，能安忍強軟二魔，故魔自退而道自亨；如智旭言：「強軟二魔不能爲患是小往，忍力成就是大來。」

（八）《否》卦

否之匪人。不利君子貞，大往小來。

約世道，則承平日久，君民逸德，而氣運衰頹。約佛法，則化道流行，出家者多，而有漏法起。約觀心，則安忍二魔之後，得相似證，每每起于似道法愛而不前進。若起法愛，則非出世正忍正智法門，故爲匪人，而不利君子貞。以其背大乘道，退墮權小境界故也。〔註84〕

《序卦》有言：「物不可終通，故受之以否。」此指事物欲永保通達是很困難的，因此會有阻塞。《否》卦卦爻上乾下坤，各居本位，互不往來，乃沉滯不通之象；陰陽二炁既不交，則萬物無法生長，而威脅到人類求生存，因此此卦象違背人們的需求。又，乾卦三陽爻在上，陽尊，爲「大往」；坤卦三陰爻在下，陰卑，乃「小來」。此卦之義理指涉君子要順應趨勢而退隱，不宜堅守崗位不變。以觀心詮解此卦，不應貪著相似證的法愛而使一佛乘的進程受阻，甘墮劣境。

（九）《同人》卦

1.《同人》卦卦辭：

同人，于野亨。利涉大川。利君子貞。

約世道，則傾否必與人同心協力。約佛法，則因犯結制之後，同法者同受持。約觀心，則既離順道法愛，初入同生性。上合諸佛慈力，下同眾生悲仰，故曰同人。蘇眉山曰：「野者，無求之地。立于無求之地，則凡從我者皆誠同也。彼非誠同，而能從我于野哉！……苟不得其誠同，與之居安則合，與之涉川則潰矣。」觀心釋者，野是

〔註83〕智旭：《周易禪解》卷3，《嘉興藏》冊20，頁411中。

〔註84〕智旭：《周易禪解》卷3，《嘉興藏》冊20，頁412上。

三界之外，又寂光無障礙境也。既出生死，宜還涉生死大川以度眾生。惟以佛知佛見示悟眾生，名爲利君子貞。〔註85〕

約觀心而言，吾人既離順道法愛，則初入同生性；既已入同生性，則能上合諸佛慈力，下同眾生悲仰，故曰同人。智旭進一步以觀心來解釋《同人》卦辭，此處的野解爲寂光無障礙境的三界之外。既已出生死，宜發菩提心還涉生死大川以廣度眾生。若能以佛陀的正知見來示悟眾生，則名之爲利君子貞。

2.《同人》卦《彖》辭：

《彖》曰：同人。柔得位得中，而應乎乾。曰同人。

（蘇眉山曰：此專言二。）同人曰：同人于野亨。（蘇眉山曰：此言五也。故別之。）利涉大川，乾行也。文明以健，中正而應，君子正也。唯君子爲能通天下之志。

觀心釋者，本在凡夫，未證法身，名之爲柔。今得入正位，得證中道，遂與諸佛法身乾健之體相應，故曰同人。此直以同證佛性爲同人也。既證佛體，必行佛德以度眾生。名爲乾行。文明以健，中正而應。如日月麗天，清水則影自印現。乃君子之正也。惟君子已斷無明，得法身中道。應本具二十五王三昧，故能通天下之志。而下合一切眾生，與諸眾生同悲仰耳。〔註86〕

智旭以柔、剛、凡夫、法身、眾生、佛體等《易》的陰陽概念來詮釋《同人》卦，並以卦位的感應原理來解釋眾生所處二爻柔位，但因已悟佛旨，故而迅即登佛位。智旭言：「既證佛體，必行佛德以度眾生。名爲乾行。文明以健，中正而應。如日月麗天，清水則影自印現。乃君子之正也。」此處的君子即爲登佛位的眾生，既登佛位實已成佛；既成佛矣，則斷無明，得中道之法身。諸佛本具二十五王三昧，〔註87〕故能通天下之志，契合一切眾生的心念，而

〔註85〕智旭：《周易禪解》卷3，《嘉興藏》冊20，頁413上。

〔註86〕智旭：《周易禪解》卷3，《嘉興藏》冊20，頁413上～中。

〔註87〕「二十五王三昧」，意謂破三界二十五有之二十五種三昧。亦稱三昧之王。即：1.以無垢三昧能壞地獄有，2.以不退三昧能壞畜牲有，3.以心樂三昧能壞餓鬼有，4.以歡喜三昧能壞阿修羅有，5.以日光三昧能斷東弗婆提有，6.以月光三昧能斷西瞿耶尼有，7.以熱燄三昧能斷北鬱單越有，8.以如幻三昧能斷南閻浮提有，9.以不動三昧能斷四天處有，10.以難伏三昧能斷三十三天處有，11.以悅意三昧能斷炎摩天有，12.以青色三昧能斷兜率天有，13.以黃色三昧能斷化樂天有，14.以赤色三昧能斷他化自在天有，15.以白色三昧能斷初禪有，16.以種種三昧能斷大梵天有，17.以雙三昧能斷二禪有，18.以雷音三昧能斷三禪

與諸眾生同一悲仰。

3.《同人》卦上九爻辭及《小象》辭：

上九。同人于郊，無悔。

《象》曰：同人于郊，志未得也。

蘇眉山曰：「無所苟同，故無悔。莫與共立，故志未得。」觀心釋者，六爻皆重明欲證同人之功夫也。夫欲證入同人法性，須藉定慧之力。又復不可以有心求，不可以無心得。所謂時節若到，其理自彰。此修心者勿忘勿助之要訣也。〔註88〕

據上以觀心詮釋者，六爻本身即已本具修證同人的功夫。欲證入同人法性，必須憑藉定慧之力；不可以有心求，亦不可以無心得。換言之，「時節若到，其理自彰。」此乃修心者勿忘勿助的眞要訣。各爻之修證內容如下：

初九——正慧現前，不費吹灰之力，便能出生死門。

六二——雖有正定，慧力太微，未免被禪所牽，不出三界舊宗。

九三——偏用其慧，雖云得正，而居離之上，毫無定水所資。故如升于高陵，而為頂墮菩薩，三歲不興。

九四——定慧均調，始雖有期必之心，後乃知期必之不能合道，卒以無心契入而吉。

九五——剛健中正，而定力不足。雖見佛性，而不了了。所以先須具修眾行，積集菩提資糧。藉萬善之力，而後開發正道。蓋是直緣中道佛性，以為迥出二諦之外，所以先號咷而後笑也。

上九——定慧雖復平等，而居乾體之上，僅取涅槃空證，不能入廛垂手。故志未得。〔註89〕

（十）《大有》卦

大有，元亨。

約世道，則同心傾否之後，富有四海。約佛法，則結戒說戒之後，

有，19.以注雨三昧能斷四禪有，20.以如虛空三昧能斷無想有，21.以照鏡三昧能斷淨居阿那含有，22.以無礙三昧能斷空處有，23.以常三昧能斷識處有，24.以樂三昧能斷不用處有，25.以我三昧能斷非想非非想處有。參見佛光大辭典編修委員會編：《佛光大辭典》，頁174。

〔註88〕智旭：《周易禪解》卷3，《嘉興藏》冊20，頁413下。

〔註89〕智旭：《周易禪解》卷3，《嘉興藏》冊20，頁413下。

> 化道大行。約觀心，則證入同體法性之後，功德智慧以自莊嚴。皆元亨之道也。〔註 90〕

據上就「觀心釋」而言，當吾人證入同體法性之後，則以功德智慧來莊嚴自身，使佛法大興，以化導更多的眾生成佛。

（十一）《謙》卦

> 謙，亨。君子有終。
>
> 約世道，則地平天成，不自滿假。約佛化，則法道大行之後，仍等視眾生。先意問訊，不輕一切。約觀心，則圓滿菩提，歸無所得。凡此皆亨道也。君子以此而終如其始，可謂果徹因源矣。〔註 91〕

《易經》六十四卦當中，唯有《謙》卦六爻皆吉，此就觀心詮釋，無非象徵著圓滿菩提，因謙卑之故，最終歸無所得。若能做到這樣的話，凡所施爲，無不亨通而契入中道。君子（諸佛）以謙一以貫之，始終如一，自然由果可以徹通因源。

（十二）《豫》卦

> 豫。利建侯行師。
>
> 約世道，則聖德之君，以謙臨民，而上下胥悅。約佛化，則道法流行，而人天胥慶。約觀心，則證無相法，受無相之法樂也。世道既豫，不可忘于文事武備，故宜建侯以宣德化，行師以備不虞。道法既行，不可失于訓導警策。故宜建侯以主道化，行師以防弊端。自證法喜，不可不行化導。故宜建侯以攝受眾生，行師以折伏眾生也。又慧行如建侯，行行如行師。又生善如建侯，滅惡如行師。初得法喜樂者，皆應爲之。〔註 92〕

就「觀心釋」而言，《豫》卦卦辭可詮解爲已證無相法，而領受無相之法樂。此句重點在於：

建侯——主道化——道法既行——自證法喜——攝受眾生——慧行——生善

行師——防弊端——訓導警策——自受法樂——折伏眾生——行行——滅惡

初得法喜樂者，皆應爲之。

〔註 90〕智旭：《周易禪解》卷 3，《嘉興藏》冊 20，頁 414 上。

〔註 91〕智旭：《周易禪解》卷 3，《嘉興藏》冊 20，頁 414 下。

〔註 92〕智旭：《周易禪解》卷 3，《嘉興藏》冊 20，頁 415 下。

（十三）《隨》卦卦辭與《大象》辭

隨，元亨利貞。無咎。

……約觀心，則既得法喜，便能隨順諸法實相。皆元亨之道也。然必利于貞，乃得無咎。不然，將爲蠱矣。

《象》曰：澤中有雷，隨。君子以嚮晦入宴息。

觀心釋者，既合本源自性，上同往古諸佛，則必冥乎三德秘藏而入大涅槃也。〔註93〕

以觀心釋《隨》卦卦辭，爲順承《豫》卦而來，《豫》既得法喜，《隨》則能隨順諸法實相。又，以觀心釋《隨》卦《大象》辭，意謂眾生既合本源自性，則能上同往古諸佛，冥符三德秘藏而得以入大涅槃的佛果。

（十四）《蠱》卦

1.《蠱》卦卦辭：

蠱。元亨，利涉大川。先甲三日，後甲三日。

蠱者，器久不用而蟲生。人久宴溺而疾生，天下久安無爲而弊生之謂也。……約觀心究竟隨者，則示現病行而爲蠱。約觀心初得小隨順者，既未斷惑，或起順道法愛，或于禪中發起夙習而爲蠱。然治既爲亂階，亂亦可以致治，故有元亨之理。但非發大勇猛如涉大川，決不足以救弊而起衰也。故須先甲三日以自新，後甲三日以丁寧，方可挽回積弊，而終保其善圖耳。〔註94〕

就「觀心釋」而言，初得小隨順時，因爲尚未斷除疑惑，有時生起了順道法愛，有時則於禪定之中發起夙昔業習而積聚流弊。整治既爲紛亂的階梯，紛亂自然可以因而整治，此大通之理。「先甲三日，後甲三日」：古人以天干紀日，亦即甲、乙、丙、丁、戊、己、庚、辛、壬、癸。甲乃十天干一周期伊始，在甲的前三日要革除積弊，在甲後的三日則要整頓修改，經過去除弊害、建立新貌的過程，始能克竟其功。

2.《蠱》卦《彖》辭：

《彖》曰：蠱。剛上而柔下。巽而止，蠱。蠱元亨，而天下治也。

〔註93〕智旭：《周易禪解》卷3，《嘉興藏》冊20，頁416下。

〔註94〕智旭：《周易禪解》卷3，《嘉興藏》冊20，頁417中。

> 利涉大川，往有事也。先甲三日。後甲三日。終則有始天行也。
>
> 艮剛在上，止于上而無下濟之光。巽柔在下，安于下而無上行之德。上下互相偷安，惟以目前無事爲快。曾不知遠憂之漸釀也。惟知此積弊之漸，則能設拯救之方，而天下可治。然豈當袖手無爲而聽其治哉。必須往有事如涉大川，又必體天行之有終有始然後可耳。世法佛法，垂化觀心，無不皆然。〔註95〕

蠱之所以能「元亨」，其關鍵在於拯救積弊，使天下大治。要整頓亂象，必須終止漸釀之遠憂，不以未見重大弊端而苟且偷安；必須師法天的德行有始有終。上言「先甲三日」之意，即終止紛亂；「後甲三日」，則是去舊弊迎新機。此理實通貫於世道、佛法、觀心。

3.《蠱》卦統論六爻辭：

> 統論六爻。……約觀心，則初六本是定勝，爲父之蠱。但居陽位，則仍有慧子，而無咎。然必精厲一番，方使慧與定等而終吉。九二本是慧勝，爲母之蠱。但居陰位，則仍有定。然所以取定者，爲欲助慧而已。豈可終守此定哉？九三過剛不中，慧反成蠱，故小有悔。然出世救弊之要，終藉慧力。故無大咎。六四過于柔弱，不能發慧。以此而往，未免隨味禪生上慢，所以可羞。六五柔而得中，定有其慧，必能見道。上九慧有其定，頓入無功用道，故爲不事王侯而高尚其事之象。所謂佛祖位中留不住者，故志可則。〔註96〕

據上言，以觀心釋詮解《蠱》卦六爻，整理如下：

初六——本是定勝——父之蠱——居陽位，有慧子——無咎——精進慧定等持。

九二——本是慧勝——母之蠱——居陰位，仍有定——定助慧——不終守定。

九三——過剛不中——慧反成蠱，小悔——出世救弊須藉慧力，無大咎。

六四——過于柔弱——不能發慧——隨味禪生上慢——可羞。

六五——柔而得中——定有其慧，終必見道。

上九——有其定——頓入無功用道——不事王侯而高尚其事——佛祖位中留不住者——志可則。

〔註95〕智旭：《周易禪解》卷3，《嘉興藏》冊20，頁417中。

〔註96〕智旭：《周易禪解》卷3，《嘉興藏》冊20，頁418上。

（十五）《臨》卦

臨，元亨利貞。至于八月有凶。

……約觀心，則去其禪病，進斷諸惑。故元亨也。世法、佛法，觀心之法，始終須利于貞。若乘勢而不知返，直至八月，則盛極必衰，決有凶矣。八月爲遯，與臨相反。謂不宜任其至于相反，而不早爲防閑也。〔註97〕

上言世法、佛法，觀心之法，始終須利于貞，由於正當、貞固，故能大而久通。就觀心而言，務期以心觀境，去除禪病，斷諸疑惑。此處特別提到要未雨綢繆，以免到了八月，盛極必衰之後遭凶事。〔註98〕

初九。咸臨，貞吉。

《象》曰：咸臨貞吉，志行正也。

……約觀心，則去惡宜用慧力，入理宜用定力。初九剛浸而長，故爲咸臨。恐其任剛過進，故誡以貞則吉。〔註99〕

以觀心釋解釋上句，強調：去除惡業宜用智慧力，至於悟入眞理，則須巧用定力。由於初九性剛受浸而長，故爲咸臨。唯恐其聽任剛強過度，因此告誡須貞正則吉。

（十五）《觀》卦

1.《觀》卦卦辭：

觀。盥而不薦，有孚顒若。

……約觀心，則進修斷惑，必假妙觀也。但使吾之精神意志，常如盥而不薦之時。則世法佛法，自利利他，皆有孚而顒然可尊仰矣。〔註100〕

〔註97〕智旭：《周易禪解》卷3，《嘉興藏》冊20，頁418上。

〔註98〕「八月有凶」意指十二消息卦與夏曆的對照關係，依序爲：復爲十一月，臨爲十二月，泰爲正月，大壯爲二月，夬爲三月，乾爲四月，姤爲五月，遯爲六月，否爲七月，觀爲八月，剝爲九月，坤爲十月。臨卦爲十二月，經過八個月，正好是八月的觀，成爲臨的覆卦，並且顯然是陽消陰長，所以說「有凶」。由於夏曆八月多雨，最易洪水氾濫，針對此卦（澤在地下），會形成相反的局面（澤在地上），故言「有凶」。參見傅佩榮：《易經解讀》，頁141。

〔註99〕智旭：《周易禪解》卷3，《嘉興藏》冊20，頁418中。

〔註100〕智旭：《周易禪解》卷3，《嘉興藏》冊20，頁418下。

《觀》卦之人事意象爲：當吾人於祭祀儀式開始之前先洗淨雙手，雖未進行到進獻祭品的程序，然而心中的誠信已肅穆地顯露。以觀心釋《觀》卦卦辭，說明想要進修斷惑，須藉妙觀，而進行妙觀之際，必須使吾人的精神意志，經常保持如盥而不薦之時般。

2.《觀》卦《彖》辭：

《彖》曰：大觀在上。順而巽。中正以觀天下。觀。盥而不薦。有孚顒若。下觀而化也。觀天之神道而四時不忒。聖人以神道設教。而天下服矣。

陽剛在上，示天下以中正之德。順而不逆，巽而不忤，故如祭之盥手未薦物時。孚誠積于中，而形于外，不言而人自喻之也。聖而不可知之之謂神。天何言哉！四時行焉。不可測知，故名神道。聖人設爲綱常禮樂之教。民皆由之，而莫知其所以然。獨非神道乎哉！神者，誠也。誠者，孚也。孚者，人之心也。人心本順本巽，本中本正。以心印心，所以不假薦物而自服矣。

佛法釋：大觀者，絕待妙觀也。在上者，高超九界也。順者，不與性相違也。巽者，遍于九界一切諸法也。中者，不墮生死涅槃二邊也。正者，雙照二諦，無減缺也。以觀天下者，十界所朝宗也。世法則臣民爲下，佛法則九界爲下，觀心則一切助道法門等爲下。天之神道即是性德，性德具有常樂我淨四德而不忒。以神道設教，即爲稱性圓教。故十界同歸服也。〔註 101〕

以觀心釋而論《觀》卦《彖》辭，舉凡一切助道法門等僅爲輔助而已；而天之神道即是性德，此性德具有常樂我淨四德而沒有差錯。以神道設教之理，即爲稱性圓教，因此十界同來歸服。

（十六）《噬嗑》卦

1.《噬嗑》卦卦辭：

噬嗑，亨。利用獄。

……約觀心，則妙觀現前。隨其所發煩惱、業病魔、禪慢見等境，即以妙觀治之。皆所謂亨而利用獄也。〔註 102〕

〔註 101〕智旭：《周易禪解》卷 3，《嘉興藏》冊 20，頁 418 下。
〔註 102〕智旭：《周易禪解》卷 4，《嘉興藏》冊 20，頁 419 下。

《噬嗑》卦的原意，是指對於判決訴訟宜適當，如此自可通達。以觀心而論，引申自上意，則於觀心時，對於所發的煩惱境、業病魔、禪慢見等境，必須加以判斷之後，勤加對治，才能因觀境而發智。

2.《噬嗑》卦《彖》辭：

《彖》曰：頤中有物，曰噬嗑。噬嗑而亨。剛柔分。動而明。雷電合而章。柔得中而上行。雖不當位。利用獄也。

王道以正法養天下，佛法以正教養僧伽，觀心以妙慧養法身。皆頤之象也。頑民梗化而須治，比丘破戒而須治，止觀境發而須觀。皆有物之象也。剛柔分，則定慧平等。動而明，則振作而智照不昏。雷電合而章，則說默互資。雷如說法，電如入定放光也。二五皆柔，故柔得中，即中道妙定也。上行者，震有奮發之象，離有麗天之象。雖不當位者，六五以陰居陽，如未入菩薩正位之象。然觀行中定慧得所，故于所發之境，善用不思議觀以治之也。〔註 103〕

據《彖》曰：「頤中有物，曰噬嗑。」一般人是以咀嚼食物以養命，而吾人觀心時，則以妙慧養法身。當修持止觀時，一旦所觀境發生，則必須加以觀照，譬如：頑民梗化、比丘破戒等，此等皆具物的表徵意象。若能將剛柔加以對治，則定慧能平等。《噬嗑》卦上離下震。離爲火，爲目，爲明；震爲足，爲行，爲動；所故言「動而明」。又，離爲電，震爲雷，雷電交加必然打雷閃電，非但聲勢驚人，更可照見一切，以資明察秋毫，判斷訴訟案件。由於二爻、五爻其性皆屬柔，柔得中，故喻爲中道妙定。由於震有奮發之象，因此稱爲「上行」，離雖有麗天之象，但因陰居陽位，故不當位，有如未入菩薩正位之象。由於在觀行之中，定慧適得其所，因此每每能於所發之境，善用不思議觀來加以對治。

3.《噬嗑》卦上九爻辭及《小象》辭：

上九。何校滅耳，凶。

《象》曰：何校滅耳，聰不明也。

……觀心釋者，初九境界一發，即以正慧治之，如滅趾而令其不行。六二境發未深，即以正定治之，所噬雖不堅硬，未免打失巴鼻。六三境發漸甚，定慧又不純正，未免爲境擾亂，但不至于墮落。九四

〔註 103〕智旭：《周易禪解》卷 4，《嘉興藏》冊 20，頁 419 下。

> 境發夾雜善惡，定慧亦不純正，縱得小小法利，未證深法。六五純發善境，所得法利亦大，然猶未入正位，仍須貞厲乃得無咎。上九境發極深，似有定慧，實則不中不正，反取邪事而作聖解，永墮無聞之禍也。〔註104〕

以觀心釋《噬嗑》卦上九爻辭及《小象》辭，則可歸納爲：

初九——境界一發——以正慧對治——如滅趾而令其不行。

六二——境發未深——以正定對治——所噬雖不堅硬，未免打失巴鼻。

六三——境發漸甚——定慧不純正——爲境擾亂，不至墮落。

九四——境發夾雜善惡——定慧不純正——縱得些微法利，法未深證。

六五——純發善境——所得法利亦大——未入正位，守正精進庶免過失。

上九——境發極深——似有定慧——不中正，以邪事作聖解，永墮無聞禍。

（十七）《賁》卦

> 賁，亨。小利有攸往。
>
> ……約佛法，則治罰惡僧之後，增設規約。約觀心，則境發觀成之後，定慧莊嚴。凡此皆亨道也。然世法佛法，當此之時，皆不必大有作爲。但須小加整飾而已。〔註105〕

《序卦》有言：「物不可以苟合而已，故受之以賁。賁者，飾也。」意指世間的一切，若能透過吾人適當的安排，使事物被安排在合適的位置，如此則能使人性得朝順利正常面發展。就觀心而論，當境界產生、作觀而成之後，必須以定慧來莊嚴自身，若能如此，則必然亨通。依世道及佛法而論，當此之際，不必有大作爲，只需要稍加整飾即可。

（十八）《剝》卦

1.《剝》卦卦辭：

> 剝，不利有攸往。
>
> 《彖》曰：剝，剝也。柔變剛也。不利有攸往，小人長也。順而止之，觀象也。君子尚消息盈虛，天行也。
>
> 約世道，則偃武修文之後，人情侈樂，國家元氣必從此剝。約佛法，

〔註104〕智旭：《周易禪解》卷4，《嘉興藏》冊20，頁420上。

〔註105〕智旭：《周易禪解》卷4，《嘉興藏》冊20，頁420中。

則規約繁興之後眞修必從此剝。約觀心有二義：一約得邊，則定慧莊嚴之後，皮膚脫盡，眞實獨存，名之爲剝；一約失邊，則世間相似定慧，能發世間辯才文彩，而于眞修之要反受剝矣。〔註 106〕

《剝》卦上艮下坤，據《序卦》所言：「致飾，然後亨則盡矣，故受之以剝。剝者，剝也。」意即經過賁卦的文飾之後，已通達到了盡頭，緊接著就剝蝕了。此乃物極必反之法則。剝卦爲消息卦之一，代表夏曆九月，只剩上九一個一凶剝卦是五陰一陽的局面，再往前推進就成爲全陰的坤卦了。〔註 107〕《易經》以陽爻爲君子，陰爻爲小人，故言「不利有攸往」，免陷困境。

2.《剝》卦《大象》辭：

《象》曰：山附于地，剝。

上以厚下安宅。山附于地，所謂得乎丘民而爲天子也。百姓足君孰與不足？故厚下乃可安宅。此救剝之妙策也。觀心釋者，向上事，須從腳跟下會取，正是此意。〔註 108〕

3.《剝》卦六爻之「觀心釋」：

六爻約世道，則朝野無非陰柔小人，惟一君子高居塵外。約佛化，則在家出家，皆以名利相糜，惟一聖賢遠在蘭若。約觀心，則修善斷盡，惟一性善從來不斷。

初六。剝床以足。蔑貞凶。《象》曰：剝床以足，以滅下也。……于觀心爲剝損戒足也。別約得者，是剝去四惡趣因。然設無四惡趣，則大悲無所緣境。故誡以蔑貞凶。

六二。剝床以辨。蔑貞凶。《象》曰：剝床以辨，未有與也。……于觀心爲剝損禪定。無定，則散亂不能辨理，故未有與。

六三。剝之無咎。《象》曰：剝之無咎，失上下也。……于觀心，爲剝損智慧。剝慧則不著于慧，故能因敗致功，坐斷兩頭而失上下。

〔註 106〕智旭：《周易禪解》卷 4，《嘉興藏》冊 20，頁 421 上。

〔註 107〕《易繫辭》曰：「變通配四時。」仲翔曰：「變通趣時，謂十二月消息也。」泰、大壯、夬配春；乾、姤、遯配夏；否、觀、剝配秋；坤、復、臨配冬：謂十二月消息，相變通而周於四時也。……荀爽曰：「謂一冬一夏，陰陽相變易也。十二消息陰陽往來無窮已，故通也。」參見〔清〕惠棟：《易例》（上海：商務印書館，1936 年），頁 58。

〔註 108〕智旭：《周易禪解》卷 4，《嘉興藏》冊 20，頁 421 上。

又別約得者，是剝去色無色界味禪暗定。故得無咎。

六四。剝床以膚，凶。《象》曰：剝床以膚，切近災也。……于觀心爲剝無一切因果……。

六五。貫魚。以宮人寵，無不利。《象》曰：以宮人寵，終無尤也。于觀心，爲即修惡以達性惡。性惡融通，任運攝得佛地性善功德。故無不利。又別約得者，從空入假。剝二邊以歸中道，故須達中道統一切法。如貫魚以宮人寵，使法法皆成摩訶衍道。則無不利。

上九。碩果不食。君子得輿，小人剝廬。《象》曰：君子得輿。民所載也。小人剝廬，終不可用也。……于觀心爲性善終不可剝，故如碩果不食。君子悟之以成道，小人恃之而生濫聖之慢者也。別約得者，亦指性德從來不變不壞。能悟性德，則當下滿足一切佛法。故君子得輿，執性廢修，則墮落惡趣，故小人剝廬。〔註109〕

智旭對此卦的觀心釋部份，解釋得相當清楚。茲將上述觀心釋的部份，歸納如下：

初六——初爻爲足，故言剝損戒足。

六二——剝損禪定。若無禪定，則散亂不能分辨事理，故不能沒有禪定支持智慧。

六三——剝損智慧。剝慧則不著于慧，故能因敗致功，坐斷兩頭而失上下。

六四——剝無一切因果。

六五——即修惡以達性惡。性惡融通，任運攝得佛地性善功德。故無不利。

上九——性善終不可剝，故如碩果不食。君子悟之以成道，小人恃之而生濫聖之慢者也。

（十九）《復》卦

1.《復》卦卦辭：

復，亨。出入無疾。朋來無咎。反復其道。七日來復。利有攸往。

約世道，則衰剝之後，必有明主中興而爲復。約佛化，則淪替之後，必有聖賢應現，重振作之而爲復。約觀心又二義：一者承上卦約失言之，剝而必復。如平旦之氣，好惡與人相近。又如調達得無根信

〔註109〕智旭：《周易禪解》卷4，《嘉興藏》冊20，頁421上～下。

> 也。二者承上卦約得言之。剝是蕩一切情執，復是立一切法體也。若次第三觀，則從假入空名剝，從空入假名復。若一心三觀，則以修吻性名剝。稱性垂化名復。復則必亨。陽剛之德爲主，故出入可以無疾。以善化惡，故朋來可以無咎。一復便當使之永復，故反復其道，至于七日之久。則有始有終，可以自利利他而有攸往也。〔註110〕

上文承自上卦而來，對舉《剝》、《復》二卦就得、失兩方面加以說明。依「觀心釋」而言：

「失」——《剝》而必《復》。平旦之氣，好惡與人相近。調達得無根信也。〔註111〕

「得」——《剝》是蕩一切情執，《復》是立一切法體也。

2.《復》卦《彖》辭：

> 《彖》曰：復，亨。剛反。動而以順行。是以出入無疾，朋來無咎。反復其道，七日來復。天行也。利有攸往。剛長也。復，其見天地之心乎？

> 觀心釋者，佛性名爲天地之心，雖闡提終不能斷，但被惡所覆而不能自見耳。苦海無邊，回頭是岸。一念菩提心，能動無邊生死大海。復之所以得亨者，以剛德稱性而發，遂有逆反生死之勢故也。此菩提心一動，則是順修。依此行去，則出入皆無疾，朋來皆無咎矣。然必反復其道七日來復者，體天行之健而爲自強不息之功當如是也。充此一念菩提之心，則便利有攸往。以剛雖至微，而增長之勢已自不可禦也。故從此可以見吾本具之佛性矣。又出謂從空出假，入謂從假入空。既順中道法性，則不住生死，不住涅槃，而能遊戲于生死涅槃。故無疾也。朋謂九界性相。開九界之性相，咸成佛界

〔註110〕智旭：《周易禪解》卷4，《嘉興藏》冊20，頁421下。

〔註111〕「平旦」，指清晨。《孟子．告子上》：「其日夜之所息，平旦之氣，其好惡與人相近也者幾希。」參見羅竹風主編：《漢語大詞典》，第2冊，頁921。「調達」，人名，deva-datta；係提婆達多的異名。參見平川彰編：《佛教漢梵大辭典》（東京：いんなあとりっぷ社，1997年），頁1084。「無根信」，語見於《大般涅槃經》：「我見世間從伊蘭子生伊蘭樹，不見伊蘭生栴檀樹。我今始見從伊蘭子生栴檀樹，伊蘭子者我身是也，栴檀樹者即是我心無根信也。無根者，我初不知恭敬如來不信法僧，是名無根。世尊，我若不遇如來世尊，當於無量阿僧祇劫在大地獄受無量苦。」參見〔北涼〕曇無讖譯：《大般涅槃經》，《大正藏》冊12，頁484中～下。

性相。故無咎也。〔註112〕

上句重點在於：天地之心即佛性，雖一闡提也不能斷佛性，若一念生起菩提心，則能撼動無邊的生死大海。《復》之所以能亨通，只因吾人的剛強之德稱性而發，因此具有逆反生死洪流之勢。此菩提心一動，則是順修。一旦復見吾人本具之佛性，即具從空出假，從假入空，而終順於中道法性，既不住生死，也不住涅槃，能遊戲於生死涅槃之間。

3.《復》卦《大象》辭：

《象》曰：雷在地中，復。先王以至日閉關。商旅不行。后不省方。楊慈湖曰：舜禹十有一月朔巡狩，但于冬至日則不行耳。觀心釋者，復雖有剛長之勢，而利有攸往。然必靜以養其機，故觀行即佛之先王。既大悟藏性之至日，必關閉六根，脫粘内伏，暫止六度萬行商旅之事。但觀現前一念之心，而未可遍歷陰界入等諸境以省觀也。〔註113〕

上意指涉先王於冬至一陽生之日閉關，修養生息，使自身能與大宇宙的陽炁初蒙方綻之際相應，因此息諸外緣，以利生機之炁布滿全身。就觀心的角度來解釋，修證佛果，必致力於觀行的功夫，以觀行當前導；一旦大悟吾人本具的如來藏時，則必關閉六根，藉以脫粘內伏，暫時停止六度萬行等商旅之事。此時，只要直接觀吾人的現前一念之心本具不思議妙境，而不必在觀修十乘觀法中的第二到第十個觀法。

（二十）《无妄》卦

无妄，元亨利貞。其匪正有眚。不利有攸往。

約世道，則中興之治，合于天道而無妄。約佛法，則中興之化，同于正法而無妄。約觀心，則復其本性，眞窮惑盡而無妄。皆元亨而利于正者也。然世出世法，自利利他，皆須深自省察，不可夾一念之邪，不可有一言一行之眚。倘内匪正而外有眚，則決不可行矣。聖人持滿之戒如此。〔註114〕

《无妄》卦卦辭言：「《无妄》卦，最爲通達，最適合堅守正道，若不守正則

〔註112〕智旭：《周易禪解》卷4，《嘉興藏》冊20，頁422上。
〔註113〕智旭：《周易禪解》卷4，《嘉興藏》冊20，頁422上。
〔註114〕智旭：《周易禪解》卷4，《嘉興藏》冊20，頁422下。

會有危難，且不利於有所前往。」以觀心來詮釋《无妄》卦，重點在於當回復如如的本性之後，則能通達眞源、斷盡疑惑而達无妄之境界。若能一切符合正道，則所行皆能廣大通達。換言之，不論世出世法，皆應以自利利他爲重，凡事深自省察，萬勿夾雜一念之邪，亦不可有一言一行的過錯。上述無非強調持守戒律的重要。

（二十一）《大畜》卦

大畜，利貞。不家食吉。利涉大川。

畜，蓄積也。蓄積其無妄之道以養育天下者也。約世道，則中興之主，復于無妄之道，而厚蓄國家元氣。約佛化，則四依大士，復其正法之統，而深養法門龍象。約觀心，則從迷得悟。復于無妄之性，而廣積菩提資糧。皆所謂大畜也。世出世法，弘化進修，皆必以正爲利。以物我同養爲公，以歷境練心爲要。故不家食吉，而利涉大川也。〔註115〕

就觀心而言，承復卦歸於無妄之性，可說是從迷得悟，進而廣積菩提資糧。此即所謂大畜之意。舉凡世出、世法，於內進修或弘化於外，皆必以正爲適宜的行爲。對於一切以平等心觀待，不分物我，凡事敬謹誠信爲公，並以歷境練心爲要。簡言之，若能屏除私心，凡所行動皆爲適宜之舉。

（二十二）《頤》卦

頤，貞吉。觀頤。自求口實。

約世道，則畜德以養天下。約佛化，則畜德以利群生。約觀心，則菩提資糧既積，而長養聖胎也。自利利他，皆正則吉。皆須視從來聖賢之所爲頤者何如，皆須自視其所以爲口實者何如。〔註116〕

以觀心釋《頤》卦，指既積聚了菩提資糧，便可長養聖胎，以自利利他，只要所行皆符合正道則吉。力行《頤》卦的精神，可以一方面觀察古來聖賢如何踐履《頤》卦的內涵，另一方面則反躬自省實踐的層面如何。

（二十三）《大過》卦

大過。棟撓。利有攸往。亨。

〔註115〕智旭：《周易禪解》卷4，《嘉興藏》冊20，頁423中。
〔註116〕智旭：《周易禪解》卷4，《嘉興藏》冊20，頁424上～中。

約世道，則賢君以道養天下，而治平日久。約佛化，則四依以道化群生，而佛法大行。約觀心，則功夫勝進而將破無明也。夫治平既久，則亂階必萌，所宜防微杜漸。化道既盛，則有漏易生，所宜陳規立矩。功夫既進，則無明將破，所宜善巧用心也。〔註117〕

據上《大過》卦卦辭之意，上兌下巽，陽盛陰衰，兌卦上爻與巽卦初爻皆爲陰爻，從自然意象而觀，有如房屋棟樑的燕尾兩端都不牢靠，恐有崩塌之虞，因此以「棟橈」來加以形容。又，陽爻爲君子的表徵，卦中陽爻居多，因此君子勢盛而「利有攸往」，並且能夠亨通。以觀心釋《大過》卦，正當無明將破之際，宜善巧用心，縱使功夫勝進、治平既久，亦不致於蒙生亂階，因此要做到防微杜漸。

（二十四）《坎》卦

1.《坎》卦卦辭：

習坎，有孚。維心亨。行有尚。

……約觀心，則慧力勝而夙習動，夙習動而境發必強。皆習坎之象也。然世出世法，不患有重沓之險難，但患無出險之良圖。誠能如此卦之中實有孚，深信一切境界皆唯心所現，則亨而行有尚矣。又何險之不可濟哉？〔註118〕

《序卦》有言：「物不可以終過，故受之以坎。坎者，陷也。」〔註119〕程頤道：「習謂重習，它卦雖重，不加其名，獨坎加習者，見其重險，險中復有險，其義大也。」〔註120〕觀心釋《坎》卦強調，若能深信一切境界皆唯心所現而通達，在行動呈現了上進的精神，一切險難均可得濟而亨通。

〔註117〕智旭：《周易禪解》卷4，《嘉興藏》冊20，頁425上。

〔註118〕智旭：《周易禪解》卷4，《嘉興藏》冊20，頁425中。

〔註119〕虞《歸妹》注云「乾主壬，坤主癸，日月會北。天地以離坎戰陰陽」。謂《易》出乾入坤，離坎之神也。故「乾二五之坤」成坎，蓋乾歸大有，坤二五乃交乾而爲離，離息成坎，故「與離旁通」。若從四陰二陽之例，則「觀上之二」也。八純卦唯坎加「習」者，嫌陽陷險非正，故明之。言陽息陰中，是其常也。。重亦常義，故云「習，常也」，《彖》曰「重險」是也。「孚，信」，《釋詁》文。二五剛中，故「孚謂二五」。坎在天爲月，在地爲水。水之往來朝宗，潮汐不失其時，如月之行天，盈虧不失其常，故以明習坎之「有孚」也。「朝宗於海」，《禹貢》文。參見〔清〕李道平：《周易集解纂疏》，頁219。

〔註120〕〔宋〕程頤撰：《伊川易傳》，《景印文淵閣四庫全書》，第9冊，頁9～264。

2.《坎》卦《彖》辭：

《彖》曰：習坎，重險也。水流而不盈。行險而不失其信。維心亨，乃以剛中也。行有尚，往有功也。天險不可升也。地險山川丘陵也。王公設險以守其國。險之時用大矣哉。

善觀心者，每即塞以成通。夫習坎雖云重險，然流而不盈，潮不失限。何非吾人修道之要術。所貴深信維心之亨，猶如坎卦之剛中一般。則以此而往，必有功矣。且險之名雖似不美，而險之義實未嘗不美。天不可升，天非險乎？山川丘陵，地不險乎？城池之險以守其國，王公何嘗不用險乎？惟在吾人善用險，而不爲險所用。則以此治世，以此出世以此觀心，無不可矣。〔註 121〕

善於觀心的人，每每在閉塞時能加以對治使之通達。雖說雙重的坎具重險，然而汩汩流水卻不會盈滿而出，潮水的到來亦從不失信。上述所言，無不允爲吾人修道之要術。最難能可貴的，無非是深信內心足以亨通，猶如坎卦的剛中一般。

（二十五）《離》卦

離，利貞亨。畜牝牛吉。

火性無我，麗附草木而後可見。故名爲離。約世道，則重險之時，必麗正法以御世。約佛法，則魔擾之時，必麗正教以除邪。約觀心，則境發之時，必麗正觀以銷陰。故皆利貞則亨也。牝牛柔順而多力，又能生育犢子，喻正定能生妙慧。〔註 122〕

以觀心釋《離》卦，當境界現前之時，必須運用對治的觀法，藉著光大正念的觀行以銷陰，使修持能夠亨通無礙。

二、《周易禪解・下經》中的「觀心釋」

在《周易禪解・下經》之中，有「觀心釋」者，計有《咸》、《晉》、《明夷》、《睽》、《解》、《損》、《益》、《萃》、《震》、《歸妹》、《豐》、《旅》、《巽》等 13 卦，臚列如下：

〔註 121〕智旭：《周易禪解》卷 4，《嘉興藏》冊 20，頁 425 下。
〔註 122〕智旭：《周易禪解》卷 4，《嘉興藏》冊 20，頁 426 上。

（一）《咸》卦

咸，亨，利貞。取女吉。

艮得乾之上爻而爲少男，如初心有定之慧，慧不失定者也。兑得坤之上爻而爲少女，如初心有慧之定，定不失慧者也。互爲能所，互爲感應。故名爲咸。約世道，則上下之相交。約佛法，則眾生諸佛之相扣。約觀心，則境智之相發。夫有感應，必有所通。但感之與應皆必以正。如世之取女，必以其禮，則正而吉矣。〔註 123〕

定慧等持，感應道交，以能觀之心觀境而發智，眾生欲與諸佛感應，務期以出發心正念爲感應之立足點，方能證得諸法實相。

（二）《晉》卦

1.《晉》卦卦辭：

晉。康侯用錫馬蕃庶。晝日三接。

大壯而能貞，則可進于自利利他之域矣。當此平康之世，賢侯得寵于聖君。錫馬蕃庶，錫之厚也。晝日三接，接之勤也。觀心釋者，妙觀察智爲康侯，增長稱性功德爲錫馬蕃庶，證見法身理體爲晝日三接。〔註 124〕

依卦序，由《大壯》卦進到《晉》卦，由於《大壯》已具基礎而穩固，因此能自利利他。智旭比附《晉》卦卦辭，以觀心釋詮解：妙觀察智爲康侯，增長稱性功德爲錫馬蕃庶，證見法身理體爲晝日三接。上意以妙觀察智爲修行入手處，才能親承佛祖授記，而體證眞理。

2.《晉》卦《彖》辭：

《彖》曰：晉，進也。明出地上。順而麗乎大明。柔進而上行。是以康侯用錫馬蕃庶，晝日三接也。

智旭以觀心解釋上《彖》辭時認爲：火地晉卦，即以根本實智光明之火，來打破無明住地之地而出，使光明出於地上。當定與慧能俱修時，即符止觀不二之旨，如此則能順，而大放光明。由於無明的實相體性即佛性，因此當無明一轉，即變成爲明。因此若能柔進而上行，則能使功德智慧重重增勝。〔註 125〕

〔註 123〕智旭：《周易禪解》卷 4，《嘉興藏》冊 20，頁 427 上。
〔註 124〕智旭：《周易禪解》卷 5，《嘉興藏》冊 20，頁 429 下。
〔註 125〕智旭：《周易禪解》卷 5，《嘉興藏》冊 20，頁 429 下。

（三）《明夷》卦

明夷，利艱貞。

知進而不知退，則必有傷。夷者，傷也。明入地中。其光不耀。知艱貞之爲利，乃所謂用晦而明，合于文王箕子之德矣。

《彖》曰：明入地中，明夷。內文明而外柔順。以蒙大難。文王以之。利艱貞。晦其明也。內難而能正其志。箕子以之。

文明柔順，雖通指一卦之德，意在六二。內難正志，專指六五。艱貞晦明，則文王箕子所同也。觀心釋者，煩惱惡業，病患魔事，上慢邪見，無非圓頓止觀所行妙境。〔註 126〕

就觀心釋而言，煩惱惡業、病患魔事、上慢邪見等等，無非都是圓頓止觀所行的妙境。換言之，十乘觀法中的任何一法，其目的皆不外於了悟吾人的心不可思議而已；當觀煩惱惡業、病患魔事、上慢邪見時，能如實領悟道諸法實相，此三種境又何嘗不能作爲圓頓止觀的玄妙所觀境呢？

（四）《睽》卦

睽，小事吉。

夫善修身以齊家者，則六合可爲一家。苟齊之不得其道，則一家之中睽隔生焉。如火與澤，同在天地之間，而上下情異。又如二女，同一父母所生，而志不同行。是豈可以成大事乎？姑任其火作火用，澤作澤用。中女適張，小女適李可耳。觀心者亦復如是。出世禪定，世間禪定，一上一下。所趣各自不同，圓融之解未開，僅可取小證也。〔註 127〕

以觀心釋《睽》卦，旨在釐清世間與出世間的禪定功夫內涵，由於兩者所歸趣的境界不同，因此對於修證眞理的方法自亦有別，辨識不清即著手修行，終得小小證驗罷了。

（五）《解》卦

解利西南。无所往，其來復吉。有攸往，夙吉。

世間之局，未有久蹇窒而不釋散者。方其欲解，則貴剛柔相濟。故

〔註 126〕智旭：《周易禪解》卷 5，《嘉興藏》冊 20，頁 430 中。

〔註 127〕智旭：《周易禪解》卷 5，《嘉興藏》冊 20，頁 431 中～下。

> 利西南。及其既解，則大局已定，更何所往？唯來復于常道而已。設有所往，皆當審之于早。不審輒往，凶且隨之。寧得吉乎？此如良將用兵，只期歸順。良醫用藥，只期病除。觀心修證，只期復性。別無一法可取著也。〔註 128〕

以世間的興衰亂治而言，一切的努力在於回歸本然、常道；又，如良將運籌帷幄、排兵部陣，志在敵方歸順；而良醫用藥，豈有所圖，只在藥到病除而已。就觀心修證的功夫而言，只期恢復如如的佛性而已，不著任何一法，方爲《解》之精義，一如《金剛經》所言：「汝等比丘，知我說法，如筏喻者，法應尚捨，何況非法。」〔註 129〕

（六）《損》卦

> 損，有孚。元吉。無咎。可貞。利有攸往。曷之用，二簋可用享。……此觀心言損也。且以世道言之，凡爲上者，必其勞而不怨，欲而不貪。……。凡爲下者，必以可貞之事益上。勿貢諛，勿獻異，勿開勞民傷財種種弊端，則利有攸往。蓋下事上，猶人事天地鬼神祖宗也。享以其誠，不以其物。雖二簋便可用享，豈以多物爲敬哉？觀心者，信佛界即九界，故元吉無咎。知九界即佛界，故不動九界而利往佛界，不壞二諦而享于中道也。〔註 130〕

以觀心釋《損》卦的重點在於，能夠全然相信佛界即九界，如此則元吉無咎；又，能如實了知九界即佛界，則九界眾生能得往佛界之利，不壞空、假二諦而享于中道。

（七）《益》卦

> 益，利有攸往。利涉大川。
>
> 損而有孚，則與時偕行，可以致益。此世間盈虛消息之理也。增道損生，則日進于自利利他之域。此觀心成益也。攸往以處常，涉川以處變。苟得其益之道，則無不利矣。〔註 131〕

〔註 128〕智旭：《周易禪解》卷 5，《嘉興藏》冊 20，頁 433 中。
〔註 129〕〔後秦〕鳩摩羅什譯：《金剛般若波羅蜜多經》，《大正藏》冊 8，頁 749 中。
〔註 130〕智旭：《周易禪解》卷 5，《嘉興藏》冊 20，頁 434 中。
〔註 131〕智旭：《周易禪解》卷 5，《嘉興藏》冊 20，頁 435 上。

《雜卦》有言：「損益，盛衰之始也。」《損》卦，上艮下兌，為損下益上，有如損民利君，乃衰退之始；《益》卦，上巽下震，為損上利下，則為興盛之始。既「觀心成益」，得增益的法則，凡攸往、涉川等，無往不利。

（八）《萃》卦

《象》曰：澤上于地，萃。君子以除戎器戒不虞。

楊慈湖曰：澤所以能瀦水而高上于地者，以有坊也。民所以得安居而聚者，不可無武備也。除治戎器，戒備不虞，皆大易之道也。

蕅益子曰。約佛法，則毘尼內禁。約觀心，則密咒治習。〔註 132〕

此句重在「對治」，據智旭所言，以觀心釋《萃》卦《大象》辭的精神，則為「密咒治習」，作為修行當中的對治之用。

（九）《震》卦

震，亨。震來虩虩。笑言啞啞。震驚百里。不喪匕鬯。……佛法釋者：一念初動，即以四性四運而推簡之，名為虩虩。知其無性無生，名為笑言啞啞。煩惱業境種種魔事橫發，名為震驚百里。不失定慧方便，名為不喪匕鬯也。〔註 133〕

《止觀義例》有言：「觀心法有事有理，從理唯達法性更不餘塗，從事則專照起心四性叵得。」〔註 134〕四性即四運推檢所指涉的四種心念的狀態：①未念——心未起。②欲念——心欲起。③念——正緣境住。④念已——緣境謝。一悟此念既無性亦無生，則心生法喜，而開懷言笑。

（十）《歸妹》卦《彖》辭

歸妹，征凶。無攸利。

《彖》曰：歸妹，天地之大義也。天地不交，而萬物不興。歸妹，人之終始也。説以動，所歸妹也。征凶，位不當也。無攸利，柔乘剛也。

如人有正配而不育，則必取少女以育子。此亦天地之大義。……觀心名為助道，實在味禪。故所歸者名為妹也。女捨夫而他適，臣捨

〔註 132〕智旭：《周易禪解》卷 5，《嘉興藏》冊 20，頁 437 下。

〔註 133〕智旭：《周易禪解》卷 6，《嘉興藏》冊 20，頁 441 中。

〔註 134〕〔唐〕湛然述：《止觀義例》，《大正藏》冊 46，頁 452 中。

> 君而他往。定捨慧而獨行，則必得凶。以卦中陰爻之位皆不當故。女恃愛而司晨，臣恃寵而竊柄，定久習而耽著，則無攸利。以卦中六三之柔，乘九二初九之剛。六五上六之柔，乘九四之剛故。〔註 135〕

「歸妹」爲人倫之終始、天地之大義，而「女恃愛而司晨」、「臣恃寵而竊柄」，皆指僭越分際，婦不婦、臣不臣，終無善終。上言要義在於定慧等持，方證聖果；偏定、偏慧，必無攸利。

（十一）《豐》卦

> 豐，亨。王假之。勿憂。宜日中。
>
> 家有妻妾則豐，國有多士則豐。觀心有事禪助道則豐。豐則必亨。然非王不足以致豐。豐則可憂，而勿徒憂，但宜如日之明照萬彙可也。〔註 136〕

就觀心釋而論，凡是對於從事禪定功夫，足資助道的法門則稱之爲豐；一旦廣學諸助道法門，則在修持方面必然亨通無礙。

（十二）《旅》卦《大象》辭

> 《象》曰：山上有火，旅。君子以明愼用刑而不留獄。
>
> 山如亭舍，火如過客。君子之省方巡狩也，法離之明，法艮之愼。故刑可用而獄不可留。蓋設使留獄不決，則不惟失離之明，亦且失艮之愼矣。觀心釋者，念起即覺，覺即推破，不墮掉悔也。〔註 137〕

《說卦傳》有言：「離，麗也。艮，止也。」又言：「離爲火。爲日。」《旅》卦上離下艮，爲「山上有火」之象。由於火在高處照耀，而山在底下，立即阻止行動，爲明愼之舉；果若不如此，火性炎上，向上延燒，恐折損留獄的囚犯。藉此引申在觀心方面，不怕念起、只怕覺遲，若觀心念已起即覺察，當覺察之際即推破念頭，不至於墮落掉悔之中。

（十三）《巽》卦《大象》辭

> 巽，小亨。利有攸往。利見大人。
>
> 善處旅者，無入而不自得，不巽則無以自容矣。巽以一陰入于二陽

〔註 135〕智旭：《周易禪解》卷 6，《嘉興藏》冊 20，頁 443 下～444 上。

〔註 136〕智旭：《周易禪解》卷 6，《嘉興藏》冊 20，頁 445 上。

〔註 137〕智旭：《周易禪解》卷 6，《嘉興藏》冊 20，頁 445 下。

> 之下，陰有能而順乎陽以致用，故小亨而利有攸往利見大人也。觀心釋者，增上定學，宜順于實慧以見理。〔註 138〕

上句所指，說明卦序由《旅》卦至《巽》卦時，一陰須順乎二陽方以致用，如此則有利於眞理的實踐。換言之，禪定的修持，必以智慧為前導，才能體證眞理。

第三節　「心」、「易」之「無住」理析論

筆者於《周易禪解》的研究過程中發現，智旭「現前一念心」思想固然受到唯識、華嚴、禪等影響，但它與天台思想中「一念無明法性心」的義理關涉甚深，又從上節的討論中可以獲悉智旭所採用的「觀心釋」幾乎皆援引自天台思想；因此，筆者闢此專節論述，以茲辨明「現前一念心」與「一念無明法性心」的異同之處。

證諸智旭於《周易禪解》所申論：

> 是故德既神明，方知易理無所不在。且如闔户即謂之坤，闢户即謂之乾。一闔一闢即是變，往來不窮即是通。見即是象，形即是器。隨所制用即是法，隨其民用出入即是神。則乾坤乃至神明，何嘗不即在日用動靜間哉？凡此皆易理之固然。而易書所因作也。是故易者，無住之理也。從無住本，立一切法。所以易即為一切事理本源，有太極之義焉。〔註 139〕

智旭以乾坤的一闢一闔來解釋吾人心念的變化作用，藉由乾坤的不斷變化，不至於壅塞凝滯，而得以亨通，使德性神而明之。智旭將吾人德性的神明與乾坤的妙用，實隱含於尋常日用動靜間之理闡明，他甚至將智顗於天台思想中的「以無住本立一切法」之理等同「易者，無住之理也。從無住本，立一切法。」，從而主張「易即為一切事理本源，有太極之義焉。」若能堅信吾人之心本具無住之理，則「夫天無私情，所助者不過順理而已。人亦無私好，所助者不過信自心本具之易理而已。誠能眞操實履，信自心本具之易理，思順乎上天所助，則便眞能崇尚聖賢之書矣！安得不為天所祐，而吉無不利

〔註 138〕智旭：《周易禪解》卷 6，《嘉興藏》冊 20，頁 446 中。
〔註 139〕智旭：《周易禪解》卷 8，《嘉興藏》冊 20，頁 457 下。

哉？」〔註 140〕若從此處所引智顗的說法與智旭於《周易禪解》所言，頗爲符應。由此可見，智旭已然掌握了「現前一念心」這把金鑰，藉以開啓《周易》的重重關卡。

一、「一念無明法性心」之蘊涵

智顗（智者）大師（538～597A.D.）創立了天台宗，其思想特質可徵龍樹《中論．觀四諦品》的一首偈：

> 因緣所生法，我說即是空，亦爲是假名，亦是中道義。〔註 141〕

其以之爲基礎進而研求深義所成的「實相論」，藉著「一念無明法性心」直指「諸法實相」（一切事物的本來面目）。智顗據龍樹偈，將龍樹的「空假二諦」一轉而成「空假中三諦」的中道實相觀，主張諸法實相爲空、假、中三諦圓融的實相，而非唯空、或唯假、或唯中的實相。智顗獨創「三因佛性說」的見解，藉以闡釋眾生成佛的可能性與先天上的依據。何謂「三因佛性」？「三因佛性」即「正因佛性」、「緣因佛性」、「了因佛性」，分述如下：

1. 「正因佛性」——正因即能生成本性的主要原因，爲成佛的主因。
2. 「緣因佛性」——舉凡一切生成的助緣及資成佛道的因緣都可歸納爲緣因佛性的範疇。
3. 「了因佛性」——指比緣因更爲直接的成佛因素，泛指能夠開顯明瞭佛性的主動能力。

智顗主張，一切諸法自身之中，無不具有空、假、中三諦，他將「三諦」與「三因佛性」加以對應，「正因佛性」對應「中道」諦，「了因佛性」對應「空」諦，「緣因佛性」對應「假」諦。藉立此論，圓融一切諸法，以支撐「一色一香莫非中道」的天台圓教性具思想的根基。對於「眾生本性同於佛性」

〔註 140〕吾人可藉智旭之言，進一步深解其理：「是故易象也者，不過是聖人見天下之賾，而擬其形容，象其物宜者耳。易爻也者，不過是聖人見天下之動，而觀其會通，以行其典禮，繫辭焉以斷其吉凶者耳。夫天下之物雖至賾，總不過陰陽所成。則今雖言天下之至賾，而安可惡。若惡其賾，則是惡陰陽。惡陰陽，則是惡太極。惡太極，則是惡吾自心本具之易理矣！易理不可惡，太極不可惡，陰陽不可惡，則天下之至賾亦安可惡乎？夫天下之事雖至動，總不出陰陽之動靜所爲。」以上參見智旭：《周易禪解》卷 8，《嘉興藏》冊 20，頁 454 下。

〔註 141〕參見龍樹造，清目釋，〔後秦〕鳩摩羅什譯：《中論》，《大正藏》冊 30，頁 33 中。

的概念提出質疑而加以重新詮解，將一切與成佛相關的因緣盡皆納入「佛性」的概念之中，藉此展開「以無住本立一切法」的「性具思想」之論證，來說明一切諸法本身即具空、假、中三諦，一切諸法之間盡皆圓融無礙，同爲諸法實相的展現。〔註 142〕換句話說，一一事法之中，本來即已圓滿地具足其他一切諸法，諸法之間互涉互入、互爲緣起、互相滲透，諸法的共相即爲空、假、中三諦，藉著諸法無言的說法來作爲覺悟之緣起，使成佛的潛力得以彰顯，不必離群索居或隱於林間才能覺悟，若能把握「諸法即心，心即諸法」的「法爾如是」法則，深信並體認三千世界與吾人的一念心相即，非前非後、非一非異，不離諸法、不落入語言上得執取，「介爾有心即具三千」；朗現能觀的一心與所觀三千世間的境之互具互即關係，使理具與事造的兩重三千，盡皆收攝入吾人的現前一念之中。由前述的「以無住本立一切法」開展爲「性具思想」，進而證成「一念三千」的立論，由茲建構成天台圓教獨特的「一心三觀」的實踐方法論。證諸智顗在《摩訶止觀》所言：

> 夫一心具十法界，一法界又具十法界（成）百法界，一界具三十種世間，百法界即具三千種世間，此三千在一念心，若無心而已，介爾有心，即具三千，亦不言一心在前一法在後，亦不言一切法在後。〔註 143〕

上語雖精簡，卻爲天台宗義的立基點，須特別留心。當心與緣和合時，才有所觀的境出現，境即心、心即境，並沒有心在法前或法在心前，心當體即是境，無法分割。吾人常習而不察地以分析的思惟進路認爲先有所觀境，才能觀之；實則諸法無有自性，全是依因待緣而起的不可思議境界，「一色一香，無非中道」、「遍歷一切法無非不思議的空、假、中三諦」，此即智者大師不斷強調的「三千在一念心」之旨趣。依上言延伸研求深義，誠如釋聖嚴所言：「圓教令界外利根，修一心三觀，即是圓人於因地依性德而起修德。在吾人的現前介爾一念六識妄心之中，體具三千諸法，即空、即假、即中的圓妙三諦。也就是一切眾生的每一念中，本來具足三諦，稱爲性德，一心三觀，稱爲修德。依此圓妙三諦的性德，而起一心三觀的修德，名爲依性起修；修德功深，性德便顯。所謂一心三觀，便是照性德而成修德，依這種稱性的圓妙三諦，

〔註 142〕參見林朝成、郭朝順：《佛學概論》，頁 202～208。

〔註 143〕〔隋〕智顗說，灌頂記：《摩訶止觀》，《大正藏》第 46 冊，頁 54 上。

而修一心三觀，而成涅槃三德。」〔註 144〕此適足以充分說明智旭於《周易禪解》所言「開圓解以顯性德名爲天施，立圓行以成修德名爲地生。」〔註 145〕以及《周易禪解》所言：「震之初爻，全攬乾德爲體。故曰自外來爲主於內也。性德雖人人本具，然在迷情，反爲分外。今從性起修，了知性德是我固有。故名爲主於內。夫既稱性起修，必須事事隨順法性。倘三業未純，縱有妙悟，不可自利利他。既不合於性德，則十方諸佛不護念之，安能有所行哉？」〔註 146〕之深義。此處「稱性起修」的說法，明顯援引了華嚴宗的「性起」之說，雖有別於天台的「性具」思想，但對於基於性德的開顯以圓滿修德，而自利利他，並不違背兩者的論點。

在《周易禪解》中，述及「性德」之言，計有 40 處；述及「修德」之言，亦有 40 處；述及「性修不二」之言，則有 10 處。大抵皆並舉而論，以申明「性修不二」之理，如智旭於《周易禪解》開頭解乾卦時所言：「統論一傳宗旨。乃孔子借釋《彖》爻之辭，而深明性修不二之學。以乾表雄猛不可沮壞之佛性，以元亨利貞表佛性本具常樂我淨之四德。」〔註 147〕凡《周易禪解》述及「性德」、「修德」之言，皆如天台圓教義解，無不貫達其義。

「一念無明法性心」爲智顗之創見，始見於《四念處》論圓教處，如智顗言：

> 如學問人多向外解。若約識爲唯識，論者破外向内，今觀明白十法界法，皆是一識。識空，十法界空；識假，十法界假；識中，十法界亦中。專以内心破一切法，若外觀十法界即見内心，當知若色、若識，皆是唯識；若色、若識，皆是唯色。今雖說色心兩名，其實只「一念無明法性十法界即是不可思議一心具一切因緣所生法」，一句名爲「一念無明法性心」；若廣說四句成一偈，即「因緣所生心。即空即假即中。」〔註 148〕

智顗說《四念處》是分從天台化法四教——藏、通、別、圓的進路層層剖析，此處先以唯識無境之理來摧破對外境的錯誤執取，再顯十法界皆歸攝於吾人

〔註 144〕釋聖嚴：《天台心鑰——教觀綱宗貫註》，頁 294～295。
〔註 145〕智旭：《周易禪解》，《嘉興藏》冊 20，頁 435 上。
〔註 146〕智旭：《周易禪解》，《嘉興藏》冊 20，頁 422 下。
〔註 147〕智旭：《周易禪解》，《嘉興藏》冊 20，頁 398 上。
〔註 148〕〔隋〕智顗說，灌頂記：《四念處》，《大正藏》冊 46，頁 578 下。

的「識」，循此「識空，十法界空；識假，十法界假；識中，十法界亦中。」的思路，再以空、假、中三諦來貫通十法界，於外透過對十法界的觀照來照見內心，十法界中形形色色的事物可統括爲諸法，諸法雖有色、心的名相，實則爲「一念無明法性十法界即是不可思議一心具一切因緣所生法」。換言之，諸法與心同具空、假、中三種眞理，諸法可助吾人佛性的開顯，藉著對因心念的執取而形成的十法界進行觀照，以明「十法界即是不可思議一心」具足了「一切因緣所生法」，此一念同時具有明「法性」〔註149〕及對法性「無明」的特質，不明「法性無住」之時即處於「無明」的狀態，若明白「無明無住」，則「法性」自顯。由於吾人的一念之中同時具有「法性」與「無明」的特質，所以簡稱爲「一念無明法性心」。心與法一時具存之理，詳如智顗所言：

> 若從一心生一切法者，此則是縱，若心一時含一切法者，此即是橫。縱亦不可，橫亦不可，祇心是一切法，一切法是心故，非縱非橫非一非異玄妙深絕，非識所識非言所言，所以稱爲不可思議境意在於此。〔註150〕

上語已再次強調理具與事造的兩重三千同居於現前一念，此即天台的「一念三千」之根據。筆者以爲，若能掌握「心是一切法，一切法是心」的要旨，即能體解吾人的不可思議心。

「一念無明法性心」爲天台義理的至爲關鍵處，此理明，則天台思想的樞紐自明。牟宗三於《佛性與般若》對此論述甚爲周備，足助吾人釐清此思

〔註149〕法性之梵文爲 dharmatā，陰性詞，具有本質，根本的理法，法的本質之意；爲法，法性，法爾，法體，法然，法如，法爾如，法性自爾，常法，正法，本性及諸法實相的同義詞。參見荻原雲來編：《漢譯對照梵和大辭典》（臺北：新文豐出版社，2003年），上冊，頁632。對於眞理有不同的見解，而產生對法性詮解上的差異，約有四家之言：法相唯識宗、三論宗、華嚴宗、天台宗，請逕參見丁福保編：《佛學大辭典》（臺北：新文豐出版公司，1981 年），卷中，頁1388～1389。《占察善惡業報經玄義》卷1：「一法異名者，或名法界．法住．法位．法性．眞如．實際．本際．實相．如來藏性．菴摩羅識．唯識性．自性清淨心．本源心地．正因佛性．菩提．涅槃．不可思議解脱．自覺聖智境界．無戲論．無顚倒．圓成實性．無漏界．清淨法身。大圓鏡智。中實理心。一切種智。不共般若。正徧知海。大佛頂．大方廣．圓覺．妙覺．究竟覺等。皆是一實境界異名。但可意知。不可言盡也。」參見〔明〕智旭述：《占察善惡業報經玄義》，《卍續藏》冊21，頁419中。

〔註150〕〔隋〕智顗説，灌頂記：《摩訶止觀》，《大正藏》第46冊，頁54上。

想之所由。

誠如牟宗三所言：

> 天台家說「一念心即具十法界」，一念心既是陰識心，煩惱心，剎那心，則由此語說「性具」或「理具」，好像性字理字無著，蓋一念心並非是性或理也。此明是心具，而非性具或理具。……「一念無明法性心」表面上是一念心，而底子卻是「法性無住，法性即無明。」「從無住住本立一切法」等於說由「法性無住，法性即無明」而成為「一念無明法性心」，以此為本而立一切法也。蓋法性即無明，即成為心也。是故心是無明心，同時亦是法性心。從「無明心」可以說一切法；從「法性心」則示具一切法之無明心當體即是空如之法性也。〔註 151〕

牟宗三強調，天台智者大師所說之法界即「一念無明法性心如具十法界」之法界，有別於《攝論》所說之「最清淨法界」及華嚴宗所說立之「法界緣起」之法界；在不斷斷中，十界互融而為佛，即於九界而成佛，此即智旭所言之「深明性具圓宗，直指人心，見性成佛，不同餘宗緣理斷九」。〔註 152〕山外派諸師誤將「一念」解為靈知真性、真常心，此舉將使圓教頓降為別教，因此知禮喝斥彼等違文違義、墜陷本宗；嗣後，遂引發山家、山外兩長久的論戰。為何要從無明心來說明一切法？只因「法不孤起，仗緣方生」，而緣起自心始有造作；法性本身不具緣起的作用，也無法造作。

續上，牟宗三對「一念無明法性心如具十法界」詮解：

> 法性無住，法性即無明，始有一切法。若以此「即無明」之法性為主而言性具或理具，則法性之具一切法本只是法性之即於一切法而為法性。「即於一切法」即是不離一切法。即由此「即而不離」而說性具。此法性是就圓一念而見，故此法性亦即是中道實相理，因此而曰「理具」。此理之具一切法亦是由「即而不離」而說具。真正具體地緣起造作地具是在心處（圓說，心就是一切法，亦無所謂具或起）。而心是無明法性心，故「法性無住，法性即無明」即是心也。〔註 153〕

〔註 151〕牟宗三：《佛性與般若》，冊下，頁 785。
〔註 152〕智旭撰：《閱藏知津》，《嘉興藏》冊 32，頁 169 上。
〔註 153〕牟宗三：《佛性與般若》，冊下，頁 785～786。

「法性無住，法性即無明」，何謂「住」？依照《漢語大詞典》的相近義，約有三種，即：「停留」、「停止」、「居住」〔註 154〕，再依文脈及語意反覆推敲，則「住」的意義比較趨近「停留」、「停止」之意。如此一來，「法性無住，法性即無明」之意即爲「不安住在法性這一面時，這時的法性即處於無明的狀態」。當處於「法性無住，法性即無明」的無明狀態時，一切法由此而生。「法性即無明」的「即」字又該當作何解？《漢語大詞典》上的解釋不下二十種，今臚列與文脈語意相近者四種，即：①就；接近；靠近。②尋求。③依附；附著。④就是。〔註 155〕針對「法性無住，法性即無明」的意義，《法華玄義釋籤》卷 15 說道：

> 從無住本立一切法者，無明爲一切法作本，無明即法性，無明復以法性爲本，當知諸法亦以法性爲本；法性即無明，法性復以無明爲本，法性即無明。法性無住處，無明即法性；無明無住處，無明法性雖皆無住，而與一切諸法爲本。故云從無住本立一切法。〔註 156〕

對於上語，牟宗三的見解主張：

> 天台既非唯妄識（八識之妄識），亦非唯具心，而是開決了妄識與眞心，就圓說的一念無明法性心而說迷中的法性具或中道實相理具之實相學也。唯妄識並非不對，唯眞心亦非不對，不過不是圓教，乃只是權說之始別教與終別教耳。故一念性具與眞心性起，不只是一起一具之相對，乃根本是層次不同，而心與性亦俱隨之而不同也。〔註 157〕

又言：

〔註 154〕①停留；留。《後漢書．薊子訓傳》：「見者呼之曰：『薊先生小住。』」宋．張元幹《漁家傲》詞：「春光已向梅梢住。」②停止；停住。北魏．賈思勰《齊民要術．種紅花藍花梔子》：「乃至粉乾足，手痛挼勿住。」宋．李清照《漁家傲》詞：「風休住，蓬舟吹取三山去。」③居住。《南齊書．張融傳》：「世祖問融住在何處？」融答曰：「臣陸處無屋，舟居非水。」參見羅竹風主編：《漢語大詞典》，第 1 冊，頁 1276。

〔註 155〕①就；接近；靠近。《詩．衛風．氓》：「匪來貿絲，來即我謀。」②尋求。清．徐增《而庵詩話》卷二：「摩詰純乎妙語，絕無跡象可即。」③依附；附著。南朝．梁．范縝《神滅論》：「神即形也，形即神也，是以形存則神存，形謝則神滅也。」④就是。《左傳．襄公八年》：「民死亡者，非其父兄，即其子弟。」參見羅竹風主編：《漢語大詞典》，第 2 冊，頁 540。

〔註 156〕〔唐〕湛然述：《法華玄義釋籤》，《大正藏》冊 33，頁 920 上～中。

〔註 157〕牟宗三：《佛性與般若》，冊下，頁 787。

> 智者所說之「一念心」，雖是陰識心、煩惱心、刹那心，卻是一念心即具十法界而爲不可思議境之一念心，故決不是唯識宗之分解說的識心，故必曰「一念無明法性心」。它雖是無明識心，卻即是法性；它雖是煩惱，卻即是菩提；它雖是刹那，卻即是常住（不是心理學的時間中之一心態）。此其所以爲不思議境也。它是決了唯識宗權說的八識，相應法華圓教，在「不斷斷」中，依詭譎的方式，而圓說的一念心，作爲「無住本」的一念心，亦即可以視作一「存有論的圓具」之一念心。若依迹門權教之分解的方式視之則悖。蓋若如此，則必視之爲大混亂。是以圓說不能與權說爲同一層次也。同理，此「一念心」亦不能視之爲超越分解下所預設之眞心。此亦是決了此分解方式下的眞心，而在詭譎的方式下，在即于煩惱中，在不斷斷中，令其在「一念心即具十法界」中呈現，因此之故，不先預設眞心，而只說「一念無明法性心」，此純是圓說下的一念心也。〔註 158〕

牟氏以上兩段話，不但明顯阻絕了在詮解「法性無住，法性即無明」時，對於此「一念」的曲解，圓滿呈現了智者大師的本意；更將唯妄識與唯眞心的層次，界定得相當清楚。此說，既爲《法華玄義釋籤》的解釋提供了見地上的取捨關鍵，亦避免吾人落入對天台一念偏執唯妄識與唯眞心的危險。

綜上所述，一念心同時具有「無明」與「法性」的無住性，「無明」本身並沒有自己的存在體，它來自於無始以來對「法性」的迷惑，它的本質是依他而起，且空無自性；一旦明「法性」之際，即轉迷成悟，「無明」頓時即成了空、如、無性的「法性」。換句話說，諸法本身無性，而以空如爲性；從無住本的空如無自性來立一切法，一切法頓時即空，而無始無明亦當體即空，盡成了法性。易言之，「從無住本，立一切法」等於是說爲「當法性無住時，法性即成了無明的狀態」，相對地「當無明無住時，無明頓成了法性」，「無明」與「法性」自身並沒有固定的存在樣貌，當吾人認識到諸法的法性爲空如無有自性時，無明自然也跟法性一樣被完全認識到它本身也是空如無有自性，而將無明整個反轉成法性，其實也沒有經過反轉這一道程序才能將無明變成法性，只是在解說上的一種權宜方便之說。究實而論，吾人眞正認識到法性時，「無明、法性」即全歸「法性」，反過來說，對「法性」無法完全了解領悟時，「法性」也是處於「無明」的狀態，這時的法性成了「一念法性無明心」，

〔註 158〕牟宗三：《佛性與般若》，冊下，頁 614～615。

其結果爲對法性的認識全被無明所遮掩，而無法認識到法性的空如無有自性的本性。

二、「現前一念心」與「一念無明法性心」之關涉

智旭援引了相當多的天台圓教義理來闡釋《周易禪解》，對於現前一念心中的「法性」義，散見於《周易禪解》各處，共有十五處之多，臚列於此，以析明其義。如智旭於《周易禪解》所言，筆者擬隨文句略加申論：

> 「庸言」「庸行」，只是身口七支。以知法性無染汙故，隨順修行施波羅蜜。從此閑九界之邪，而存佛性之誠。初心一念圓解善根，已超三乘權學塵劫功德，而不自滿假。故其德雖博，亦不存德博之想，以成我慢也。〔註 159〕

當圓教學人發起覺悟的初心一念時，如實圓滿地認識到吾人具有覺悟的潛能，一切言行舉止均符合常道，不以常行布施而生起我慢，平常所作的只是透過所觀境來觀照自心，了知心、佛、眾生皆具有覺悟的潛能，盡皆契入諸法空如、無有自性的諸法實相境界（不生不滅的眞如法性）。《周易禪解》又言：

> 一念初動之屯，今當說之。蓋乾坤二卦，表妙明明妙之性覺。性覺必明。妄爲明覺，所謂眞如不守自性。無明初動，動則必至因明立所而生妄能。成異立同，紛然難起，故名爲屯。然不因妄動，何有修德？故曰：無明動而種智生，妄想興而涅槃現。此所以元亨而利貞也。但一念初生，既爲流轉根本，故「勿用有所往」。有所往，則是順無明而背法性矣！惟利即於此處用智慧深觀察之，名爲建侯。若以智慧觀察，則知念無生相，而當下得太平矣！觀心妙訣孰過於此。〔註 160〕

智旭說乾、坤兩卦，談的無非是具有成佛的潛能與覺悟的能力，當對法性的眞旨有所了悟，則其智慧的洞察力將如陽光普照，所有的無始無明都能被照見。眞如的法性本身並非固守在同一狀態，它隨著因緣的生起而流轉，雖在外呈現不同的樣貌，然其本來以空如無自性爲性的眞如法性卻絲毫而不增不減、不生不滅、不垢不淨地保持其眞如法性。此處可參照釋聖嚴的說法：

〔註 159〕智旭：《周易禪解》，《嘉興藏》冊 20，頁 398 上。
〔註 160〕智旭：《周易禪解》，《嘉興藏》冊 20，頁 403 下。

> 本來清淨、圓滿實在的如來藏妙眞如性，就是智旭的現前一念心的性體；也就是說，現前一念心就是在纏的妙眞如性，或與前六識相應的隨緣如來藏。從凡夫的立場看來，這在纏的如來藏，其實就是不變隨緣的眞如；而這不變的眞如體，也就是《華嚴經》的一眞法界、《法華經》的一乘實相、《維摩經》的不思議解脱、《般若經》的一切種智、《涅槃經》的常住佛性。總之，就是諸經之體、諸法之體。所以，智旭對於《法華經》的『開示悟入佛之知見』，明白地説成是證悟到此現前一念心的體性。〔註161〕

透過釋聖嚴的詮解智旭之「現前一念心」，再比對「一念無明法性心」的詮釋內容，其實，兩者有差別嗎？以無住本立一切法，吾人性具「一念無明法性心」，在無量的「現前一念心」對法性作如實的觀照、了悟交織下，心、佛、眾生本具此眞如法性，不必去斷除無明、不必去隔斷尚未究竟成佛的九界眾生，無明即法性、法性即無明；再據此天台「不斷斷」心法，除去對所觀境錯誤的認識所產生的「病」，重新對法性的內涵加以正確認知，而不必將法性去除才能得到解脫，即是天台所說的「除病不去法」的旨趣。

以下的引文，筆者就不再加以論述了，遇到比較特別的文句時再加以論述；由於是智旭金句，又是天台關鍵義理所在，因此全部臚列於此，以供深層思考時，作爲隨文作觀的所觀境，透過反覆閱讀的觀心活動來深入內化以提升至實踐方法的範疇，亦卓具意義；間及「天台六即」與「十乘觀法」的部分，則留待第五章再予以詳論。

> 無明初動爲剛；因明立所爲柔。既有能所，便爲三種相續之因，是難生也。然此一念妄動，既是流轉初門，又即還滅關竅，惟視其所動何如耳！當此際也，三細方生，六麤頓具，故爲雷雨滿盈天造草昧之象。宜急以妙觀察智重重推簡，不可坐在滅相無明窠臼之中。〔註162〕

> 先以定動猶如雷，後以慧拔猶如風。法性之水如雨，智慧之照如日。妙三昧爲艮止，妙總持爲兑悦。果上智德爲乾君，果上斷德爲坤藏。〔註163〕

〔註161〕釋聖嚴著，釋會靖譯：《明末中國佛教之研究》，頁525～526。
〔註162〕參見智旭：《周易禪解》，《嘉興藏》冊20，頁404上。
〔註163〕參見智旭：《周易禪解》，《嘉興藏》冊20，頁463中。

約自新論經綸者：豎觀此心不在過現未來，出入無時，名爲經；橫觀此心不在內外中間，莫知其鄉，名爲綸也。佛法釋者：迷于妙明明妙眞性，一念無明動相即爲雷，所現晦昧境界之相即爲雲；從此便有三種相續，名之爲屯。然善修圓頓止觀者，只須就路還家。當知一念動相即了因智慧性，其境界相即緣因福德性。於此緣了二因，豎論三止三觀名經，橫論十界百界千如名綸也。此是第一觀不思議境。〔註 164〕

觀此「現前一念心」將時間當成縱軸豎著看的話，不曾定在過去、現在、未來三際的某一個時間點上，將空間當成橫軸橫著看的話，它並不在內、外、中間，證諸《大佛頂首楞嚴經》：「由是七處徵心，全是妄性淨元明；八還顯見，本來眞覺圓常住。」之語，實爲同意。〔註 165〕以水在上、雷在下的水雷屯的卦象而論，雷表無明、晦昧爲雲，而「千江有水千江月，萬里無雲萬里天」豈非直指妙明眞心（眞如法性）。以上涉及自然意象的表述。三止三觀、十界百界千如，將留待第六章第二節再論述。《周易禪解》又言：

佛法釋者：不隨生死流，乃其隨順法性流而行於正者也。雖復頓悟法性之貴，又能不廢事功之賤。所謂以中道妙觀遍入因緣事境，故正助法門並得成就，而大得民。〔註 166〕

佛法釋者：乘剛即是煩惱障重，故非次第深修諸禪，不足以斷惑而反歸法性之常。〔註 167〕

第一句，主要說明若對法性有正確認識，則稱之爲正；雖悟法性，而不廢事功，則能得到民眾的擁戴，與般若的領悟必植基於布施、持戒、忍辱、精進、禪定等五度的積聚資糧以得智慧之理同。第二句，在詮解《易經》時，常將陰爻在陽爻之上的關係稱之爲「乘」，常指涉柔上剛下，或能力弱者反居上風，而能力強者卻屈居在下，亦可說成邪逆者在上，而正直的人居下。上句之意，與「欲窮高高山頂立，須先深深海底行」、「登高必自卑，行遠必自邇」的道理相近，若非實際依照次第去修習禪定，獲得深沉的禪定境界，則不足以斷除見思、塵沙、無明三惑，而讓煩惱壓制自身。究實而論，煩惱還是起於對法性迷茫的認知錯誤。

〔註 164〕參見智旭：《周易禪解》，《嘉興藏》冊 20，頁 404 上。

〔註 165〕〔唐〕般剌蜜帝譯：《大佛頂首楞嚴經》，《大正藏》冊 19，頁 106 上。

〔註 166〕智旭：《周易禪解》，《嘉興藏》冊 20，頁 404 中。

〔註 167〕智旭：《周易禪解》，《嘉興藏》冊 20，頁 404 中。

《周易禪解》上說：

> 蘇眉山曰：「無所苟同，故無悔。莫與共立，故志未得。」觀心釋者，六爻皆重明欲證同人之功夫也。夫欲證入同人法性，須藉定慧之力。又復不可以有心求，不可以無心得。所謂時節若到，其理自彰。此修心者勿忘勿助之要訣也。〔註 168〕

蘇眉山即指蘇軾，上語引自蘇軾《東坡易傳》，經查《景印摛藻堂四庫全書》與《景印文淵閣四庫全書》之內容相同，只是刻版的位置有異，且頁碼的編次不同，今以《景印摛藻堂四庫全書》版說明智旭所引與原文有出入之處，原文：「（物之同於乾者，已寡矣！今又處乾之上，則同之者尤難。）以其無所苟同，則可以無悔，以其莫與共立，則志未得也。」引文雖與原文文義相同，但經增刪，讀《周易禪解》時須廣開慧眼，才能注意到與文本的差異性。〔註 169〕「欲證入同人法性」，同人法性爲何？依智旭解：「上九定慧雖復平等，而居乾體之上，僅取涅槃空證，不能入廛垂手。故志未得。」大陸學者曾其海於所撰《《周易禪解》疏論》：「上九爻定慧雖復平等，位居乾體之上，僅取涅槃空證，不能入屋垂手，故志未得。」〔註 170〕「入廛垂手」與「入屋垂手」何干？智旭的意思是說，上九居乾卦就像聲聞、緣覺二乘證了人空、法空的如來藏大光明體（眞如法性不可思議，此僅爲方便解說之說）之中，僅僅得到如來藏在纏的境界，尙未體證出纏的如來藏境界；僅得片悟，誤已全證，而獨自離群索居，深懼受眾生干擾而影響道體，不思度眾，因不度眾的緣故，所以無法廣行六度、積聚功德資糧，又因尙未圓滿福德、智慧而不得眞智，自然與希冀成佛之志相違背。又上九自得法樂，離前三爻的眾生距離較遠，不異處於郊？

《周易禪解》續言：

> 約世道，則同心傾否之後，富有四海。約佛法，則結戒說戒之後，化道大行。約觀心，則證入同體法性之後，功德智慧以自莊嚴。皆元亨之道也。〔註 171〕

〔註 168〕智旭：《周易禪解》，《嘉興藏》冊 20，頁 413 下。

〔註 169〕〔宋〕蘇軾撰：《東坡易傳》，《景印摛藻堂四庫全書．經部．易類》，第 2 冊（臺北：世界書局，1986 年），頁 3～59 上。

〔註 170〕〔明〕釋智旭著，曾其海疏論：《周易禪解疏論》（上海：上海古籍出版社，2006 年），頁 70。

〔註 171〕智旭：《周易禪解》，《嘉興藏》冊 20，頁 414 上。

> 佛法釋者：修惡須斷盡，修善須滿足，方是隨順法性第一義天之休命也。休命者，十界皆是性具性造。但九界爲咎，佛界爲休。九界爲逆，佛界爲順。〔註172〕

智旭將「法性」等同「第一義天」，又常將乾爲天解爲佛性，而在有情了悟法性眞詮時即得佛性，具無可變遷之義。《周易禪解》又言：

> 若約位象人者：初六是破戒僧，六二是菩薩聖僧，六三是凡夫僧，九四是紹祖位人，六五是生年上座，上六是法性上座也。〔註173〕

在智旭的理解當中，法性在一卦六爻的爲皆當中，是處於最高的階位，也成現出法性具有廓清羣象使之自明的作用。

綜上所述，筆者以爲：由於智旭的思想屬於集大成者，他將思想精華全攝歸於「現前一念心」上，但於其著作的字裡行間所流露的，乍觀之下屬偏向眞常唯心系的詮解方式，因此要將智旭的「現前一念心」完全歸屬於妄心系統，頗有爭議之處。應回到《周易禪解》文本的論述內涵，重新審視智旭立足於「無住本立一切法的一念無明法性心」思想系統之中，再進行對《周易禪解》詮解，彌不貫串全書眞旨。再者，智顗及智旭對「如來藏」的詮釋上也有明顯的差異，智顗係以無住本立一切法來建構三因佛性，到了荊溪再開展出性具思想，以「一念無明法性心」詮解「介爾一念心」，而「一念無明法性心」既非眞常唯心、亦非虛妄唯識，只是將「如來藏」對應空、假、中三觀；智旭則在注解經論時，常將如來藏指涉爲等同佛性思想的「如來藏自性清淨心」，此細微處不可不察。另就智旭常說的「如來藏性」而言，它應該還是擷取自《大佛頂經》中的「如來藏妙眞如性」而來，而該經在義理上屬眞心系統，它的「如來藏性」也有「會一切法」的論述，故智旭以「現前一念心」的妄心系對它進行改造。據上所論，愈加呈顯出智旭與智顗的詮解上略有不同，因此智顗、智旭一脈相傳之說仍需再審思以辨；況且智旭亦援引《大乘起信論》的一心開二門（還滅的心眞如門、流轉的心生滅門）來詮解天台義理，似與當年智顗所傳的天台思想有異，反而讓人家質疑智旭的思想是否偏向山外派的眞常唯心的系統。因此，吾人僅能說智旭大多承襲智顗的思想，但未竟全同，此處若不加以明辨，則會對天台思想產生誤解。

〔註172〕智旭：《周易禪解》，《嘉興藏》冊20，頁414上。

〔註173〕智旭：《周易禪解》，《嘉興藏》冊20，頁416下。

第四節　智旭以「現前一念心」爲儒佛會通進路的依據

梁隱盦於〈儒佛兩家思想的異同〉:「我國自明及清，秉政者爲消除教派之爭，並欲與人爲善，遂有儒釋道三教同源之論。」他舉出儒家爲中國本土文化，而其代表爲孔子；釋迦牟尼則代表印度佛家思想。儒佛兩家思想概約如上，則其相異可知，犖犖大者，如下五點:（一）現世與無窮——宇宙和生命看法不同，儒家只談人生，不談宇宙論；而佛家則談認識論並及宇宙論。儒家對生命體，獨尊人類；佛家所謂「眾生」、「有情」，一切有生命的東西均屬之，情識與生命，不獨人類獨有。（二）苦與樂——人生價値看法不同，儒家從觀感上邊看，說人生是樂。佛家從本質上邊看，說人生是苦。（三）中庸與徹底——解決方法之不同，儒家「中庸」之中，與佛家「中道」之中，各有不同涵義。（四）入世與出世——修養方向不同。儒家爲治身之學，涉世之學；佛家出世之學，殆不爲過。（五）生生與無生——終極目的不同。儒家主張道不窮、性無盡，形氣之遞嬗，便是天理之流行；佛家則主張無復更生與離續生爲無生旨趣。作者進一步對儒佛的相同之處歸納爲四點:（一）無神論，（二）人本說，（三）從實際生活去求解決，（四）求知方法同。即佛家的觀點與儒家的體認，佛家的行證與儒家的實踐同。〔註 174〕上述分析大體上已點出儒佛兩者的異同之處;但，究竟儒佛可以會通否？如何會通？其成效如何？才是吾人更爲關心的核心命題。

以下，將就智旭如何會通儒佛，及其進路等，進行討論。

一、「現前一念心」會通儒佛思想之立論憑藉

透過第三章、第三節「《周易禪解》撰著的心性思想背景」的詳細申論，吾人已知:（一）儒、佛二家「心性說」的源流與特點，以及（二）在儒家早有以心性解《易》的先例；以上兩種論述，比較上較屬於「現前一念心」的外層源流及其流變；以下將側重在探討智旭如何以「現前一念心」會通儒、佛二家的直接因素，以彰顯其立論的根據所在。

明末清初，心學大盛，繼承陸象山學說的王陽明，可說是心學的指標性人物，而且智旭在《周易禪解》中亦曾援引其說，吾人透過對王陽明的瞭解，

〔註 174〕梁隱盦:〈儒佛兩家思想的異同〉，收錄於《普門學報》第 50 期（2009 年 3 月），頁 157～175。

必然有助於解明智旭以「現前一念心」會通儒、佛二家的立論根據。誠如黃宗羲於《明儒學案·姚江學案》所言：

> 先生憫宋儒之後學者以知識爲知，謂「人心之所有者不過明覺，而理爲天地萬物之所公共，故必窮盡天地萬物之理，然後吾心之明覺與之渾合而無間。」說是無內外，其實全靠外來聞見以塡補其靈明者也。……本心之明即知，不欺本心之明即行也，不得不言「知行合一」。此其立言之大旨，不出於是。而或者以釋氏本心之說，頗近於心學，不知儒、釋界限只一理字。釋氏於天地萬物之理，一切置之度外，更不復講，而止守此明覺。世儒則不恃此明覺，而求理於天地萬物之間，所爲絕異。然其歸理於天地萬物，歸明覺於吾心，則一也。向外尋理，終是無源之水，無根之木，……先生點出心之所以爲心不在明覺，而在天理，金鏡已墜而復收，遂使儒、釋疆界渺若山河，此有目者所睹也。試以孔、孟之言證之：致吾良知於事物，事物皆得其理，非所謂「人能弘道」乎！〔註175〕

王陽明認爲聖人之學爲「心學」也。堯舜禹之相授受曰：「人心惟危，道心惟微，惟精惟一，允執厥中。」此心學之源也。〔註176〕黃宗羲分析王陽明先生力倡「知行合一」的原因，在於憐憫宋儒之後的甚多學者以知識爲知，而有輕浮而不實的傾向，普遍陷入「道問學」（其論旨爲：行的先決條件爲知）與「尊德性」（論旨爲：行的先決條件未必爲知）的迷思之中。王陽明主張「以知識爲知」的知必落實於力行的實踐功夫，他認爲良知感應非常神速，而不必經過思慮的過程；換句話說，本心即具有明覺的作用即爲「知」，能夠不欺

〔註175〕〔清〕黃宗羲：《黃宗羲全集》（杭州：浙江古籍出版社，1999年），第7冊，頁201～202。

〔註176〕聖人之學，心學也。堯舜禹之相授受曰：「人心惟危，道心惟微，惟精惟一，允執厥中。」此心學之源也。中也者，道心之謂也。道心精一之謂仁，所謂中也。孔孟之學，惟務求仁，蓋精一之傳也。而當時之弊，固已有外求之者。故子貢致疑於多學而識，而以博施濟眾爲仁；夫子告之以「一貫」，而教以「能近取譬」，蓋使之求諸其心也。迨於孟氏之時，墨氏之言仁，至於摩頂放踵；而告子之徒，又有仁內義外之說，心學大壞。孟子闢義外之說，而曰：「仁，人心也。」「學問之道無他，求其放心而已矣。」又曰：「仁義禮智，非由外鑠我也，我固有之，弗思耳矣。」蓋王道息而伯術行，功利之徒，外假天理之近似以濟其私，而以欺於人曰：「天理固如是。不知既無其心矣，而尚何有所謂天理者乎？」參見〔宋〕陸九淵：《陸九淵集》（北京：中華書局，2010年），頁537。

瞞本心所具明覺的作用即是「行」，能夠做到如此的「知」與「行」即爲「知行合一」。王陽明主張，儒、佛之間，應歸理於天地萬物，而歸明覺於吾心，如此一來，則化解了彼此間的鴻溝與歧見。〔註177〕如上述，在明末，禪學與心學時常被相提並論，可見一斑。智旭在闡釋《易經》時，亦嘗對心學做詮釋，如約秉教進修解大有卦時言：「九二秉增上心學。故於禪中具一切法而不敗。」〔註178〕此處已嘗試以心學與禪學作對比來加以詮釋。

智旭對於儒佛間的異同及兩者的性體、心體皆有發人深省的見解，如其所言：「儒典亦未嘗不洩妙機，後儒自莫能察，及門亦所未窺。故孔子再歎顏回好學，今也則亡，深顯曾子以下，皆知跡而不知本，知權而不知實者也。」〔註179〕至於儒典所洩之妙機洩爲何？智旭續言：

> 何謂所洩妙機？如《易經·繫辭傳》云：「易有太極，是生兩儀，兩儀生四象，四象生八卦。」此語最可參詳。夫既云易有太極，則太極乃易之所有，畢竟易是何物有此太極。儻以畫辭爲易，應云太極生天地，天地生萬物，然後伏羲因之畫卦，文周因之繫辭，何反云「易有太極」？易有太極，易理固在太極之先矣。設非吾人本源佛性，更是何物。既本源佛性，尚在太極先，豈得漫云天之所賦。然不明言即心自性，但言易者，以凡夫久執四大爲自身相，六塵緣影爲自心相，斷斷不能理會此事，故悉檀善巧，聊寄微辭。〔註180〕

上詮太極之義，所言「易有太極，易理固在太極之先矣。設非吾人本源佛性，更是何物。既本源佛性，尚在太極先，豈得漫云天之所賦。」一語，與《中庸》開宗明義所言：「天命之謂性，率性之謂道，修道之謂教。」在論述觀點上，明顯歧異，智旭認爲易理即一切有情的本源佛性，非待天命賦與才有。執地、水、火、風四大爲自身，將六塵幻影看成自心，因此未能領悟易即吾

〔註177〕蔡仁厚：「儒家的義理思想，總是落實在道德實踐上，以成德性成人格爲本旨；因而亦常常直探心性之源，而有其奧旨微義。宋明儒之所以注重講習，注重工夫指點，正是由於於這些道理，必須在師友的親炙薰習之中，才更能貼切而不走，才更能眞實受用。這是『生命的學問』，不是單純的讀書講文或解釋字義之事……陽明之學，風行天下，而弊亦隨之。何以正學而會有弊？弟子不善紹述而已。」上語提供了吾人對心學盛衰原因的認知。參見蔡仁厚：《王陽明哲學》（臺北：三民書局，1983年），頁100～101。

〔註178〕智旭：《周易禪解》卷3，《嘉興藏》冊20，頁414中。

〔註179〕智旭：《靈峰蕅益大師宗論》卷第3之3，《嘉興藏》冊36，頁311上～中。

〔註180〕智旭：《靈峰蕅益大師宗論》卷第3之1，《嘉興藏》冊36，頁311上～中。

人的心性。易即太極即心性之說，散見《周易禪解》所言：「陰陽皆本於太極，則本一體。」「天地不同，而同一太極。」「乾坤全體太極，則屯亦全體太極也。」等語。智旭明顯以「現前一念心」來解易卦，如解《訟》卦時言：「天亦太極，水亦太極，性本無違。天一生水，亦未嘗違。而今隨虛妄相，則一上一下，其行相違。所謂意欲潔而偏染者也。只因介爾一念不能慎始，致使從性所起煩惱，其習漸強而違於性。故君子必慎其獨。謹於一事一念之始，而不使其滋延難治。」〔註181〕上述之意，將乾坤、天地、天、水、屯皆解爲易即太極即心性，混融一體，直闡易鑰。

徵諸宋．胡方平通釋之《易學啓蒙通釋》所言：「天地定位，山澤通氣，雷風相薄，水火不相射，八卦相錯，數往者順，知來者逆；是故，易逆數也。……又曰：先天學心法也。故圖皆自中起，萬化萬事生於心也。又曰：圖雖無文，吾終日言而未嘗離乎是；蓋天地萬物之理，盡在其中矣。」〔註182〕所謂「太極」，即指伏羲八卦圖及六十四卦圖中的中宮之位，一切數無不從中而起，此乃心法；據上意，以吾人的心爲太極，則萬化萬事彌不生於心圖之中。由此可見，以吾人的心爲易理之太極，由茲生化萬事萬物，體心即悟《易》。智旭將《易》包含心性之理的論述，屢見於各處，如其於《周易禪解》所言：

> 生生之謂易，指本性易理言也。依易理作易書，故易書則同理性之廣大矣。言遠不御，雖六合之外，可以一理而通知也。邇靜而正，曾不離我現前一念心性也。天地之間則備，所謂徹乎遠邇，該乎事理，統乎凡聖者也。〔註183〕

又言：「易書不出乾坤，乾坤各有動靜，動靜無非法界，故得大生廣生而配於天地。既有動靜，便有變通以配四時。隨其動靜，便爲陰陽以配日月。乾易坤簡以配至德，是知天人性修境觀因果無不具在易書中矣。」〔註184〕將《易》與心性之間，詮解得淋漓盡致，充分說明了兩者相即的關係，換言之，不論是天界或人間的心性上藉境觀行的意涵，全部都可涵攝入《易》之中。

智旭就上述之理，續論「易即眞如」，如言：

〔註181〕參見智旭：《周易禪解》卷1，《嘉興藏》冊20，頁407上。

〔註182〕〔宋〕胡方平：《易學啓蒙通釋》（臺北：廣文書局，1992年），頁28～37。

〔註183〕智旭：《周易禪解》卷8，《嘉興藏》冊20，頁454下。

〔註184〕智旭：《周易禪解》卷8，《嘉興藏》冊20，頁454下。

> 當知易即眞如之性，具有隨緣不變，不變隨緣之義，密說爲易。而此眞如，但有性德，未有修德，故不守自性，不覺念起而有無明。此無始住地無明，正是二種生死根本，密說之爲太極。因明立所，晦昧爲空。相待成搖之風輪，即所謂動而生陽。堅明立礙之金輪，即所謂靜而生陰。風金相摩，火光出現，寶明生潤，水輪下含，即所謂兩儀生四象也。火騰水降，交發立堅，爲海爲洲，爲山爲木，即所謂四象生八卦，乃至生萬物也。名相稍異，大體宛同，順之則生死始，逆之則輪迴息。故又云，易逆數也。亦既微示人以出世要旨矣。〔註 185〕

此處對於佛性的論點，須注意到與以如來藏爲主的眞常唯心系及以妄識爲主的唯識宗系統的異同之處，進而釐清天台宗的性具思想，在會通《易經》時才能清楚呈現各自的思想體系，例如智旭認爲：「當知易即眞如之性，具有隨緣不變，不變隨緣之義，密說爲易。而此眞如，但有性德，未有修德，故不守自性，不覺念起而有無明。此無始住地無明，正是二種生死根本，密說之爲太極。」經其詮解，《易》等同眞如，具有華嚴宗受《大乘起信論》的影響，而主張眞如「隨緣不變，不變隨緣」的特質，

《易經》有言：「易爲君子謀，不爲小人謀。」何謂君子？誠如孫星衍所言：「《易》者，聖人效天法地之書，人與天地參，則易與天地準。通天地人之謂儒，天大地大人亦大，故《易》稱大人，亦稱君子。」〔註 186〕如上言，《易》與儒家之間的關係昭然若揭，儒者的自我期許甚高，在儒者的見地裡，似乎只有他們才能夠貫通天、地、人的三才之理。由於《易經》爲儒家羣經之首，亦爲中國文化之源，在《易經》經孔子作《易傳》後，使得原本已相當重視心性思想的中國人益加關懷個人的心性與天地間的關係，徵諸《易經．咸卦彖辭》所言：「聖人感人心而天下和平。觀其所感，而天地萬物之情可見矣。」及智旭解中孚卦的彖辭時有言：「蓋人心巧智多而機械熟，失無心之感應，不及豚魚之拜風者多矣。」而解否卦六二爻辭時亦言：「柔順中正上應九五陽剛中正之君。惟以仁慈培植人心，挽迴天運。」又言：「可見一切吉凶禍福無不

〔註 185〕智旭：〈示沈驚百〉，《靈峰蕅益大師宗論》卷第 2 之 5，《嘉興藏》冊 36，頁 313 上～中。

〔註 186〕參見〔清〕孫星衍：《孫氏周易集解》卷 1，《續修四庫全書》（上海：上海古籍出版社，2002 年），頁 129。

出於自心，心外更無別法。此易理所以雖至幽深，實不出於百姓日用事物之間。故亦可與能也。」如上諸言，不但反映了中國人的心性與天地的緊密連結，更攸關小至個人的吉凶禍福及大至國家的治亂興衰。對於三教的成就依憑與實踐進路，智旭則指出：

> 老子道生天地，意亦相同，但亦不明言即心自性，皆機緣未熟耳。且易傳寂然不動，感而遂通一語，即寂照無二之體。而乾坤其易之門一語，即流轉還滅逆順二修之關。以性覺妙明，本覺明妙，非干修證，不屬迷悟。而迷則照體成散，寂體成昏，逆涅槃城，順生死路，全由此動靜兩門，是名逆修，亦名修惡。悟則借動以覺其昏，名之爲觀，借靜以攝其散，名之爲止，逆生死流，順涅槃海，亦由此動靜兩門，是名順修，亦名修善。然修分順逆，性無增減，又雖善惡皆本於性，而道必昇沉。如斯祕旨，豈異圓宗。菩薩現身，信非虛倡，習而不察，過在後儒。〔註 187〕

> 又既知宣聖祕密微談，兼秉法華開顯妙旨，即此中庸，便可作圓頓佛法解釋。天命之謂性者，天非望而蒼蒼之天，亦非忉利夜摩等天，即涅槃經第一義天也。命非命令之解，即第八識執持色身相續不斷之妄情也。謂生滅與不生滅和合，而成阿賴耶識，此識即有生之性，以全眞起妄，天復稱命，以全妄是眞，命復稱天。全眞起妄，即不變而隨緣，全妄是眞，即隨緣而不變也。率性之謂道者，此藏性中具染淨善惡一切種子，若率染惡種子而起現行，即小人之道，亦名逆修。若率淨善種子，而起現行，即君子之道，亦名順修。道二，仁與不仁而已矣，正合此意，亦合台家性具宗旨。修道之謂教者，小人之道，修除令盡，君子之道，修習令滿，此則聖賢教法，惟欲人返逆修而歸順修，即隨緣而悟不變也。三句合宗，頭正尾正，凡一文一字，皆可消歸至理矣。〔註 188〕

上述諸言已將《易經．繫辭傳》所言的「易有太極，是生兩儀，兩儀生四象，四象生八卦」之義理以佛家思想闡明。智旭從「易有太極，易理固在太極之

〔註 187〕智旭：〈性學開蒙答問〉，《靈峰蕅益大師宗論》卷第 3 之 2，《嘉興藏》冊 36，頁 311 中。

〔註 188〕智旭：〈性學開蒙答問〉，《靈峰蕅益大師宗論》卷第 2 之 2，《嘉興藏》冊 36，頁 311 中。

先矣。設非吾人本源佛性，更是何物」為立論基點，進而解明「易即眞如之性。而此眞如，但有性德，未有修德，故不守自性，不覺念起而有無明。此無始住地無明，正是二種生死根本，密說之為太極」之理，其詮釋已達出神入化之境，具如上言。

經過了一番的義理闡發之後，智旭認為：

> 上古儒宗，皆佛菩薩示現，為師為導，接引迷流。所立世教，無非佛法。後儒拘虛，不能引伸觸長，遂有門庭之隔。剋實思之，聖人先得我心同然，寧非三無差別之旨。樂堯舜之道，若己推而納諸溝中，寧非上求下化之懷，但犬牛人性皆同，告子自不敢承當耳。孟子又謂人禽幾希，豈非習雖遠性仍近之證邪。〔註 189〕

智旭上論，對顯遠自宋代名僧契嵩所言：「儒、佛者，聖人之教也。其所出雖不同，而同歸乎治。儒者，聖人之大有為者也。佛者，聖人之大無為者也。有為者，以治世；無為者，以治心。」〔註 190〕益見契嵩、智旭三教會通之論，交相輝映，亦可謂吾道不孤之寫照，而智旭的論議更是切中時弊、鞭辟入裡，暢示其清明通達的思路，並適時拯濟腐儒的僵化思想，開拓吾人廣大遼闊的思想天地。對於三教的特色與融通現象，智旭進一步提出他的看法：

> 大道之在人心，古今唯此一理，非佛祖聖賢所得私也。統乎至異，匯乎至同，非儒釋老所能局也。……特以眞俗之跡，姑妄擬焉，則儒與老，皆乘眞以御俗，令俗不逆眞者也。釋乃即俗以明眞，眞不混俗者也。故儒與老主治世，而密為出世階，釋主出世，而明為世間祐。至於內丹外丹，本非老氏宗旨，不足辯。然則，言儒，而老與孔皆在其中矣。言釋而禪與教皆在其中矣。故但云儒釋宗傳竊議。
>
> 〔註 191〕

智旭之意，重在「舜何人也，予何人也？有為者亦若是！」之理，點撥人人具有覺悟以成聖、成佛的潛力，三教度世各秉其旨，不應囿於傳衍的跡相，而誤解三教之本懷。智旭主張，儒家與道家主要重在治世，而隱密為出世的階梯，佛家主要重在出世，而明處成為世間的依怙；因此，儒家包含佛、道

〔註 189〕智旭：〈答準提持法三問〉，《靈峰宗論》卷第 3 之 3，《嘉興藏》冊 36，頁 318 下。

〔註 190〕〔宋〕契嵩：《鐔津文集》，《大正藏》冊 52，頁 868 中。

〔註 191〕〔明〕成時輯：〈儒釋宗傳竊議〉，《靈峰宗論》卷第 5 之 3，《嘉興藏》冊 36，頁 346 下。

的內涵，禪與教則皆屬於佛家的範疇。

在詮釋所採取的進路上，對於異質文化思想的包容力，往往影響其深遠的發展，誠如潘桂明、吳忠偉合著的《中國天台宗通史》中所言：

> 天台宗之所以取得中國化的重大成就，是因爲它具有廣泛的思想文化的融合能力。天台宗學說中的「性具善惡」理論是它與儒學協調的產物。智顗曾準確無誤地認識到，儒家和佛教在很多領域有著共同點，其中心性論是核心部分。他通過對兩家心性理論的融合貫通，大談人性的善惡本具，並以修習善惡來解釋人的各種社會表現。智顗以後的所有天台學者，普遍繼承這一傳統，將儒家心性理論納入佛家考察範圍。〔註 192〕

潘桂明、吳忠偉說智顗的「性具善惡」理論是天台與儒學協調的產物，筆者以爲，智顗的性具學說乃得自慧文禪師、慧思禪師的眞傳，糅合自身的修行體驗而提出的思想見地，在隋代智者還沒講開性具說，等到唐代荊溪湛然才據「以無住本立一切法的一念無明法性心」加以發揮成性具說，法華三大部中根本尚未提出此說。此處，須加以辨明。不過，上段引文所述，也點出一些値得吾人注視的視野，即對於精通天台與儒學義理的智旭來說，智旭睿智地掌握中國儒家所關懷的心性論，藉以擴大天台思想的影響與傳揚，來挽救積弊已深的禪宗；同樣地，智旭掌握了儒家重視心性論的向度，而將天台圓教等義理運用在對《周易》的詮解，自然也是一種甚爲理想的詮釋進路。

二、凡所論說，旨歸一心

透過本論文第三、四章的眾多討論，逐漸揭開「現前一念心」的神秘面紗，從《周易禪解》中談論吾人的心性本具有「覺照空如、無有自性的法性」之潛能（即成佛成聖的潛在力量），證諸《靈峰宗論．答準提持法三問》卷第中言：

> 夫堂奧豈有他哉，不過發明吾人本有心性而已。心性無法不具，無法不造。而所具所造一切諸法，皆悉無性。明此無性之法，一一皆非實我實法者，謂之慈恩宗。明此諸法無性，一一皆能徧具徧造者，謂之法性宗。直指現前妄法妄心，悉皆無性，令見性成佛者，謂之

〔註 192〕潘桂明、吳忠偉：《中國天台宗通史》，冊上，頁 5～6。

> 禪宗。是故臨濟痛快直捷，未嘗不精微。曹洞精細嚴密，未嘗不簡切。唯識存依圓，未嘗不破遍計。般若破情執，未嘗不立諦理。護法明眞如不受熏，未嘗謂與諸法定異。馬鳴明眞如無明互熏，未嘗謂其定一。乃至教乘，雖借語言，未嘗不契實相之體。禪宗雖埽文字，未嘗或墮暗證之愆。良由古人眞能忘情，所以入理。今人多分泥理，所以添情也。〔註 193〕

誠如釋聖嚴所言：

> 所謂「心性」，就是《楞嚴經》的「如來藏妙眞如性」或現前一念的實性。性具其三千或事造三千，都包含在「心性」之中，是由「心性」所衍生；而且其所具所造的一切諸法，都是虛妄無自性的。在「無性」之說這方面，有相宗的無性說，或性宗的無性說，以及禪宗的無性說。相宗對於偏計、依他、圓成的三性，建立了相無性、生無性、勝義無性。……而禪宗的無性說，就是《楞伽經》卷二所說的『妄想無性』。如此一來，智旭是是把慈恩系的相宗與《中論》般若系的性宗教理加以統合，進而想把曹洞宗與臨濟宗乃至禪宗也予以統一。至於禪與教的宗旨，都是令人悟入諸法無自性之理的。
>
> 〔註 194〕

明末的佛教界，於「教」，是慈恩、天台、賢首相互論諍；於「禪」，則是曹洞與臨濟互諍的局面。智旭在天台與唯識、禪及儒佛的融和上，歸結出「現前一念心」爲思想核心。

證諸《周易禪解》所言：

> 易書雖具陳天地事物之理，而其實切近於日用之間，故不爲遠。雖近在日用之間，而初無死法。故爲道屢遷。隨吾人一位一事中，具有十法界之變化。故變動不拘，周流六虛。界界互具，法法互融。故上下無常，剛柔相易。所以法法不容執著而唯變所適，唯其一界出生十界。十界趣入一界，雖至變而各有其度。故深明外內之機，使知兢業於一念之微。〔註 195〕

〔註 193〕智旭：《靈峰蕅益大師宗論》卷第 2 之 5，《嘉興藏》冊 36，頁 295 上。
〔註 194〕釋聖嚴著，釋會靖譯：《明末中國佛教之研究》，頁 559～564。
〔註 195〕智旭：《周易禪解》卷 9，《嘉興藏》冊 20，頁 461 下。

透過吾人尋常日用的任何一事一物，對內收攝則可對應十法界中的一法界，亦可對應到《易經》六十四卦中的三百八十四爻；對外放射則可據易理推衍至無窮無盡的時空、事物。十法界的一切變化，無不盡歸掌握之中，而此中的樞要則在於吾人的「一念之微」。誠如《周易禪解》所言：

> 夫易道雖甚大，而乾坤足以盡之。乾易而知險，坤簡而知阻。……舉凡吉事無不有祥。聖人于此，即象事而可以知器，即占事而可以知來矣。由此觀之，天地一設其位，易理即已昭著于中。聖人不過即此以成能耳。然其易理甚深奧，亦甚平常。以言其深奧，則神謀鬼謀，終不能測。……此百姓之情，即《易》中卦爻之情也。〔註 196〕

據上所述，根源於易理，而透過《易》所呈顯之情，假若近而相得者則吉；不相得則凶，甚至有害處，或釀生災禍。《易》所呈顯之相得、不相得之情，能導致吉凶悔吝者，豈是他人強加給與的呢？可見一切吉凶禍福，實根源於吾人自心，心外更無別法。易理雖然甚爲幽深，究其原理，實不出於吾人尋常日用與舉手投足之間。

〔註 196〕智旭：《周易禪解》卷 9，《嘉興藏》冊 20，頁 462 下。